Abbé Sauniere und
der Schatz der Templer

Copyright © 2002 bei
Jochen Kopp Verlag, Graf-Wolfegg-Str. 71, D-72108 Rottenburg

Alle Rechte vorbehalten

Umschlaggestaltung: ARTELIER/Peter Hofstätter
Satz und Layout: Agentur Pegasus, Zella-Mehlis
Druck und Bindung: Wiener Verlag, Himberg

ISBN 3-930219-49-2

Gerne senden wir Ihnen unser Verlagsverzeichnis
Kopp Verlag
Graf-Wolfegg-Str. 71
D-72108 Rottenburg
Email: info@kopp-verlag.de
Tel.: (0 74 72) 98 06 - 0
Fax: (0 74 72) 98 06 - 11

Unser Buchprogramm finden Sie auch im Internet unter:
http://www.kopp-verlag.de

THOMAS RITTER

Abbé Sauniere und der Schatz der Templer

JOCHEN KOPP VERLAG

Für Tina G.

Es gibt kein Geheimnis an sich.
Alle Geheimnisse liegen offen vor uns ausgebreitet.
Es gibt nur Uneingeweihte aller Grade.

Inhaltsverzeichnis

Teil I

DIE GESCHICHTE

*Landschaften haben Gesichter — und diese
Gesichter erzählen Geschichten.*

Peter Bamm

Um 1900 kam der einfache Landpfarrer Berenger Sauniere auf mysteriöse Weise zu unerhörtem Reichtum. Er baute Villen, ließ seine
Kirche auf eigene Kosten rekonstruieren, wurde Großgrundbesitzer
und empfing in seiner Pfarrei so bedeutende Gäste wie den französischen Kultusminister oder den Cousin des österreichischen Kaisers
— Johann Salvator von Habsburg. Im Jahr 1917 starb der Pfarrer
unter mysteriösen Umständen und nahm sein Geheimnis mit ins Grab.
Woher hatte Sauniere seinen plötzlichen Reichtum? War er Alchi-
mist und stand mit dem Teufel im Bunde? Warum bezahlte ihm dann
der Vatikan wahrhaft fürstliche Summen? Welches Geheimnis hatte
Sauniere entdeckt — einen alten Westgotenschatz oder das Vermächtnis des Templerordens? Mit diesem Buch will ich ein wenig Über-
sicht in das Labyrinth der Rätsel und Spekulationen um Rennes-le-
Château bringen.

I. Ein Dorf in den Bergen

Rennes-le-Château liegt etwa 40 km südlich von Carcassonne auf einem Hügel inmitten der fruchtbaren, bergigen Landschaft des Departements Aude. Keine hundert Menschen wohnen heute mehr hier. Von Couiza, der nächsten größeren Ortschaft, führt eine reichlich fünf Kilometer lange, schmale und kurvenreiche Bergstraße herauf. Fährt man auf dieser Straße nach Rennes-le-Château, so scheint es, als ob man hinüberwechselt in eine andere, merkwürdige Welt. Die Schatten der seltsamen Ereignisse, die sich hier abspielten, liegen noch immer über dem kleinen Ort.

Dem zufälligen Gast mag zunächst der vernachlässigte Zustand des Dorfes auffallen, obwohl in den letzten Jahren umfangreiche Bau- und Sanierungsmaßnahmen durchgeführt worden sind, um Rennes-le-Château auch für Touristen attraktiver zu gestalten. Nur das an eine Villa erinnernde Landhaus »Bethania« und der markante neogotische Turm »Tour Magdala« auf der Westseite des Dorfes künden davon, daß Rennes-le-Château schon einmal bessere Zeiten gesehen hat.

Über den eng zusammen gedrängten Häusern der Dörfler erheben sich die hohen, verfallenen Mauern des alten Schlosses de Hautpoul. Massive Wälle, verstärkt durch vier gewaltige Türme, umgeben einige ineinander verschachtelte Innenhöfe. Die Fundamente der Burg wurden bereits im frühen Mittelalter errichtet. Sein jetziges Aussehen erhielt das Château jedoch erst im späten 17. Jahrhundert. Der einstige Stammsitz der Familie von Hautpoul befindet sich heute im Besitz des eigenbrötlerischen Bildhauers Henri Fatin. Die Burg ist daher für Touristen nicht zugänglich.

Die Zustände im Ort sind nicht gerade geeignet, Rennes-le-Château für Besucher attraktiv zu machen. Dennoch kommen seit Jahren eine Menge Fremde nach Rennes-le-Château. Zuweilen sind es mehr, als das Dorf Einwohner zählt. Es ist seine alte und hochdramatische Geschichte, die dem Dorf diese merkwürdige Anziehungskraft verleiht und es trotz seines Zustandes so außergewöhnlich interessant macht.

Wegen der bevorzugten Lage auf einer Anhöhe, die gute Verteidigungsmöglichkeiten bot, sowie wegen etlicher natürlicher Quellen wurde dieser Ort von alters her von Menschen zum Wohnsitz gewählt. Die Entdeckung einiger steinzeitlicher Gräber um 1880 bezeugte eine Besiedelung des Plateaus von Rennes-le-Château vor mehr als 3000 Jahren.

In historischen Zeiten ließen sich hier zunächst gallische Stämme nieder. Unter ihrer Herrschaft wurde der Ort zu einem bedeutenden, stark befestigten Handelsplatz ausgebaut. In jener Zeit soll auch der ursprüngliche Name von Rennes-le-Château seinen Ursprung haben. Damals wurde dieser Platz Rhedae genannt. Rhedae oder auch Reda kommt aus dem Gallischen und bedeutet zu Deutsch sinngemäß »Ort der vierrädrigen Fuhrwerke«.

Auch die Römer nutzten Rhedae, nachdem sie Gallien unterworfen hatten. Von ihrer Anwesenheit zeugen der noch heute begehbare Abschnitt einer gepflasterten Straße, die einst von Carcassonne bis nach Nordspanien führte, sowie die Funde zahlreicher Münzen und Gebrauchsgegenstände, die in den vergangenen Jahren bei archäologischen Ausgrabungen in der Umgebung von Rennes-le-Château zutage gefördert wurden. Im Nachbarort Rennes-le-Bains, der noch heute bekannt ist für seine Thermalquellen, richteten die römischen Besatzer damals eine großzügige Badeanlage ein. Die Überreste dieser Thermen sind noch heute am Ortseingang von Rennes-le-Bains zu sehen. Von einer intensiven Bergbautätigkeit in römischer Zeit geben etliche alte Minen und Stollen bei Rennes-le-Bains Zeugnis. Einst wurde hier nach Gold, Silber, Blei, Kupfer und Zinn gesucht.

Doch erst die Westgoten verhalfen Rhedae zu einer Bedeutung, die über viele Jahrhunderte anhielt. Sie waren von den aus Osten herandrängenden Hunnen ihres ursprünglichen Siedlungsgebietes beraubt und aus Mitteleuropa verdrängt worden. Ihre Geschichte ist für das Rätsel um Rennes-le-Château von Bedeutung und soll daher an dieser Stelle dargestellt werden.

Die vesischen Terwingen wurden 376 n. Chr. in das römische Reich aufgenommen. Sie sollten in Thrakien angesiedelt werden. Der römische Kaiser Valens versprach sich von den kämpferischen Terwingen starke Bundesgenossen. Doch es sollte anders kommen. Durch die Unfähigkeit römischer Offiziere kam es zu Spannungen zwischen den beiden Völkern. Daraufhin zogen die Goten unter ihrem Führer Fritigern plündernd durch Thrakien. Die Römer gewannen aber bald wieder die Oberhand in diesem Landstrich. Nach kleineren römischen Erfolgen gelang es dem Gotenführer jedoch, die Hauptstreitmacht der Römer, die von Kaiser Valens selbst angeführt wurde, in der Schlacht von Adrianopel (378 n. Chr.) vernichtend zu schlagen. Diese Niederlage war ein furchtbares Debakel für die Römer, nur noch zu vergleichen mit der Schlacht von Cannae (216 v. Chr.) und der Schlacht im Teutoburger Wald (9 n. Chr.). Der Kaiser fiel im Kampf. Durch Valens' Tod ihrer Führung beraubt, waren die Balkanländer der Plünderung durch die Goten beinahe schutzlos ausgeliefert.

Trotzdem konnte Fritigern diese Lage nicht ausnutzen. Die Stadt Adrianopel, in der sich sowohl der Reichsschatz als auch die Reichsinsignien befanden, konnte von einer römischen Bürgermiliz gehalten werden. Inzwischen hatte der neue römische Kaiser Theodosius Zeit, frische Truppen nach Thrakien zu schicken. Diese stellten das Gleichgewicht wieder her, so daß es zu einer Einigung kam. Die Goten wurden als Föderaten im heutigen Bulgarien angesiedelt. Als Föderat blieb man politisch weitgehend autonom, man war jedoch verpflichtet, dem Kaiser Truppen zur Verfügung zu stellen.

Kaiser Theodosius wurde später wegen seiner guten Beziehungen zu den Goten der Beiname »Gotenfreund« verliehen. Doch auch der »Gotenfreund« konnte nicht verhindern, daß 391 ein Aufstand angezettelt wurde. Ein Grund dafür waren sicher die hohen Verluste an Soldaten, welche die Goten während der Kämpfe für den Kaiser zu verzeichnen hatten. Der Anführer der Rebellion sollte zu einer der schillerndsten Persönlichkeiten der Goten werden. Sein Name war Alarich.

Alarich besiegte das eilig von Theodosius ausgesandte Heer und zog plündernd durch Thrakien und Griechenland. Die Thermopylen, Piraeus und Böotien fielen, nur Theben leistete erfolgreich Widerstand. Athen konnte sich freikaufen.

In dieser für Rom so mißlichen Situation trat Stilicho auf. Er war ein römischer Feldherr und damit beauftragt, die Goten zur Räson zu bringen. Stilicho sollte in den nächsten Jahren der einzige römische Heerführer sein, der es mit Alarich aufnehmen konnte. Gleich zu Anfang bedrängte Stilicho die Goten derart, daß ein Vertrag zwischen den verfeindeten Parteien ausgehandelt werden konnte. Der Inhalt dieses Vertrages ist nicht bekannt. Lange Zeit währte er auch nicht. Nur kurze Zeit nach Abzug Stilichos mobilisierte Alarich erneut seine Soldaten und fiel in Makedonien ein. Er konnte erst aufgehalten werden, als Kaiser Arcadius ihm dieses Land als Siedlungsland zugestand (397 n. Chr.).

Doch auch damit gab sich Alarich nicht zufrieden. Nur vier Jahre später, 401 n. Chr., zog er nordwärts, mit dem eindeutigen Ziel Italien. Nach einigen militärischen Erfolgen zwang ihn Stilicho zu einem Waffenstillstand, den Alarich aber bald wieder brach. Letztendlich gipfelte der Konflikt in der Schlacht von Verona (402 n. Chr.), die für die Goten eine herbe Niederlage darstellte.

Nach der Schlacht von Verona ließen sich die Goten in Illyrien nieder, wenn auch nur für kurze Zeit. Denn schon im Jahre 408 n. Chr. überfiel Alarich die Gebiete der heutigen Steiermark, Sloweniens und Ungarns. Damit Alarich nicht auch noch in Italien einfiele (und damit er wieder unter römische Oberhoheit gestellt würde), war Stilicho, gegen den Willen des Senats, zu Zahlungen an den Gotenführer bereit.

Stilicho fiel jedoch kurze Zeit später einer Intrige zum Opfer und wurde als Verräter hingerichtet. Wissend, daß kein römischer Feldherr ihm jetzt noch gefährlich werden konnte, zog Alarich von Oberitalien plündernd bis vor die Tore Roms und begann die Stadt zu belagern. Erst nach großen Ausgleichszahlungen, die alles Gold und alle bewegliche Habe umfaßten, die sich in Rom befanden, zog das gotische Heer ab. Nach gescheiterten Verhandlungen mit Kaiser Honorius verwüstete das Gotenheer ganz Italien. Doch die geplünderten Gebiete konnten die Armee nicht ernähren. Jetzt endlich kam ein Gespräch mit dem römischen Kaiser zustande, und ein Friede wäre durchaus im Bereich des Möglichen gewesen. Doch eine Gruppe von 300 römischen Soldaten machte sich selbständig und fügte den Goten durch einen Überraschungsangriff eine herbe Niederlage zu. Als Honorius davon erfuhr, brach er die Verhandlungen sofort ab. Der Kaiser zog sich wieder nach Ravenna zurück.

Alarich, in seinem Stolz verletzt, marschierte zum wiederholten Mal südwärts und eroberte 410 n. Chr. die »ewige Stadt« Rom ohne nennenswerte Schwierigkeiten. Er war einer der wenigen, dem dies je gelungen war. Drei Tage lang wurde die Metropole geplündert, die Schwester des Kaisers, Galla Placidia, gar als Geisel genommen.

Bei der Plünderung Roms fiel den westgotischen Heeren der unermeßliche Schatz in die Hände, den Titus um das Jahr 70 u. Z. bei der Eroberung Jerusalems geraubt hatte. Der Historiker Prokopius von Caesarea beschrieb den Untergang Roms und überlieferte auch, was die Westgoten erbeuteten:

»... die Schätze Salomos, des Königs der Hebräer, deren Anblick lohnenswert ist. Denn sie waren größtenteils mit Smaragden verziert und in alten Zeiten von den Römern aus Jerusalem nach Rom gebracht worden.«

Der Titusbogen in Rom zeigt noch heute, wie der Tempelschatz mit der großen Menorah — einem siebenarmigen Leuchter aus purem Gold —, dem Bogen des Bundes und den Smaragdtafeln des alttestamentarischen Gesetzes einst im Triumphzug des Titus mitgeführt wurde. Genau dies ist der Schatz, von dem Prokopius berichtet, daß er von den Westgoten geraubt und ihrer aus vielen Kriegen stammenden Beute einverleibt wurde.

Doch lange konnte sich der Gotenführer an seinem Erfolg nicht erfreuen. Noch im selben Jahr starb Alarich bei Cosenza, als er auf dem Weg nach Sizilien war. Einer Sage nach soll er im Flußbett des Busento begraben worden sein.

Alarich verließ die Welt ohne leiblichen Nachfolger. Sein Schwager Athaulf wurde zum Gotenkönig gewählt. Unter ihm zogen die Goten nach Gallien. Dort schloß er eine Koalition mit dem gallischen Rebellen Iovinus. Nachdem es aber zu Streitigkeiten zwischen den beiden gekommen war, schlug sich Athaulf auf die Seite des Honorius. Dieser, froh, einen Feind weniger zu haben, erlaubte es den Goten, sich in Südgallien anzusiedeln. Dies betraf vor allem die Städte Bordeaux, Toulouse und Poitiers. Als Gegenleistung mußten sie Militärdienst ableisten. Obwohl den Goten sogar die Niederwerfung des Iovinus gelang, kam es doch immer wieder zu Spannungen mit dem römischen Reich, die schließlich wieder zu einem Krieg führten (413 n. Chr.). Nachdem aber die Städte Narbonne und Toulouse gefallen waren, hatte Athaulf keine Möglichkeit mehr, sein Heer zu ernähren. So wurden bereits 414 n. Chr. die Kämpfe eingestellt. Zu einem wirklichen Friedensschluß kam es jedoch nicht. Im gleichen Jahr fand auch die Heirat zwischen Athaulf und Galla Placidia statt. Er selbst starb jedoch schon 415 n. Chr., ebenso ihr gemeinsamer Sohn. Gallia Placidia wurde 416 n. Chr. »befreit«. Später wurde sie die Mutter von Kaiser Valentinian III.

Der neue Gotenkönig Valia mußte sich 416 n. Chr. den Römern ergeben, als sein Plan, die Straße von Gibraltar zu überqueren, fehlgeschlagen war. Die Goten hatten das gesamte Land geplündert, so daß sie nun in arge Versorgungsschwierigkeiten gerieten. Bedingung für den Frieden war, daß die Goten jede römische Geisel ausliefern und Spanien von allen Feinden Roms säubern mußten. Im Gegenzug erhielten sie genug Getreide für ein ganzes Jahr. Nachdem der Spanienfeldzug beendet war, wurden die Goten im Gebiet der heutigen Garonne angesiedelt. Ihre Hauptstadt wurde Toulouse. Valia sollte jedoch dies nicht erleben, denn er starb auf dem Rückweg von Spanien (418 n. Chr.). Seinem Nachfolger Theoderich I. (auch Theoderid) gelang es durch diplomatische Klugheit, sein Reich aus den inneren Problemen der Römer herauszuhalten. In jener Zeit nutzten die Goten jede Möglichkeit, um ihre Stellung zu verbessern. Nach 33jähriger Regierungszeit starb Theoderich I. in der Schlacht auf den Katalaunischen Feldern (451 n. Chr.), wo er auf römischer Seite gegen die Hunnen gekämpft hatte. Sein Nachfolger wurde Theoderichs Sohn Thorismund. Er starb jedoch schon zwei Jahre nach seinem Amtsantritt. Sein Bruder übernahm nun als Theoderich II. die Regentschaft. Wie sein Vater hielt auch er sich aus der inneren römischen Politik heraus, was sich angesichts der anarchischen Zustände, die in Rom herrschten, als sehr erfolgreich erwies. Im Jahr 466 n. Chr. wurde Theoderich II. von seinem Bruder Eurich, der das tolosanische Reich zur Blüte bringen sollte, ermordet. Eurich ging sofort daran, sein Reich vollständig aus dem römischen Reich herauszulösen. Bereits zwei Jahre nach seinem Amtsantritt, im Jahre 468 n. Chr., war das westgotische Reich ganz und gar unabhängig von den Römern. 471 n. Chr. versuchte der römische Kaiser noch einmal die Goten zu unterwerfen, doch sein Heer wurde vernichtet. Eurichs nächste Schritte dienten dazu, sein Reich weiter auszudehnen. Nach zahlreichen Kämpfen regierte er über ein Land, das im Norden von der Loire, im Osten von der Rhone und im Westen vom Atlantik begrenzt wurde. Der Gotenkönig beherrschte auch die iberische Halbinsel. Im Jahr 477 n. Chr. schloß Eurich Frieden mit dem italischen Herrscher Odoaker, der Eurichs Landansprüche akzeptierte. Die nächsten Jahre verwandte Eurich weniger dazu, sein Reich zu vergrößern, als vielmehr, es zu sichern. Er schloß Frieden mit den Burgundern und den kleinen Völkerschaften der Westeruler, Warnen und Thüringern. Die Franken, welche die einzig echte Gefahr für sein Reich darstellten, hielt er durch geschickte militärische Operationen in Schach. König Eurich erließ auch zahlreiche neue Gesetze (»Codex Euricanius«), die das Zusammenleben der verschiedenen Völker erleichterten.

Bis zu ihrer endgültigen Seßhaftwerdung in Frankreich und Spanien war das Volk der Goten ein umherziehender Heerhaufen, der plünderte und weite Gebiete Europas in Schrecken versetzte. Die gotische Armee war schlagkräftig, aber zahlenmäßig nur von geringer Größe. Nachschub in der Form, wie ihn seßhafte Völker aufbieten konnten, gab es natürlich keinen. Nur gelegentlich wird davon berichtet, daß sich Goten mit anderen Völkerschaften vereinten. Ein Beispiel dafür waren die Taifalen (ansässig an der Donau), mit denen sich die Goten 291 n. Chr. verbündet hatten, um die Gepiden zu vertreiben.

Dennoch triumphierten die Goten über das bis dahin als unbezwingbar geltende römische Reich. Das lag nicht nur an ihren Führerpersönlichkeiten, die denen der Römer meistens überlegen waren, sondern auch an ihrer Kampftaktik. Ganz im Gegensatz zu den Römern lag das Hauptgewicht in der Schlacht auf der Kavallerie. Die Goten waren aber kein Reitervolk, wie man es sich nach hunnischem Vorbild vorstellt. Die Überlegenheit der Reiter lag nämlich nicht in ihrer Schnelligkeit und Wendigkeit, sondern in ihrer Kraft und Wucht. Die schwer gepanzerten Pferde trampelten über ihre Gegner förmlich hinweg. Demnach waren die Waffen ihrer Reiter auch nicht Bogen und Speer. Die Goten benutzten schwere, zweihändig geführte Lanzen und schützten sich mit Schuppenpanzern und eisernen Helmen.

Um 400 n. Chr. waren die Reiter der Goten die vielleicht am besten ausgerüstete Kavallerie in Europa. König Athaulf förderte die Reiterei stark, und ihm ist es zuzuschreiben, daß die Entwicklung der Kavallerie noch weiter fortschritt. Zwar spielte das Fußvolk auch eine wichtige Rolle, aber diese war stets dem Einsatz der Reiter untergeordnet.

Nach ihrer Seßhaftwerdung widmeten sich die Goten verstärkt der Gründung und dem Ausbau von Städten. Das erforderliche Wissen dazu hatten sie offensichtlich von den Römern übernommen. Zeitgenossen bescheinigten den Westgoten eine erstaunlich hohe Kultur, die sich vor allem in der Architektur jenes Zeitalters widerspiegelte. So verwundert es auch nicht, daß Rhedae im Lauf der Jahrhunderte zu einer perfekten Festungsanlage ausgebaut wurde.

Eigentlich handelte es sich bei Rhedae um eine mit zwei mächtigen Mauerringen befestigte Stadt, die von zwei Zitadellen flankiert wurde. Diese Kernbefestigung besaß wiederum zahlreiche Vorwerke, Kastelle und Wachtürme als vorgeschobene Bastionen. Die Befestigungsanlagen standen untereinander per Lichtzeichen in einer ständigen Signalverbindung. Solche Lichtzeichen wurden tagsüber mittels polierter Spiegel erzeugt, die das Sonnenlicht reflektierten. In der Nacht oder bei trübem Wetter hingegen wurden Feuersignale verwendet.

Die Goten, ursprünglich aus Skandinavien stammend, verehrten die nordischen Götter. Sie sahen Wotan (Odin) als obersten Kriegsherrn. Unter ihm gab es noch viele andere Götter, von denen Thor (Donar) nur der Bekannteste ist. Einige Jahre nach ihrer Teilung in Ostgoten und Westgoten erschien ein Mann, mit dem die Bekehrung der Westgoten zum Christentum begann. Es war Bischof Wulfila.

Eine wirklich eigenständige Kunst der Goten hat nie existiert. Sie hatten sich bereits zu stark an das römische Vorbild angeglichen. Es wurden zwar Schmuckstücke im einstigen Herrschaftsgebiet der Westgoten gefunden, so auch bei Rennes-le-Château, doch erinnern diese stark an römische Plastiken. Die einzigen Funde, welche definitiv den Westgoten zugeordnet werden können, waren einige Gürtelbeschläge und Fibeln.

Nichtsdestoweniger besaßen die Westgoten einen Staatsschatz, über den andere Völker nur staunen konnten:

»Die Wisigoten standen in dem Ruf, den reichsten Goldschatz zu besitzen, und ihre Gotteshäuser hatten kostbarere Kultgefäße als andere Kirchen.«

Zu diesem Schatz gehörten zwei ganz besondere Kunstgegenstände — das Missorium und der Smaragdtisch.

Das Missorium war ein Gefäß aus massivem Gold, das zusätzlich mit Edelsteinen geschmückt war. Der Smaragdtisch, obwohl er wahrscheinlich nicht aus jenem Edelstein gefertigt worden war, beeindruckte die Menschen derart, daß er in vielen Erzählungen wieder auftaucht. Beide Stücke sind heute verschollen.

Ob die Gotik, außer mit ihrem Namen, noch etwas mit den Goten zu tun hat, ist auch heute noch ein Streitthema unter den Historikern. Denn die Goten haben zweifelsfrei den gotischen Baustil weder erfunden noch ausgeführt — keinerlei Funde lassen darauf schließen. Dennoch scheint es heute erwiesen, daß die Gotik ihren Namen von diesem Volk hat. In der Renaissance, welche sich ja an die Gotik anschloß, empfand man die vorangegangene Epoche als barbarisch. Und da man die Goten für Barbaren hielt, wurde der Begriff »Gotik« geboren.

Die glanzvolle Zeit der Westgoten ging im Jahr 507 n. Chr. zu Ende, als sie von den Merowingern unter König Chlodwig in der Schlacht von Vouillé vernichtend geschlagen wurden. Alarich II. verlor Schlacht, Reich und Leben. Die Westgoten mußten ihre Hauptstadt Toulouse aufgeben. Die Stadt wurde von den nachdrängenden merowingischen Heeren erobert und geplündert.

Erst vor den Mauern des gut verteidigten Carcassonne kam der merowingische Vormarsch zum Stehen. Chlodwig versuchte zwar, Carcassonne zu erobern, um in den Besitz des »heiligen« Schatzes der Westgoten zu gelangen, zu dem neben den Gegenständen des Salomoschatzes auch das Missorium und der Smaragdtisch gehörten. Nach den Worten des Historikers Prokopius von Cesarea begann Chlodwig mit der Belagerung, »*da er genau wußte, daß der Heilige Schatz dort aufbewahrt wurde. Der Schatz, den Alarich der Ältere zu früheren Zeiten erbeutete, als ihm Rom in die Hände fiel*«. Doch die Westgoten hielten das stark befestigte Carcassonne. Chlodwig mußte schließlich die Belagerung abbrechen und sich zurückziehen.

Prokopius berichtet weiter, daß der westgotische General Ibbas nach der Beendigung der Belagerung »*alle die Schätze, die in der Stadt Carcassonne lagen, sammelte und eilig nach Ravenna zurückmarschierte*«. Nach Prokopius soll zumindest ein Teil der in Carcassonne eingelagerten Schätze auch nach Rhedae gebracht worden sein, das viel besser als das nunmehr zur Grenzstadt gewordene Carcassonne verteidigt werden konnte.

Doch unter den Angriffen seiner zahlreichen Gegner, insbesondere der Franken, schrumpfte das westgotische Reich in den folgenden Jahrhunderten allmählich zu einem winzigen Gebiet, das heute als das Rhazes bekannt ist. Die neue Hauptstadt Rhedae blieb von den Eroberungszügen der Franken offensichtlich unbehelligt. In einem Bericht des Bischofs Theodulf, den Karl der Große zur Zählung der wichtigsten Städte in den Süden entsandte, wurde Rhedae mit Städten wie Carcassonne oder Narbonne gleichgestellt.

Als die Westgoten endgültig nach Spanien abgedrängt waren, gab Karl der Große die Stadt Carcassonne an einen seiner Vasallen zum Lehen. So entstand die erste Grafschaft von Carcassonne, der auch Rhedae einverleibt wurde.

Amalric, der Sohn eines westgotischen Königs, und die fränkische Prinzessin Chlothilde schlossen später in Rhedae den Bund fürs Leben. Durch diese dynastische Verbindung wurde Rhedae zur königlichen Stadt und für den überschwenglichen Prunk seiner Hofhaltung berühmt.

Das verschwenderische Leben am Hofe von Rhedae führte schließlich auch zum Niedergang der Stadt. Im 11. Jahrhundert sah sich Ermengarde — die Tochter des Grafen von Carcassonne und Erbin der Baronie von Rhedae — veranlaßt, diesen Besitz an das Königshaus von Barcelona zu veräußern.

Ihren Nachkommen, dem berühmten Geschlecht der Grafen von Trenceval, gelang es später, ihre Rechte auf dieses Gebiet wieder geltend zu machen und es der Grafschaft von Carcassonne erneut einzugliedern. Doch der alte Glanz Rhedaes war auf immer verloren.

Im Jahr 1190 eskalierten die Streitigkeiten zwischen den Trencevals und Alfons II., König von Aragon, der die gesamte Baronie Rhedae zurückforderte. Dieser Konflikt führte schließlich zur Belagerung von Rhedae durch aragonische Truppen, denen es im Verlauf des Jahres 1190 auch gelang, die Stadt zu erobern und weitgehend zu zerstören. Lediglich die stark befestigte Zitadelle vermochte sich gegen die Angreifer wirkungsvoll zu wehren und verblieb im Besitz der Trencevals.

Keine zwanzig Jahre später — man schrieb inzwischen das Jahr 1209 — fielen nordfranzösische Adlige unter dem Vorwand eines Kreuzzuges gegen die katharische Häresie in das Rhazes ein und verheerten auch die Stadt Rhedae erneut. Militärischer Anführer jenes »Kreuzzuges«, auf dessen Auswirkungen ich an einer anderen Stelle dieses Buches noch genauer eingehen werde, war Graf Simon de Montfort, der dem niederen Adel der Île de France entstammte. Unter seinem Kommando wüteten die christlichen Streiter derartig in den überfallenen Provinzen, daß nach einem Sprichwort *»seit dieser Zeit im Rhazes kein Kind mehr auf den Namen Simon getauft wird«*.

Während dieses Vernichtungsfeldzuges wurde Rhedae im Jahr 1210 mitsamt seiner Zitadelle durch die Kreuzfahrer nach kurzer Belagerung eingenommen und zerstört.

Von den blutigen Kämpfen, die einst um Rhedae ausgefochten wurden, zeugen noch heute schauerliche Hinterlassenschaften. Als im Jahr 1908 die neue Straße nach Rennes-le-Château gebaut wurde, stießen die Arbeiter dabei auf einen Knochenhaufen von gewaltigen Ausmaßen. Auf mehreren hundert Metern Länge waren Skelette in acht bis neun Schichten übereinander gelegt und ost/westlich ausgerichtet in diesem Massengrab bestattet worden. Eine weitere große Grabstätte mit mehreren hundert Toten wurde während der Bauarbeiten an einer Stelle entdeckt, die heute als Pas de Loup — der Wolfspaß — bekannt ist. Dieser Wolfspaß liegt nahe der alten Stadtmauer von Rhedae.

Der Schock über die 1908 entdeckten Toten war noch nicht ganz überwunden, als sich weitere Probleme einstellten. Im Jahr 1910 sollte das Dorf an die öffentliche Wasserversorgung angeschlossen werden. Dazu war die Errichtung eines Wasserturmes notwendig. Beim Ausheben der Grube für das Fundament dieses Turmes legten die Tiefbauer eine große Spalte im Plateau frei. Dieser Hohlraum war ebenfalls vollständig mit Skeletten ausgefüllt, die überwiegend von Frauen und Kindern stammten. Nach dieser schrecklichen Entdeckung wurde der Unterbau des Wasserturmes schleunigst an eine andere Stelle verlegt und die aufgebrochene Erdspalte rasch wieder verfüllt. Sie wahrt bis heute das düstere Geheimnis der ermordeten Einwohner von Rhedae.

Nach der endgültigen Eroberung des Rhazes erhielt der nordfranzösische Adlige Pierre de Voisins — ein Gefolgsmann Simon de Montforts — die ruinierte Stadt zum Lehen. Doch die Voisins waren ein tatkräftiges Geschlecht. Vor allem der Enkel Pierre de Voisins machte sich um die Rekonstruktion der Stadt verdient. Er ließ außerdem eine große Kirche errichten, die seinem Schutzheiligen St. Peter geweiht war, und veranlaßte den Bau des heutigen Schlosses. Häuser und Straßen bedeckten erneut das Plateau. Rhedae wurde zum Zentrum einer mächtigen Burgvogtei.

Diese Blüte des Gemeinwesens währte jedoch nur kurze Zeit. Im Jahr 1360 fielen, aus Katalanien kommend, die Routiers in das Gebiet des Rhazes ein. Die katalanischen Routiers waren das Ebenbild der italienischen Condottiere. Sie verdingten sich dem jeweils Meistbietenden als Söldner für die in der damaligen Zeit recht häufigen Fehden zwischen den einzelnen Grundherren. Da sie ausschließlich vom Krieg lebten, waren die Routiers geübte und gefürchtete Kämpfer. Fanden sie trotz allem einmal keinen Herrn, für den es sich zu kämpfen lohnte, so plünderten sie das Land so lange, bis ein Feudalherr sie in seine Dienste nahm und sie dafür nicht zu knapp entlohnte. Teure Soldaten waren allemal noch besser als verheerte Ländereien.

Dies sah die Familie Voisin anders. Sie wollte nichts mit den Routiers zu schaffen haben und rüstete Rhedae zur Verteidigung. Doch gegen die kampferprobten Truppen aus Katalanien hatten die wenigen Verteidiger des Burgvogtes keine Chance. Schon nach wenigen Tagen wurde Rhedae überrannt und geplündert.

Offenbar angezogen vom Kriegsglück der Routiers erschien knapp zwei Jahre später, kaum daß sich Rhedae von dem Überfall erholt hatte, Henri de Trastamare vor den Toren der Stadt. Er kam aus Spanien und befehligte eine Horde notorischer Plünderer, deren Untaten ihm bereits den Beinamen »Henri der Schreckliche« eingetragen hatten. Nun war er gekommen, um Rhedae zu schröpfen. Die Stadt hatte dem Ansturm der Banditen nur den heroischen Widerstand der Familie Voisin und ihrer wenigen Gefolgsleute entgegenzusetzen. So geschah das Unglück. Trotz verzweifelter Verteidigung gelang es den Truppen Henri de Trastamares, Rhedae einzunehmen. Nach der Eroberung war die Stadt in ein Flammenmeer gehüllt. Brennende Häuser stürzten krachend zusammen, beißender Qualm verhüllte die Sonne. Die Gassen hallten wider von den Todesschreien schrecklich Gemarterter, dem Grölen und Fluchen der furchtbar wütenden Sieger. Reiter trieben ihre Pferde über Leichenhaufen und durch die Straßen rann das Blut. Es war der Tag, an dem das alte Rhedae endgültig starb.

Die Plünderer schleiften sämtliche Befestigungsanlagen und machten auch vor der Kirche von St. Peter nicht halt. Als sie schließlich mit reicher Beute von dannen zogen und sich die wenigen Überlebenden wieder ins Freie wagten, da sollte sich zeigen, daß das Grauen noch lange nicht zu Ende war. Im Gefolge des schrecklichen Henri de Trastamare war ein weiterer Feind in Rhedae eingedrungen — heimtückisch, lautlos und absolut tödlich. Die von den Plünderern eingeschleppte Pest wütete mehrere Monate lang unter den Einwohnern. Nur eine Handvoll von ihnen überlebte die Heimsuchung durch den »Schwarzen Tod«. Rhedae war auf immer verloren, während die Zwillingsstadt Carcassonne unversehrt blieb und uns heute eine über zwanzig Jahrhunderte währende Geschichte zu erzählen vermag.

In der Grafschaft von Rhazes hingegen wurde nur noch ein abgeschiedenes Dorf erwähnt — Rennes-le-Château. Seine Häuser scharten sich dicht um die später wieder instand gesetzte Burg der Voisins und um die kleine gräfliche Kirche, die Maria Magdalena geweiht war.

Fortan ging die Geschichte, deren tragische Ereignisse hier so oft ihre Spuren hinterlassen hatten, an dem kleinen Ort vorüber. Doch aufgrund seiner Bodenschätze wurde Rennes-le-Château nie ganz vergessen. Lamoignon de Basville — ein Bergbauingenieur des 17. Jahrhunderts — berichtet in seinem Tagebuch, daß die Minen in den benachbarten Bergen schon seit den Zeiten der Römer betrieben wurden. Etwas genauer äußerte sich etwa 40 Jahre später sein Kollege Gensanne, der bemerkte, daß *»insbesondere in den Bergen Cardou und Roque Negre Kupfer, Blei und Silber«* zu finden sind. Er bezieht sich in seinem Bericht außerdem auf alte Gerüchte über Gold- und Silberminen auf dem Mont Blanchefort.

Welche Reichtümer in diesen Bergen auch einst gefunden wurden, um 1600 waren sie wohl überwiegend erschöpft, denn Lamoignon de Basville notierte in seinem Bericht:

»Ob die Minen nun erschöpft sind oder die Kunst, sie zu finden, verloren ging, Schätze, wie es sie dort gibt, sind vielleicht so versteckt, daß niemand mehr daran denkt, sie zu suchen.«

Das Haus Voisin und die ihm befreundete Familie de Blanchefort wußten um die Schätze in der Gegend von Rennes-le-Château.

Doch das Geschlecht Voisin starb im 16. Jahrhundert aus, als die jüngste Tochter und Alleinerbin der Familie einen Grundherrn von Marquefave heiratete, der spanischer Herkunft war. Blanche de Marquefave, die dieser Verbindung entstammte, ehelichte später Pierre-Raymond de Hautpoul und brachte als Mitgift die Baronie von Rennes mit in die Ehe.

Im 18. Jahrhundert dann nahm Henri, der Graf von Hautpoul, den Titel eines Freiherrn von Blanchefort wieder an, obwohl der direkte Zweig der Familie de Blanchefort zu dieser Zeit längst erloschen war.

Er heiratete im Jahr 1732 Marie de Negre Dables, die aus einer alten Familie vom Sault-Plateau stammte. Marie de Negre, nunmehr auch Herrin von Blanchefort und Hautpoul, wurde dreißig Jahre später Witwe. Ihre Ehe mit Henri de Hautpoul war kinderlos geblieben. Nun bewahrte zum ersten Mal seit Jahrhunderten eine Frau das dunkle Geheimnis der Familie de Hautpoul de Blanchefort, das sonst nur vom Vater auf den ältesten Sohn — den jeweiligen Erben der Baronie — weitergegeben wurde.

Als Marie de Negre fühlte, daß auch für sie die Zeit nahte, diese Welt zu verlassen und ihrem Mann ins Grab zu folgen, wandte sie sich an ihren Beichtvater, Abbé Antoine Bigou. Er war zu jener Zeit bereits seit sieben Jahren in Rennes-le-Château als Pfarrer tätig. Ihm vertraute sie den Inhalt des Familiengeheimnisses sowie einige Dokumente an. Antoine Bigou äußerte später gegenüber einem Amtsbruder, daß die Freiherrin von Hautpoul verlangt hatte, er solle das Geheimnis nur einer Person anvertrauen, die würdig sei, es entgegenzunehmen.

Am 17. Januar 1781 entschlief Marie de Negre Dables friedlich im Schloß von Hautpoul zu Rennes-le-Château. Sie wurde auf dem kleinen Friedhof des Ortes beigesetzt.

Kopie des Grabsteins der Marquise de Hautpoul.

Die Last des anvertrauten Wissens bedrückte Abbé Bigou, der alles andere als ein Held war, um so mehr, als Frankreich in den achtziger Jahren des 18. Jahrhunderts von heftigen politischen Unruhen erschüttert wurde, die sich schließlich in der Revolution von 1789 entladen sollten. Der Pfarrer fürchtete um sein Leben und entschloß sich, die ihm anvertrauten Dokumente in einem der hölzernen Pfeiler des westgotischen Altars seiner Kirche zu verbergen. Doch dies schien ihm noch nicht genug zu sein. Um die Botschaft für kommende Generationen zu überliefern, vertraute er sie zusätzlich dem Stein an.

Im Jahr 1791 nämlich ließ Abbé Bigou eine Platte mit merkwürdigen lateinischen und griechischen Inschriften auf das Grab der Freiherrin von Hautpoul legen. Eine weitere Platte an der Vorderseite des Grabes der Gräfin sollte durch einige Anomalien in der Inschrift Aufmerksamkeit erregen und denjenigen, der das Kryptogramm zu entziffern verstand, an die geheimen Orte führen, von denen Marie de Negre auf dem Totenbett gesprochen hatte.

Die Vorsicht des Pfarrers erwies sich richtig. Bereits im Jahr 1792 mußte er nach Spanien fliehen, um einer Hinrichtung als sogenannter »Feind der Revolution« zu entgehen. Er sollte sein geliebtes Rennes-le-Château niemals mehr wiedersehen. Achtzehn Monate nach seiner Flucht starb Abbé Antoine Bigou in Sabadell im spanischen Exil.

Vor seinem Tod war es ihm jedoch noch gelungen, jene Person zu finden, die sich als würdig erwies, das Geheimnis weiter zu bewahren. Dem jungen Abbé Cauneille, der sich gleich ihm im Exil befand, gab Antoine Bigou mündlich seine Kenntnisse weiter. Der angehende Priester war von diesem Wissen derart fasziniert, daß er darüber zwei Bücher schrieb, betitelt »Die Strahlen des Goldes« und »Die Spur des Feuers«. Seine beiden Werke dürften wichtige Hinweise auf das Versteck des Schatzes von Rennes-le-Château enthalten. Sie sind heute absolute Raritäten.

Durch Cauneille erfuhren zwei weitere Geistliche von dem Vermächtnis der Familie de Hautpoul de Blanchefort. Einer von ihnen hieß Jean Vie. Er war der Pfarrer von Rennes-le-Bains im Zeitraum von 1840 bis 1872. Der andere war Abbé Emile-François Cayron, der zur gleichen Zeit als Pfarrer in dem kleinen Ort St. Laurent de la Caberisse im Aude-Tal wirkte.

Das Familiengeheimnis eines der mächtigsten Adelsgeschlechter Südfrankreichs war auf diese Weise nun zum Geheimnis der Geistlichkeit des Rhazes geworden. Dieser Umstand hat bei vielen Forschern, die sich mit dem Rätsel von Rennes-le-Château befassen, für Verwirrung und zahlreiche falsche Spuren gesorgt.

Was wußten denn Abbé Cauneille, Jean Vie und Pater Cayron in Wirklichkeit? Vielleicht ahnten sie, daß irgendwo bei Rennes-le-Château ein gewaltiger Schatz, der nicht ausschließlich materieller Natur sein mochte, in unterirdischen Gewölben versteckt lag. Vielleicht besaßen sie vage Andeutungen darüber, daß es einen komplizierten kryptischen Schlüssel gab, der den Eingang zu den geheimen Räumen beschrieb.

Man sollte dabei bedenken, daß die Kunde von dem »Geheimnis« seit den Tagen Antoine Bigous ausschließlich mündlich weitergegeben worden ist. Das Vergessen aber gehört zur menschlichen Natur und ist der natürliche Feind einer jeden mündlichen Überlieferung. So können wir davon ausgehen, daß die Priester wohl von dem Geheimnis Kenntnis hatten, jedoch viel zu wenig wußten, um sich selbst auf die Suche nach dem Schatz zu begeben.

Dennoch lebte die Überlieferung weiter. Es war, als wollte das alte Rhedae, als wollte die großartige, geheimnisvolle Vergangenheit dieses Ortes nicht sterben. Jenes Vermächtnis aus alten Tagen und das Ende des Adelshauses de Hautpoul de Blanchefort wurden zum Beginn einer Geschichte, die bis in unsere Tage reicht und immer noch nicht zu Ende ist.

Diese Geschichte führte dazu, daß vor mehr als hundert Jahren in dem einsamen Dorf Rennes-le-Château merkwürdige Dinge geschahen, deren Ursachen in den Nebeln einer geheimnisvollen Vergangenheit zu suchen sind.

Kein Einheimischer spricht heute darüber — denn alle, die das Geheimnis kannten, sind eines furchtbaren Todes gestorben. So heißt es jedenfalls.

II. Geheimnisvolle Schriftrollen

Am 1. Juni des Jahres 1885 übernahm Berenger Sauniere als neuer Priester das Pfarramt von Rennes-le-Château. Er hatte eine ausgezeichnete Ausbildung an dem renommierten Priesterseminar von Saint Sulpice in Paris genossen, war ehrgeizig, begabt und intelligent. Einem solchen Mann, so sollte man denken, hätte der Weg sogar bis in den Vatikan weit offen stehen sollen.

Aber mit 33 Jahren wurde dieser Mann aus heute nicht mehr eindeutig nachvollziehbaren Gründen in die abgeschiedene, bettelarme Gemeinde von Rennes-le-Château versetzt. Hier schien er am Ende seiner Karriereleiter angelangt zu sein. Für jeden anderen Mann seines Formats wäre diese Berufung einer Verbannung gleichgekommen.

Doch offenbar machte diese Art einer lebenslänglichen Freiheitsstrafe in einem gottverlassenen Provinznest auf Berenger Sauniere keinen Eindruck — ganz im Gegenteil. Sauniere stammte aus Montazels, einem kleinen Ort nur wenige Kilometer von Rennes-le-Château entfernt. Er schien erfreut zu sein, wieder an den Stätten seiner Kindheit leben und arbeiten zu dürfen.

Bereits 1879 hatte er ein Jahr lang als Vikar in Alet-le-Bains, einem Nachbarort von Rennes-le-Château, gearbeitet und war dann von 1882 bis 1884 Pfarrer in der Gemeinde von Le Clat in der Nähe von Axat gewesen. Während seiner gesamten Amtszeit schien Berenger Sauniere bemüht, in der Nähe seines Geburtsortes und seiner Familie zu sein. Es kann daher durchaus sein, daß die Versetzung nach Rennes-le-Château im Jahr 1885 sogar auf seinen eigenen Wunsch hin erfolgte.

Dieses Verhalten steht ganz im Gegensatz zu den Ambitionen seines jüngeren Bruders Alfred, der ebenfalls die geistliche Laufbahn eingeschlagen hatte und es bis zum Professor am Priesterseminar von Narbonne brachte. Geboren wurde Alfred Sauniere im Jahre 1855 ebenfalls in Montazels. Nach seiner Priesterweihe im Jahre

1878 wurde er zunächst zum Vikar von Alzonne ernannt und trat später dem Jesuitenorden bei. Nach 1879 lehrte Alfred Sauniere an den Schulen der »Kompanie Jesu«. Im Jahr 1893 dann wurde er Professor am Kleinen Seminar in Narbonne. Man sagte ihm ein Verhältnis mit der Marquise de Bozas und Marie-Émilie Sabière nach. Er zog sich 1903 nach Montazels zurück und starb dort im Jahre 1905.

Eine der seltenen Fotografien von Berenger Sauniere.

Es sei an dieser Stelle darauf hingewiesen, daß bei den bislang vorliegenden Dokumentationen über Rennes-le-Château zumeist die Fotografien der beiden Brüder Alfred und Berenger Sauniere verwechselt wurden. Denn im Gegensatz zu den recht häufigen Portraits von Alfred Sauniere existieren nur sehr wenige Aufnahmen, die seinen Bruder Berenger aus der Nähe zeigen.

Die Charaktere der beiden Brüder hätten unterschiedlicher nicht sein können. Während Alfred das zurückgezogene, ausschließlich geistlichen Studien gewidmete Leben im Seminar von Narbonne bevorzugte, war Berenger Sauniere als leidenschaftlicher Jäger, Angler und ausdauernder Wanderer bekannt.

Er galt als ein Mann, der vor Energie sprühte und alles daran setzte, im liberalen Frankreich der Jahrhundertwende die Einwohner von Rennes-le-Château für die katholische Kirche zurückzugewinnen.

Doch gleich zu Beginn seiner Amtszeit in dem kleinen Dorf sah sich der Geistliche mit unerwarteten Schwierigkeiten konfrontiert. Die kleine Kirche fand er in einem beklagenswert baufälligen Zustand vor. Um das Pfarrhaus war es nicht viel besser bestellt. Die beiden Gebäude wären besser so bald wie möglich abgerissen worden. Dennoch ging Abbé Sauniere mit Elan an die Arbeit. Es ist überliefert, daß er anläßlich der Parlamentswahlen im Oktober 1885 von seiner wackligen Kanzel herab zur Wahl gegen die Republikaner aufrief, die erklärte Feinde der katholischen Kirche waren.

Doch alle im Seminar von Saint Sulpice erlernte Rhetorik sollte umsonst sein — auch seine Dörfler wählten republikanisch. Das hat den idealistisch geprägten Geistlichen offenbar zutiefst getroffen. Bitter enttäuscht zog er sich aus Rennes-le-Château in das Priesterseminar von Narbonne zurück, wohl in der Hoffnung, von seinem Bruder Alfred Rat und Unterstützung zu erhalten. Möglicherweise spielte Sauniere während dieser Zeit auch mit dem Gedanken, sein Priesteramt in Rennes-le-Château ganz aufzugeben und seine Laufbahn im Seminar von Narbonne fortzusetzen.

Doch den dringenden Bitten seiner Gemeindemitglieder, die ihn ersuchten, wieder in das Dorf zurückzukehren, konnte sich der Priester auf Dauer nicht verschließen. Im Jahr 1886 trat er sein Amt erneut an und wurde rückwirkend zum 1. Januar 1886 durch den Bischof von Carcassonne, Monseigneur Felix Arsene Billard, endgültig als Seelsorger für Rennes-le-Château bestätigt. Auch der republikanische Gemeinderat zeigte sich nun kooperativ und räumte dem Pfarrer einen bescheidenen Kredit ein. Nun konnte Sauniere daran gehen, die notwendigsten Reparaturen an seiner Kirche und dem Pfarrhaus vornehmen zu lassen. Zu jener Zeit betrug sein jährliches Salär etwa 150 bis 200 Francs in Gold. Kein gerade üppiges Gehalt, doch es war wohl das, was ein französischer Dorfpfarrer am Ende des 19. Jahrhunderts erwarten durfte. Die Zuwendungen der Dörfler hinzugerechnet, genügte es zum Überleben, aber keineswegs zu Extravaganzen. Dennoch scheint Sauniere in jenen Jahren ein ruhiges Leben geführt zu haben. Wie in den Tagen seiner Jugend jagte und fischte er in den Tälern und Flüssen der Umgebung. Er las viel und vervollkommnete seine Lateinkenntnisse. Ja, er begann sogar, Griechisch und Hebräisch zu lernen.

In jener Zeit fand Abbé Sauniere in seinem Amtsbruder Henri

Boudet aus Rennes-les-Bains einen väterlichen Freund und Berater. Unter seiner kundiger Anleitung widmete er sich dem Studium der bewegten Geschichte seiner Heimat, deren stumme Zeugnisse ihn ständig umgaben. Wenige Meilen südöstlich von Rennes-le-Château erhebt sich ein steiler Felsrücken, der Le Bezu genannt wird. Auf ihm stehen die Ruinen einer großen mittelalterlichen Festung, die einst von den Tempelrittern genutzt wurde. Ein weiterer Berg, etwa eine Meile östlich von Rennes-le-Château gelegen, trägt die Überreste der Stammburg der Grafen von Blanchefort. Jenes alte Adelsgeschlecht lenkte über Jahrhunderte hinweg die Geschicke des Rhazes.

Außerdem führte durch das Gebiet von Rennes-le-Château eine alte Pilgerstraße, die sich einst, von Nordeuropa kommend, bis zu dem Wallfahrtsort Santiago de Compostela in Spanien erstreckte. Oft wanderten Berenger Sauniere und sein Freund Boudet gemeinsam in diesen Jahren durch die geschichtsträchtige Landschaft des Plateaus von Rennes-le-Château.

Der unauffällige und stets ein wenig kränkliche Abbé Boudet ist mit Sicherheit eine Schlüsselfigur des Rätsels um Rennes-le-Château. Er wurde am 16. November 1837 in Quillan, einer Kleinstadt inmitten des Rhazes, geboren und durchlief die übliche Ausbildung zum Priester in Carcassonne, dem Bischofssitz seiner Heimat. Er galt als brillanter Schüler, der sein Diplom in Englisch ablegte. Im Juni 1860 wurde er zum Diakon und ein Jahr später dann zum Priester geweiht. Dieser Weihe schlossen sich fünf Jahre Dienst als Vikar an, bevor Henri Boudet 1866 Pfarrer im Bezirk von Limoux wurde. Seit 1872 wirkte er als Pfarrer in dem damals recht wohlhabenden Kurort Rennes-le-Bains.

Obwohl er aus einfachen Verhältnissen stammte, besaß Boudet eine hervorragende Bildung und ein umfangreiches Wissen auf den Gebieten der alten Sprachen und der Archäologie. So beherrschte Boudet das Altgriechische, sprach fließend Hebräisch, Aramäisch, die alte indische Hochsprache Sanskrit und selbstverständlich Latein.

Während seiner Jugend und der Ausbildung in Carcassonne gehörte zu Henri Boudets Lehrern auch der Pfarrer Émile-François Cayron, der zu den Eingeweihten des Geheimnisses um Rennes-le-Château zählte. Durch ihn wurde auch Boudet mit der Familientradition der Grafen von Hautpoul und Blanchefort vertraut.

Diesem Geheimnis widmete er seine Studien in den Bergen und Tälern um Rennes-le-Bains, durch die ihn immer wieder ausgedehnte Wanderungen führten. Bei diesen Forschungen unterstützte ihn sein Bruder Edmond Boudet, der zur damaligen Zeit als Landvermesser arbeitete. Später sollte es Edmond Boudet noch bis zum Notar in Rennes-le-Bains bringen. Doch in den siebziger Jahren des 19. Jahrhunderts war er mit der genauen Vermessung des Gebietes um Rennes-le-Bains befaßt. So konnte Edmond Boudet seinen Beruf als Geometer mit den archäologischen Ambitionen seines Bruders Henri verbinden. Mit Sicherheit sind die Brüder Boudet die wahren »Wiederentdecker« der Schätze von Rennes-le-Château gewesen.

Im Jahr 1886 veröffentlichte Henri Boudet ein merkwürdiges Buch

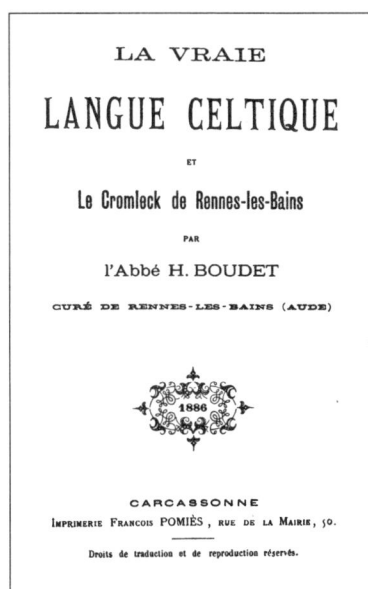

Reproduktion des Titelblatts von Henri Boudets Buch.

mit dem Namen »La vraie Langue Celtique et le Cromleck de Rennes-le-Bains«, das in einer Auflage von 800 Exemplaren erschien. Der Titel bedeutet zu deutsch »Die wahre Sprache der Kelten und der Steinkreis von Rennes-le-Bains«. Bereits kurz nach seinem Erscheinen erntete das Buch in der Fachwelt eine vernichtende Kritik. Wissenschaftler bezeichneten es als eine »unseriöse und urkomische Schrift«. Rezensenten warfen dem schriftstellernden Priester darüber hinaus vor, in diesem Werk »ganz überwiegend andere Schriftsteller zitiert zu haben«, was eine milde Umschreibung dafür war, daß Henri Boudet bei vielen anderen Autoren einfach abgeschrieben hatte. Tatsächlich ergaben spätere Nachforschungen, daß der Pfarrer gleich ganze Kapitel seines Buches mit Beiträgen aus den »Sankt Petersburger Kulturheften« gefüllt hatte. Wie er an diese im zaristischen Rußland erscheinenden Zeitschriften gelangt war, blieb allerdings auf ewig sein Geheimnis.

Sogar der sonst ganz auf Seiten Boudets stehende Bischof Billard rügte den Geistlichen, weil dessen schriftstellerische Neigungen nicht mit der von einem Pfarrer zu erwartenden Demutshaltung zu vereinbaren seien. Da Monseigneur Billard jedoch selbst ein außerordentliches Interesse an Rennes-le-Château und dessen geheimnisvoller Vergangenheit hatte, könnte es sein, daß er mit seiner Rüge lediglich die Verbreitung des Schlüssels zu den Rätseln dieses Ortes verhindern wollte. Denn bereits der Geistliche Vannier, ein Amtskollege Boudets, bemerkte zu der Kritik an dessen Werk:

> *»Der Abbé Boudet weiß ein Geheimnis, das die größten Umwälzungen verursachen könnte.«*

Nach der Meinung zahlreicher Schatzsucher, aber auch renommierter Historiker wie der französischen Forscherin Tatjana Kletzky-Pradere enthält Boudets »La Vraie Langue Celtique« den codierten Schlüssel zum mysteriösen Geheimnis der Familie de Hautpoul de Blanchefort.

Das Buch, welches voller Anekdoten, Humor und Absurditäten steckt und so gar nicht dem Charakter seines Verfassers entspricht, liefert in der Tat selbst etliche Hinweise auf die eben beschriebene Interpretationsvariante. So kündigte Abbé Boudet bereits im Vorwort den Zweck der Publikation wie folgt an:

> *»Durch die Interpretation eines in einer fremden Sprache gebildeten Namens in das Geheimnis einer lokalen Geschichte eindringen ...«*

Dies bedeutet nach Frau Kletzky-Praderes Auffassung den Hinweis auf einen kryptischen Schlüssel, ohne den der Inhalt des Buches ebenso konfus wie unverständlich bleibt. Auf Seite 126 seines Buches verkündete Boudet stolz, daß er für Außenstehende in einem gewissen Jargon sprechen würde, und auf Seite 11 machte er einige hoch interessante Andeutungen bezüglich der möglichen Schlüssel. Für noch größere Spekulationen allerdings sorgten die Bilder und das Kartenmaterial, das Edmond Boudet dem Buch seines Bruders beisteuerte. Viele Forscher haben in den letzten Jahren »La vraie Lange Celtique« immer wieder studiert, um hinter das Geheimnis des Werkes zu kommen. Sie waren der Auffassung, Boudet hätte dort die Koordinaten von insgesamt 12 Schatzverstecken niedergeschrieben, die sich in der Umgebung von Rennes-le-Bains und Rennes-le-Château befinden sollen. Bei diesen an zwölf verschiedenen Stellen verborgenen Schätzen soll es sich um die Hinterlassenschaften der Westgoten handeln.

Der Pfarrer von Rennes-le-Bains veröffentlichte aller vernichtenden Kritik zum Trotz im Jahr 1891 ein weiteres Buch. Sein zweites Werk mit dem Titel »Lazare veni foras« — zu deutsch »Lazarus, komm heraus« — erschien nur in einer geringen Auflage, und auch diese wurde auf Betreiben des Bischofs von Carcassonne umgehend eingezogen, so daß heute nur noch einige wenige Exemplare im Privatbesitz erhalten sind. Schien bereits »Die wahre Sprache der Kelten« ein absurdes Werk zu sein, so trieb Boudet mit »Lazare veni foras« seine Abstrusitäten und Konfusionen auf die Spitze. Das Buch erweckte den Anschein, die biblische Geschichte aus dem Neuen Testament von der Wiedererweckung des Lazarus von den Toten durch Christus habe sich nicht im Heiligen Land, sondern vielmehr im Gebiet der Aude in Südfrankreich abgespielt. Möglicherweise war diese Interpretation auch der Grund, daß Monseigneur Billard in Carcassonne diesmal heftig verärgert auf das Hobby seines Untergebenen reagierte und fast die komplette Erstauflage wieder einstampfen ließ. Abbé Boudet konnte die Schriftstellerei jedoch nicht lassen, wie zwei unveröffentlichte Manuskripte bezeugen, die in sei-

Kopie der Karte von Edmond Boudet.

nem Nachlaß aufgefunden wurden. Eines von ihnen trägt den Titel »Du nom de Narbonne« — »Über den Namen Narbonnes«. Das zweite benannte Boudet »L'Alphabet Solaire« — »Das Sonnenalphabet der Kelten« und versah es mit zahlreichen Vergleichen und Tabellen, so daß dieses Buch den Titel »La vraie Langue Celtique« viel eher verdient hätte.

Doch auch sonst legte der Pfarrer von Rennes-le-Bains ein für seine Mitbürger etwas absonderliches Verhalten an den Tag. So gab er sich während seiner Amtszeit große Mühe, Grabsteine auf dem Friedhof der Stadt zu fälschen und darüber hinaus die Umgebung zu verändern, indem er mehrere Grabkreuze von ihren angestammten Plätzen entfernte und andere ganz einfach beseitigte.

Im selben Jahr 1891, als Henri Boudets zweites Buch erschien, begann Berenger Sauniere auch in großem Umfang mit der Rekonstruktion der kleinen Dorfkirche von Rennes-le-Château. Dieser Sakralbau ist Maria Magdalena geweiht und stammt aus dem 13. Jahrhundert, aus den glanzvollen Tagen, bevor Simon de Montfort und die Barone des Nordens Okzitanien im Namen Christi plünderten, aus jener Zeit, da Rennes noch Rhedae hieß und eine prachtvolle Stadt war, die an Größe und Bedeutung leicht mit Carcassonne konkurrieren konnte.

Die Bauarbeiten des Jahres 1891 wurden durch eine großzügige Spende des Adelshauses Chambord finanziert. Die Gräfin von Chambord ließ Abbé Sauniere eine Summe von 3000 Francs in Gold zukommen — für die damalige Zeit und die Verhältnisse Sauniers ein wahrhaft fürstliches Vermögen. Doch welches Interesse hatte das Adelshaus Chambord an dem weltvergessenen Bergnest Rennes-le-Château und einem einfachen Provinzpfarrer? Hier zeigt sich eine Verbindung des Geheimnisses von Rennes zu den Interessen des Adelshauses Habsburg.

Die Habsburger waren am Ende des 19. Jahrhunderts als Herren des Kaiserreichs von Österreich-Ungarn immer noch eine Weltmacht. Die Gräfin de Chambord war eine geborene Habsburg. Ihr zu dieser Zeit bereits verstorbener Ehemann hätte als letzter Bourbone und

Thronerbe unter dem Namen Heinrich IV. in Frankreich herrschen sollen.

Jener Mann, der dem Provinzpfarrer die Spende der Chambords überbrachte und der sich als »Herr Guillaume« vorstellte, war in Wirklichkeit niemand anderer als Erzherzog Johann Nepomuk Salvator von Habsburg, der Cousin des österreichischen Thronfolgers. Er wurde im Dorf nur »der Ausländer« genannt und war bereits seit 1886 regelmäßig bei Abbé Sauniere zu Gast. Die Rolle des Erzherzogs wurde von den meisten Publikationen bislang nur ungenügend beleuchtet.

Erzherzog Johann Salvator war eines der »schwarzen Schafe« der Habsburger Dynastie. Er stammte aus der toskanischen Linie der Habsburger und hatte als siebenjähriges Kind erleben müssen, wie seine Familie Florenz Hals über Kopf verließ. Für seinen Vater, den Großherzog Leopold II., bot sich keine Möglichkeit mehr, das Land weiter zu regieren, als Italien mit Riesenschritten seiner staatlichen Einheit zustrebte. Leopold II. war Diplomat genug, um seinen Thron 1859 friedlich zu räumen und mit seiner Familie nach Österreich zurückzukehren.

Schon als junger Mann opponierte Johann Salvator immer wieder gegen die angestaubte Tradition der Donaumonarchie. Während seiner aktiven Dienstzeit in der österreichisch-ungarischen Armee versuchte er nachdrücklich, den in seinen Augen sinnlosen Kasernenhofdrill der Soldaten abzuschaffen und durch eine moderne Ausbildung zu ersetzen. Statt Anerkennung trug ihm dies mehrere Strafversetzungen ein. Letztlich aber fanden seine Leistungen doch Anerkennung. Im Jahr 1874 wurde er zunächst zum Oberstleutnant, später zum Oberst befördert.

Auch seine Vorliebe für Kunst und deutsche Literatur trugen Johann Salvator am Hof in Wien kaum Sympathien ein. Er galt als hochintelligent, aber exzentrisch. Seine engen Kontakte zu Künstlern wie dem Walzerkönig Johann Strauß trugen nur dazu bei, diesen Ruf zu verstärken. Strauß beriet den ambitionierten jungen Mann bei seinen kompositorischen Versuchen und dirigierte bei einem

Konzert sogar einen Walzer Johanns, der unter dem beziehungsreichen Pseudonym Johann Traunwart erschienen war.

Doch wirklich unliebsames Aufsehen erregte Johann Salvator am kaiserlichen Hof, als bekannt wurde, daß er während einer Italienreise Kontakte zu der neuen Regierung Viktor Emanuels II. geknüpft hatte. Ausgerechnet der Sohn des aus der Toskana vertrieben Großherzogs sprach in Rom vor! Und dies zudem ohne Wissen und Genehmigung seines kaiserlichen Herrn! Politik hatte nur der zu machen, der von Franz Joseph dazu aufgefordert wurde, und das war bestimmt kein kleiner, unbedeutender Erzherzog! Doch mit seinem Verhalten hatte Johann Salvator deutlich zu verstehen gegeben, daß er nicht der Typ des Mannes in der zweiten Reihe war. Er wollte selbst die Fäden ziehen. Dieser Anspruch sollte sein Leben prägen und ihn auch in das Geheimnis um Rennes-le-Château verstricken.

Bezeichnend sind seine Worte, mit denen er sich nach dem schrecklichen Tod des Kronprinzen Rudolf von der Gräfin Larisch, einer engen Freundin und Vertrauten, verabschiedete:

»Ich werde sterben, ohne tot zu sein, denn ich bin der Nichtigkeiten dieses Lebens müde und gedenke, eine neue Laufbahn zu beginnen ...«

Die Gräfin hatte dem Erzherzog eine Kassette ausgehändigt, wie dies von Rudolf noch zu seinen Lebzeiten verfügt worden war. Wichtige Dinge schien diese Kassette zu enthalten. Dokumente, die, wären sie vor der Tragödie von Mayerling von den kaiserlichen Spitzeln entdeckt worden, den Thronfolger und auch den Erzherzog in größte Gefahr gebracht hätten. So schreibt es zumindest Marie Larisch, Freiin von Wallersee und Cousine Rudolfs, in ihren Memoiren.

Was die Kassette wirklich enthielt, wohin ihr Inhalt verschwand und welche Rolle Rudolf und Johann in ihrer Hoffnung auf Macht und die Verwirklichung ihrer Ideen gespielt haben, ist bis heute nicht restlos geklärt. So verwundert es nicht, daß die abenteuerlichsten

Vermutungen über den geheimnisvollen Tod des Kronprinzen Rudolf und seiner Gefährtin Mary Vetsera kursierten. Schon bald nach den Ereignissen wurde klar, daß die Schüsse in jener Nacht auf dem Jagdschloß Mayerling kein romantisches Romeo-und-Julia-Drama beendet hatten. Viel mehr verbarg sich dahinter. Sicherlich ließe sich die Rolle, die Erzherzog Johann Salvator gespielt hatte, besser durchschauen, wenn die von allerhöchster Stelle befohlenen Vertuschungsaktionen nicht von einer derart akribischen Perfektion gewesen wären. Jedwedes belastende oder nur im entferntesten kompromittierende Material war verschwunden. Selbst das Jagdschloß wurde auf Befehl Kaiser Franz Josephs abgerissen. Nichts sollte mehr an den Ort erinnern, an dem sein Thronfolger unter bis heute nicht gänzlich aufgeklärten Umständen starb.

Sehr wahrscheinlich hatte der Tod des Kronprinzen Rudolf nichts mit seiner romantischen, aber nicht standesgemäßen Liebe für die blutjunge Gräfin Mary Vetsera zu tun, dafür aber um so mehr mit dem Geheimnis von Rennes-le-Château. Die häufigen Besuche des Erzherzogs Johann Salvator im Rhazes, seine Kontakte zu den Priestern Berenger Sauniere und Henri Boudet sowie seine Freundschaft mit Kronprinz Rudolf sprechen dafür, daß die beiden Männer das Geheimnis um die Schätze von Rennes-le-Château kannten.

So unterschiedlich die Charaktere der beiden Männer waren, so verschieden war auch ihre Art, mit dem Geheimnis von Rennes-le-Château umzugehen. Der nervöse, sensible und depressiv veranlagte Rudolf ist vielleicht daran zerbrochen. Mit an Sicherheit grenzender Wahrscheinlichkeit feuerte er selbst die tödlichen Schüsse von Mayerling ab. Mary Vetsera begleitete ihn wohl aus einer schwärmerischen Zuneigung heraus in den Freitod. Schon Monate zuvor hatte der Kronprinz Freunden und Vertrauten gegenüber die Absicht geäußert, seinem Leben ein Ende zu setzen. Die Last der Verantwortung für die österreichisch-ungarische Doppelmonarchie war dem psychisch angeschlagenen Thronfolger viel zu schwer, seine Lebensumstände waren ihm verhaßt, und vielleicht vermochte er auch das Wissen um das Gold von Rennes-le-Château, welches ihm die Erfüllung seiner Pläne ermöglicht hätte, zu dieser Zeit aber nicht verfügbar war, nicht mehr länger zu ertragen.

Sein robuster Vetter Johann Salvator wählte einen anderen, außergewöhnlichen Weg. Wenige Monate nach der Tragödie von Mayerling, noch unter dem schmerzlichen Eindruck des Todes seines Freundes Rudolf, entschloß sich der Erzherzog, dem Spiel um Macht, Einfluß und Ruhm zu entsagen. In einem Brief vom 8. Oktober 1889 an Kaiser Franz Joseph heißt es:

»Ich verzichte demnach freiwillig und unbeeinflußt auf Rang und Stand, indem ich Titel und Rechte eines Erzherzogs sowie meine militärische Charge ehrfurchtsvoll in die Hände eurer Majestät zurücklege, dagegen Eure Majestät untertänigst bitte, mir einen bürgerlichen Namen verleihen zu wollen. Ferne vom Vaterlande werde ich mir einen Lebenszweck, einen Lebenserwerb, wahrscheinlich zur See, suchen und mir eine bescheidene, aber achtenswerte Stellung zu gründen trachten ... Da ich aber diesen Schritt selbst teuer genug mit meiner ganzen sozialen Existenz — mit allem, was Hoffnung und Zukunft heißt, bezahle, werden eure Majestät zu verzeihen wissen.
Euer Majestät treugehorsamster Untertan Erzherzog Johann, FML.«

Das hatte es bis dahin noch nie gegeben. Ein Erzherzog quittierte seinen Dienst, setzte seine Existenz als Mitglied des kaiserlichen Hauses aufs Spiel, um bürgerlich zu werden! Doch wider Erwarten erhielt Johann Salvator ziemlich rasch und ohne großes Aufsehen das Einverständnis des Kaisers, aus dem Habsburger Familienverband auszuscheiden. Es durfte zu keinem neuen Skandal kommen, so wenige Monate nach der Tragödie von Mayerling, die das ganze Reich zutiefst erschüttert hatte.

Mit neuem Namen, als Johann Orth, das frisch erworbene Kapitänspatent in der Tasche, versuchte der ehemalige Erzherzog sich eine Existenz als Reeder und Kapitän zu schaffen, was ihm mehr schlecht als recht gelang. Seine Spur verlor sich schließlich im Südatlantik, wo am 20. und 21. Juli 1898 die Überreste seines Schiffes »Saint Margret« gesichtet wurden. Der Schoner war in einem Orkan gesunken. Ob Johann Salvator bei diesem Unglück wirklich ums Leben kam, läßt sich nicht mit letzter Gewißheit behaupten. Durchaus glaubwürdige Augenzeugen wollen ihn in den folgenden Jahren in Südamerika und auch in Wien gesehen haben. Es gibt sogar Berichte, nach denen Johann Salvator noch im Januar 1917 beim Begräbnis Berenger Saunieres in Rennes-le-Château zugegen gewesen sein soll.

Auch die österreichischen Behörden ließen sich reichlich Zeit und erklärten Johann Orth erst am 6. Mai 1911 offiziell für tot. Zumindest hatte Johann Salvator seine Prophezeiung der Gräfin Larisch gegenüber wahr gemacht — er war gestorben, ohne tot zu sein.

Doch ich greife den Geschehnissen vor. Noch befinden wir uns mitten im Jahr 1891. Johann Salvator weilte wieder einmal inkognito in Rennes-le-Château und nutzte die Gelegenheit, um dem Pfarrer die Zuwendung der Gräfin Chambord in Höhe von 3000 Goldfrancs zu überbringen.

Mit dem gespendeten Geld ließ Berenger Sauniere zunächst das Mauerwerk und das Dach seines Gotteshauses instand setzen. Danach widmete er sich dem Interieur der Kirche, das sich ebenfalls in einem bedauernswerten Zustand befand. Sauniere ließ den Maurer Babon aus Couiza und seine Gesellen zunächst mit der Restaurierung des Altars beginnen, der noch aus westgotischer Zeit stammte, höchstwahrscheinlich aus dem 6. Jahrhundert. Bei den Bauarbeiten stießen die Maurer zunächst auf ein sehr altes Grab vor dem Altar. Dem Pfarrer erschien dieser Fund so außergewöhnlich, daß er ihn sogar einer Eintragung in seinem Tagebuch für wert befand. Darin heißt es:

»... heute Brief aus Granes eingetroffen, ENTDECKUNG EINES GRABES, verregneter Nachmittag ...«

Das Tagebuch Berenger S:aunieres kann heute mit zahlreichen anderen Gegenständen aus seinem Privatbesitz im Museum von Rennes-le-Château besichtigt werden.

Die vor dem Altar aufgefundene Gruft enthielt neben drei stark zerfallenen Skeletten auch einen großen Tonkrug, angefüllt mit Goldstücken, antiken Juwelen und edlem Schmuck. Es ist zu vermuten, daß die Grundherren aus der Umgebung in den Wirren der französischen Revolution mit Einverständnis des damaligen Pfarrers Antoine Bigou das alte Grab als Versteck für ihre Barschaft nutzten, bevor sie nach der Hinrichtung Ludwigs XVI. und dem Sturz der Monarchie ins Ausland flohen. Sauniere nutzte diesen unverhofften Geldsegen auf seine Art. Mit einem Teil der gefundenen Kostbarkeiten beschenkte er Freunde und Verwandte. So erhielt der Priester Grassaud aus Amelie-de-Bains von Sauniere einen sehr alten und kostbaren Abendmahlskelch zum Geschenk, während er dem Abbé Coutauly aus Couiza eine beträchtlich Menge von Münzen aus dem 6. und 7. Jahrhundert verehrte. Abbé Courtauly galt unter seinen Priesterkollegen als kompetenter Numismatiker. Andere Stücke wurden diskret verkauft. Mit dem Erlös besserte Abbé Sauniere seine Kasse auf.

Mysteriös an dem aufgefundenen Grab war die Deckplatte, welche zwei Reiter auf einem Pferd zeigte. Diese Grabplatte stammt wahrscheinlich aus dem 8. Jahrhundert. Einer Legende nach soll die Darstellung den Ritter Meroveé Levi zeigen, der seinen Sohn Dagobert zu dessen Mutter, der Gräfin Gisela von Rhazes, brachte. Die Grabplatte würde demnach einen allegorischen Hinweis erhalten, daß die Grafen des Rhazes von dem königlichen Geschlecht der Merowinger abstammten.

Doch der Fund dieser merkwürdigen Grabplatte stellte erst den Anfang einer weitaus größeren Entdeckung dar. Nachdem das Grab ausgeräumt worden war, bemerkte Sauniere, daß sich darunter offenbar der Zugang zu einem Gewölbe befand, das er von seinen Arbeitern umgehend freilegen ließ. Der Priester war auf die vergessene Krypta der Grundherren von Rennes-le-Château gestoßen, die im Register der Gemeinde letztmalig 1694 Erwähnung fand. Es ist sehr wahrscheinlich, daß Berenger Sauniere auch diese Gruft ausräumen ließ und sich an den aufgefundenen Antiquitäten bereicherte. Die Hinweise von Zeitzeugen sind allerdings in dieser Hinsicht unzureichend.

Nach dem Schatzfund und der Entdeckung jener Krypta ruhten die Arbeiten für einige Tage. Dann ließ Abbé Sauniere als nächstes die Platte des Altars entfernen. Der Altar hatte ein bei weitem höheres Alter als die Kirche und ging in seiner ursprünglichen Gestalt bis auf die Zeit der Merowinger zurück, die nach ihrem Sieg über die Westgoten im frühen Mittelalter auch das Rhazes beherrschten. Rhedae war einstmals die südliche Hauptstadt des Merowingerreiches gewesen, bis zur Ermordung des letzten Herrschers aus diesem Geschlecht.

Bei den Arbeiten am Altar stieß Sauniere nun auf das Versteck, das sein Amtsvorgänger Antoine Bigou bereits im Jahr 1791 zuvor benutzt hatte. Eine der beiden hölzernen Altarsäulen war hohl und barg in ihrem Innern jene Dokumente, die Bigou dort vor seiner Flucht aus Frankreich deponiert hatte.

Der Pfeiler des Altars, in dem die Pergamente versteckt waren.

Zwei der aufgefundenen Dokumente waren Testamente und leicht verständlich. Eines schien den Stammbaum der Grafen von Rhazes bis zum Jahre 1244 zu enthalten. Darin wurde behauptet, daß sie direkte Nachfahren der Merowinger-Könige seien. Man bedenke in diesem Zusammenhang auch das bereits beschriebene Motiv der Grabplatte vor dem Altar. Dieses erste Testament war ein offizielles Dokument, denn es trug das Siegel von Blanche de Castille, die im 13. Jahrhundert Königin von Frankreich und eine der mächtigsten Herrscherinnen ihrer Zeit war. Das zweite Pergament datierte aus dem Jahr 1644. Es enthielt den Letzten Willen von François-Pierre de Hautpoul, Graf von Rennes-le-Château und Le Bezu. Dieses Testament führte den Stammbaum der Grafen von Rhazes von 1244 bis zum Jahre 1644 fort. Diese Testamente sind heute verschollen.

Die beiden anderen Pergamente stammten offenbar aus der Feder Antoine Bigous und waren in den Jahren 1781/82 niedergeschrieben worden. Die von Bigou verfaßten Dokumente stellten auf den ersten Blick nichts weiter als ungenaue und verworrene Versionen von zwei Geschichten aus dem Neuen Testament dar.

Der kürzere Text — das sogenannte »Kleine Manuskript« — stützte sich auf Lukas VI, 1 bis 4 und andere parallele Schriften. Das »Kleine Manuskript« hatte damit jene Bibelstelle zum Inhalt, in der Jesus von den Pharisäern gescholten wird, weil er am Sabbat arbeitet:

> *»Und es begab sich an einem Sabbat, daß er durchs Getreide ging; und seine Jünger rauften Ähren aus und aßen und rieben sie mit den Händen.*
> *Etliche Pharisäer aber sprachen zu ihnen: Warum tut ihr, was sich nicht ziemt zu tun an den Sabbaten?*
> *Und Jesus antwortete und sprach zu ihnen: Habt ihr nicht gelesen, was David tat, da ihn hungerte und die mit ihm waren?*
> *Wie er zu dem Hause Gottes einging und nahm die Schaubrote und aß und gab auch denen, die mit ihm waren; die doch niemand essen durfte als die Priester allein?«*

Das »Große Manuskript« bezieht sich auf Johannes XII, 1 bis 11 und handelt vom Besuch Jesu im Haus von Maria und Martha, den Schwestern des Lazarus in Bethanien. Ob die Maria von Bethanien mit Maria Magdalena identisch ist, wird hierbei jedoch nicht geklärt.

Die beiden lateinischen Texte waren jedoch verändert worden. So

46

Reproduktion des »Kleinen Manuskriptes«.

hatte Bigou im »Großen Manuskript« 140 Buchstaben hinzugefügt und die Zeilen nach einem bestimmten System verkürzt. Teilweise gingen die Worte auch ohne Trennung einfach ineinander über. Sauniere begriff, daß diese Pergamente in Wirklichkeit eine Folge von ausgeklügelten Chiffren darstellten. Einige von ihnen sind so kompliziert, daß sie sogar ohne weiteres einem Entschlüsselungsversuch per Computer zu widerstehen vermögen. Auch dem nicht in Kryptologie ausgebildeten Priester fehlte seinerzeit der entsprechende Schlüssel, um diese chiffrierten Texte zu knacken.

Ermutigt durch seinen Freund Henri Boudet, wandte er sich nunmehr an Bischof Felix Arsene Billard mit der Bitte um Hilfe. Sein Vorgesetzter zeigte Verständnis für Saunieres Probleme und finanzierte dem Abbé eine Reise nach Paris. Dort sollte sich Sauniere am Konservatorium von Saint Sulpice mit dem Theologen Abbé Bieil und dessen Neffen Émile Hoffet, einem ebenso jungen wie brillanten Linguisten, in Verbindung setzen. Hoffet bereitete sich zu dieser Zeit auf seine Priesterweihe vor. Obwohl er erst Anfang Zwanzig war, hatte sich der Priesterschüler als Wissenschaftler bereits einen bedeutenden Namen durch seine umfangreichen Forschungen auf

JESVSEVAGOANTCESEXATYESPAJCShXEVENJITbETh9ANTAMVRAT
JVEKXOTIXZX·VVSMORTYNVS9VEMMSVSCIYTAVITIYESVSFEXCEKVNT
·LAVIEM·TTEXENXPMTbTETOMARThXhMINISTRKXbLTTbXSXRVSO
YEROVNXVSEKXITE·XISCOVMIENTXTLVSEVJMMXRTXLERGOXChEEP
TTIEKTbKXMYNNGENTTJNXRXTPFTSTICI9PRETIOVSTETVNEXTTPE
XPESTEKVXETEXTESKSTTCXYPIIRTShJVIJPEPXESERTPTETXOMbESTM
YLFTIXEJTEEXVNGETNTTOXXEHEXTXXLTEKGOVRNVMEXXGTSCTPVKL
TJETVTXTVXXXtSEXHJORTTS9VIYEKXTCVhMTHXXTTTVHVJ9TVXREhOSEVN
bEN VTVMNONXVENYITGKECENPXTSXENXXKVJETXXXTVMESGTE
GENTESTXIXINVTEMhOESNON9VSTXXEEGXENTSPEKRTINEbEXT
XXEVTMSEX9VhbnFVKELKTETLOVEVIOShEXhENSEEX9VXEMVTTIEbX
'NMTVKFOTKXbETEXTXTTEJKGOIEShVJSINEPTLLXMVNIIXXTEMS
EPVLGTVKXEMSEXESEKVNETILL9VXPXVPJEKESENhTMSEMPGEKhX
bEMTTSNObLTISEVMFMEXVTETMNONSESMPEKhXVbENSEJOGNO
VILTEKOTZVKhXMV9LTXEXTMVXXETST9VTXTLOLTEESTXETYENE
XKVNTNONNPROTEPRTESVmETXNTvMMSEXVTLVZX KVMPVTXER
ZhwT9VEMHSVSETXOVTTXMORRTVTSEPOGTTXVKERVNTXhVTEMP
RVTNETPEJSSXEEHEXOTVMVMTETLXZEXKVMTNXTERFICTKENTY
LVTXMYLVTTPROP9TEKTLhXVMXbTbGNTEKVGTwXETSNETEKEX
XEbXNTTNIESVM

NO P̄ IS
V

JESV. MEDELX. VVLNERVM ✝ SPES. VNX. PŒNITENTIVM.
PER. MXGDXLENX. LXCHYMXS ✝ PEECXTX. NŎSTRX. XILVXS.

Reproduktion des »Großen Manuskriptes«.

den Gebieten der Linguistik, der Kryptologie und der Paläographie
gemacht. Es war aber auch bekannt, daß Emile Hoffet ein ausgeprägtes Interesse für esoterische Lehren hegte und freundschaftli-
che Beziehungen zu den verschiedensten, dem Okkultismus nahe
stehenden Sekten und Geheimgesellschaften unterhielt.

Dadurch war er bereits einige Zeit zuvor mit einem illustren Kreis
in Berührung gekommen, zu dem solche literarischen Größen wie

Stéphane Mallarmé und Maurice Maeterlinck sowie der exzentrische Komponist Claude Debussy gehörten. Die berühmten Dienstags-Soireen Mallarmés wurden von Debussys Freunden Oscar Wilde, William Butler Yeats, Stefan George, Paul Valéry, dem jungen André Gide und Marcel Proust besucht. Doch auch Marquis Stanislas von Guaita, Gründer des kabbalistischen Rosenkreuzerordens, Lidell MacGregor Mathers, Führer des *Order of the Hermetic Students of the Rosicrucian Golden Dawn,* Barlet, der Meister aller Spiritisten, und Dr. Gerard Encausse, genannt Papus, zählten zu den Bekannten von Émile Hoffet. Eigentlich war dies nicht die passende Gesellschaft für einen Laienbruder und erst recht nicht die für einen Provinzpfarrer. Nach der offiziellen Meinung der katholischen Kirche befanden sich die Esoteriker und Okkultisten im Zustand der Todsünde. Dies traf ebenso auf jeden zu, der sich mit ihnen einließ.

Doch während seines dreiwöchigen Aufenthaltes in Paris wurde Berenger Sauniere von dem merkwürdigen Freundeskreis Émile Hoffets mit offenen Armen empfangen. Hier lernte er auch die berühmte Opernsängerin Emma Calvé kennen, die zu jener Zeit nach triumphalen Erfolgen in London und Windsor in die französische Hauptstadt zurückkehrte. Sie galt zu jener Zeit als die Hohepriesterin der esoterischen Subkultur von Paris. Es wurden sogar Gerüchte laut, die besagten, daß die Calvé S[unangetastete]... daß die Calvé Saunieres Geliebte geworden sei. Ein Bekannter der Sängerin bezeichnete sie sogar als von dem Abbé »besessen«. Ganz sicher aber verband die beiden so unterschiedlichen Menschen eine tiefe Freundschaft, denn Emma Calvé besuchte später Sauniere noch sehr oft in Rennes-le-Château. Warum diese strahlende Diva ein solch ausgeprägtes Interesse für einen einfachen Landpfarrer aus der Provinz entwickelte, ist nicht bekannt. Man darf jedoch nicht übersehen, daß die Opernsängerinnen des Fin de Siècle nicht unbedingt durch Tugendhaftigkeit glänzten. So war auch Emma Calvé für ihre zahllosen Affären bekannt. Solche Halbweltdamen konnten jederzeit — wenn auch für einen hohen Preis — ge- und verkauft werden, sei es für den Sohn eines Edelmannes oder auch für einen Provinzpriester, der ein brisantes Geheimnis entdeckt hatte und nun umworben werden mußte, wollte man nicht, daß dieses Geheimnis in die falschen Hände geriet.

Hoffet gelang es innerhalb der drei Wochen, die Berenger Sauniere in Paris verbrachte, mit Hilfe eines komplizierten Schlüssels, die Dokumente zu dechiffrieren. Dabei stellte sich heraus, daß der ursprüngliche Text lateinisch, der Schlüssel der Chiffren mathematisch und der Klartext altfranzösisch war. Von den 140 zusätzlich eingefügten Buchstaben mußten 128 nach dem seit dem 17. Jahrhundert gebräuchlichen, aber sehr sicheren Vigenere-Codesystem ausgelegt werden. Anschließend war ein Schlüsselsatz anzuwenden, der eine zweite Reihe von Buchstaben ergab. Diese mußten wiederum nach einem neuen Muster ersetzt werden. Danach war ein neuer Schlüssel anzuwenden, und schließlich mußten die Buchstaben noch zwei weitere Male nach dem eben beschriebenen System ausgetauscht werden. Die nun erhaltenen Buchstaben wurden in der Form von zwei Schachbrettern ausgelegt. Anschließend machte ein imaginärer Bauer seine Züge über die Bretter und lieferte schließlich den Endtext.

Dieser Klartext war jedoch nicht minder verwirrend als die Chiffren. Für das »Kleine Manuskript« lautete die erste Zeile:

Rex Mundi

zu deutsch:

Herr der Welt

Die weiteren Buchstaben dieses Manuskriptes ergaben nach der Dechiffrierung den folgenden kryptischen Satz:

DAGOBERT II ROI ET SION EST CE TRESOR ET IL EST LA MORT.

In den bisherigen deutschsprachigen Publikationen zum Geheimnis von Rennes-le-Château werden zahlreiche voneinander abweichende Interpretationsvarianten der deutschen Übersetzung dieses Satzes angeboten.

Die häufigste, aber keinesfalls wortgetreueste Übersetzung lautet wie folgt:

DAGOBERT II. KÖNIG UND SION GEHÖRT DIESER SCHATZ UND ER IST DORT TOT.

Da durch den Wandel der Sprache auch mit dem Gebrauch von heute mehrdeutigen oder nicht mehr gebräuchlichen Worten gerechnet werden muß, sollen noch einige weitere Übersetzungen angeführt werden:

DAGOBERT II. KÖNIG UND SION GEHÖRT DIESER SCHATZ UND ER LIEGT DORT OHNE LEBEN.

oder

DAGOBERT II. KÖNIG UND SION GEHÖRT DIESER SCHATZ UND ER LIEGT DORT SCHLAFEND.

Diese Übersetzung erinnert an die auch aus Deutschland bekannten Sagen vom »Schlafenden Kaiser«, der je nach Örtlichkeit entweder mit Karl dem Großen oder Friedrich Barbarossa gleichgesetzt wird, der im Untersberg bzw. im Kyffhäuser ruhen soll bis zu jener Zeit, da »des Reiches Not am größten ist« und er erneut ans Tageslicht treten wird, um den Gerechten im Endkampf um Nation und Vaterland beizustehen. Es ließ sich in bezug auf die Person Dagoberts II. eine solche Sage jedoch bislang nicht verifizieren.

Eine andere Übersetzungsmöglichkeit lautet:

DAGOBERT II. KÖNIG UND SION GEHÖRT DIESER SCHATZ UND ER LIEGT DORT UNGENUTZT.

Dies würde sich auf den Schatz beziehen und immerhin eine sinnvolle Aussage ergeben, welche die Aufforderung beinhaltet, diesen
Schatz zu heben und zu nutzen.

Da es sich bei dem Klartext aber um Altfranzösisch handelt, wie
auch Berenger Sauniere in seinen Aufzeichnungen erwähnt, dürfte
die wohl wortgetreueste deutsche Übersetzung lauten:

**DAGOBERT II. KÖNIG UND SION GEHÖRT DIESER
SCHATZ UND ER IST DER TOD.**

Dieser Klartext stellt eine eindringliche Warnung für übereifrige
Schatzsucher dar.

Da durch den Autor der Manuskripte ein mehrdeutiger Sprachge-
brauch als zusätzlicher Schutz des Geheimnisses wohl gewollt war,
kann sowohl diese Warnung als auch die Aufforderung zur Nutzung
des Schatzes in der Übersetzung sinngemäß richtig sein.

Das »Große Manuskript« gab nach der Dechiffrierung folgenden
Inhalt preis:

**HIRTIN KEINE VERSUCHUNG DASS POUSSIN
TENIERS DEN SCHLÜSSEL BEWAHREN FRIEDE 681
DURCH DAS KREUZ UND DIESES PFERD GOTTES
ÜBERWINDE ICH DIESEN DÄMON VON WÄCHTER
MITTAGS BLAUE ÄPFEL.**

Das alles klingt nicht sonderlich sinnvoll, und so sehen die vor-
geblichen Schlüssel zum Geheimnis von Rennes-le-Château auf den
ersten Blick eher wie Riegel aus.

Die Nachforschungen verschiedener Autoren haben inzwischen
ergeben, daß es sich bei Dagobert II. um einen Merowingerkönig
handelte, der im 7. Jahrhundert n. Chr. regierte.

In jenen späten Tagen der Merowingerherrschaft erinnerte nur noch
wenig an das einstmals von dem berühmten Merowingerkönig Chlodwig aufgebaute Imperium. Nach seinem Tod im Jahr 511 n. Chr.

wurde sein Reich gemäß dem Brauch der Merowinger unter seinen vier Söhnen verteilt. Mehr als einhundert Jahre lang herrschte dann die Dynastie der Merowinger über mehrere ungleich große und zum Teil miteinander verfeindete Königreiche. Die allgemeine Ordnung verfiel durch zahlreiche Kriege, Intrigen und politische Morde immer mehr. Die Kanzler der Merowingerkönige, damals »Hausmeier« genannt, konzentrierten immer mehr Machtbefugnisse auf sich. Dieser Umstand sollte wesentlich zum Sturz der Merowinger beitragen. Die letzten merowingischen Herrscher werden von Historikern deshalb gern als »rois faineants« — die »Schattenkönige« — bezeichnet, da es ihnen ganz überwiegend an Macht und an politischem Durchsetzungsvermögen fehlte. Der Nachwelt erscheinen diese Herrscher als schwach, unfähig und verweichlicht, so daß sie von ihren durchtriebenen und intelligenten Ratgebern wie Marionetten benutzt worden sind.

Ein solches Urteil erweist sich bei näherer Betrachtung der Materie als zu einseitig. Mit Sicherheit gelangten infolge zahlreicher Kriege, Familienfehden und anderer tödlicher Auseinandersetzungen etliche merowingische Prinzen schon in sehr früher Jugend auf den Thron, so daß sie von ihrer Umgebung relativ leicht beeinflußt werden konnten. All jene aber, die erst im Mannesalter zum König gekrönt wurden, erwiesen sich als ebenso stark und entscheidungsfreudig wie ihre ruhmreichen Vorfahren. Dies trifft mit Sicherheit auch auf Dagobert II. zu. Er wurde 651 n. Chr. als austrischer Kronprinz geboren, nach dem frühen Tod seines Vaters aber im Alter von nicht einmal fünf Jahren auf Veranlassung des Kanzlers Grimoald entführt. Alle Bemühungen, das verschwundene Kind wiederzufinden, blieben erfolglos, so daß es für Grimoald ein Leichtes war, den Hofstaat vom Tode des Jungen zu überzeugen. Unter dem Vorwand, einem Wunsch des verstorbenen Königs Sigibert III. Folge zu leisten, setzte Grimoald durch, daß sein eigener Sohn den Thron des austrischen Königreichs besteigen konnte. Seine List war so vollkommen, daß selbst Dagoberts Mutter Hymnegilde ihren Sohn für tot hielt und Grimoalds Vorhaben guthieß.

Dagobert war indessen dem Bischof von Poitiers überantwortet worden, der ihn ohne Aufsehen aus dem Weg räumen sollte. Doch der Kirchenfürst brachte es nicht über sich, das Kind zu töten, sondern verbannte Dagobert lediglich nach Irland. Dort wurde der Kronprinz im Kloster von Slane erzogen. Dadurch genoß er eine Ausbildung, die ihm in seiner Heimat niemals zuteil geworden wäre. In dieser Zeit machte er auch die Bekanntschaft von drei Prinzen aus Northumbrien, die ebenfalls in Slane aufwuchsen. Im Jahr 666 dann soll Dagobert die keltische Prinzessin Mechthilde geheiratet haben. Bald darauf übersiedelte er mit seiner Gattin nach England und ließ sich in der Gegend des heutigen York, im Königreich Northumbrien nieder. Er gewann in dieser Zeit die Freundschaft Wilfrids, des später heilig gesprochenen Bischofs von York.

Zu jener Zeit herrschte ein Schisma zwischen der römisch-katholischen und der keltischen Kirche, da diese sich weigerte, den alleinigen Führungsanspruch Roms anzuerkennen. Auf der berühmten Synode von Withby im Jahre 664 war es Wilfrid jedoch gelungen, die keltische Kirche in den Schoß Roms zurückzuführen. Da es zu jener Zeit mit der merowingischen Treue gegenüber Rom, die noch auf den Pakt König Chlodwigs mit der katholischen Kirche zurückging, nicht zum Besten stand, mochte Wilfrid die Freundschaft zu Dagobert nicht ohne Hintergedanken geschlossen haben. Möglicherweise sah er den verbannten König bereits als Schwertarm Roms und wollte sich seiner uneingeschränkten Loyalität versichern.

Im Jahr 670 n. Chr. starb Dagoberts Frau Mechthilde bei der Geburt ihrer dritten Tochter. Auf Wilfrids Betreiben wurde rasch eine zweite Hochzeit für den austrischen Kronprinzen arrangiert. Dynastische Belange spielten hierbei eine ganz besondere Rolle. Bereits ein Jahr nach dem Tod seiner ersten Frau heiratete Dagobert die junge Gisela von Rhazes. Sie war die Tochter von Beras II., des Grafen von Rhazes und eine Enkelin Tulcas, des Königs der Westgoten. Durch diese Eheschließung wurde die Dynastie der Merowinger fest mit dem Geschlecht der Westgoten verbunden. Außerdem barg sie die Möglichkeit in sich, ein Reich zu schaffen, das sich von den Ardennen im Norden bis zu den Pyrenäen im Süden erstreckte und den geopolitischen Raum des heutigen Frankreich vorweggenommen hätte. Dieses Reich hätte darüber hinaus die Westgoten, welche noch den Lehren des Arianismus anhingen, fest an die katholische Kirche gebunden.

Die Hochzeit zwischen Dagobert und Gisela wurde 671 n. Chr. in Rhedae gefeiert, der mächtigen Westgotenfestung und gleichzeitig Residenz der jungen Gräfin von Rhazes. Aus seiner ersten Ehe brachte Dagobert drei Töchter mit, jedoch keinen männlichen Erben. Gisela schenkte ihm in den folgenden Jahren zwei weitere Töchter, ehe sie ihm den lang ersehnten Thronerben gebar, Sigibert IV. Zum Zeitpunkt der Geburt seines Sohnes herrschte Dagobert bereits wieder als souveräner König über Austrien.

Von 671 bis 674 hatte er in der sicheren Festung von Rhedae auf den richtigen Augenblick gewartet, um sein Königreich wieder in Besitz zu nehmen. Erst im Jahr 674 bot sich eine solche Gelegenheit. Mit Unterstützung seiner Mutter und deren Ratgeber zog der Verbannte Richtung Norden und forderte sein Reich zurück. Sowohl Wilfrid von York als auch Amatus, Bischof von Sion (heute Sitten in der Schweiz) waren Dagobert bei der Wiedererlangung der austrischen Königskrone behilflich.

Unmittelbar nach seiner Krönung ging der neue austrische König daran, seine Autorität zu festigen und den anarchischen Zuständen, die in weiten Teilen seines Reiches herrschten, ein Ende zu bereiten. Er unterwarf etliche aufständische Adlige, denn diese Kriegsherren hätten aufgrund ihrer wirtschaftlichen und militärischen Stärke dem Thron gefährlich werden können. Mit fester Hand führte Dagobert II., wie er sich seit seiner Krönung nannte, wieder eine allgemein verbindliche Ordnung im Reich ein. Bei all seinen Unternehmungen diente ihm die Festung von Rhedae als privates Verwaltungszentrum. Mit den hier angesammelten Reichtümern sollte Dagoberts ehrgeizigstes Ziel finanziert werden — die Rückeroberung Aquitaniens, das sich etwa vierzig Jahre zuvor von den Merowingern losgesagt hatte und nun ein eigenständiges Herzogtum bildete.

Hatte Bischof Wilfried von York anfangs noch geglaubt, Dagobert II. für die Ziele der Kirche einspannen zu können, sah er sich nun in seinen Erwartungen enttäuscht. Denn der austrische König dachte gar nicht daran, sich zum Diener der Kurie machen zu lassen, sondern unternahm alle Anstalten, ihrem Expansionsdrang in seinem Reich möglichst enge Grenzen zu setzen. So führte in einem erhalten gebliebenen Brief ein römischer Prälat Klage gegen Dagobert II., weil dieser Steuern erhob (was eigentlich nur der römischen Kirche zustand — nach deren Auffassung wenigstens) und »*die Kirchen Gottes samt ihren Bischöfen zum Gespött*« mache. Hier zeigt sich, daß es nicht nur um die weltlichen Machtgelüste der katholischen Kirche ging, sondern auch um einen religiösen Zwist. Durch seine Heirat mit Gisela von Rhazes war Dagobert II. nicht nur in den Besitz von riesigen Ländereien im Languedoc gelangt, sondern auch mit den Lehren des Arianismus in Berührung gekommen. Zwar verhielten sich die Westgoten äußerlich der katholischen Kirche gegenüber loyal, doch vor allem innerhalb der Königsfamilie waren die alten Traditionen und das Gedankengut des Arianismus noch weit verbreitet.

In den wenigen Jahren seit seiner Thronbesteigung hatte sich Dagobert II. zahlreiche weltliche und geistliche Feinde geschaffen. Es waren nicht nur die Angehörigen des Hochadels, deren Machtposition er drastisch beschnitten hatte, sondern auch die Kirche, deren Wünschen gegenüber er sich taub stellte. Durch den Aufbau einer zentralistischen, loyalen und sehr effektiven Verwaltung erregte er zugleich den Neid und die Angst anderer fränkischer Herrscher, deren Königreiche an Austrien grenzten. Einige dieser Potentaten verfügten über Agenten und auch Verbündete am austrischen Königshof. Zu den entschiedensten Gegnern des Königs zählte sein eigener Kanzler Pippin II. von Heristal, ein kalter und machtgieriger Mann, der weder vor Verrat noch vor Mord zurückschreckte. Er schloß eine unheilvolle Allianz mit Dagoberts Feinden.

Ebenso wie die meisten merowingischen Herrscher verfügte Dagobert II. über mindestens zwei Hauptstädte in seinem Reich. Zu seiner Zeit war neben Rhedae die Stadt Stenay in den Ausläufern der Ardennen die bedeutendste Residenz, in der sich Dagobert oft und gern aufhielt. Unweit des Palastes erstreckte sich eine dicht bewaldete Gegend, in welcher der König mit wenigen Getreuen am 23. Dezember 679 auf der Jagd gewesen sein soll. Während einer Rast wurde er durch einen von Pippin gedungenen Meuchelmörder — der Überlieferung zufolge soll es sein eigener Patensohn gewesen sein — mit einer Lanze heimtückisch erstochen.

Es ist nicht mehr eruierbar, was nach diesem politischen Mord mit den übrigen Mitgliedern der königlichen Familie geschah. Höchstwahrscheinlich wurden sie ebenfalls umgebracht. Wenn heute auch keine Einzelheiten des damaligen Geschehens mehr zu verifizieren sind, so steht doch außer Frage, daß die Herrschaft Dagoberts II. und seiner Familie ein ebenso plötzliches wie blutiges Ende fand.

Die in Saunieres geheimnisvollem Manuskript erwähnten Namen Poussin und Teniers hingegen beziehen sich auf zwei Maler des 17. Jahrhunderts.

Der flämische Maler David Teniers der Ältere lebte von 1582 bis 1649, sein Sohn von 1610 bis 1690. Allein Teniers dem Jüngeren werden mehr als 2000 Werke zugeschrieben. Nicolas Poussin, der am 15. Juni 1594 in Villers bei Gisors geboren wurde, war ihr Zeitgenosse. In einem Gemälde Nicolas Poussins soll auch ein weiterer Schlüssel zum Geheimnis Rennes-le-Châteaus verborgen sein. Bei dem Bild handelt es sich um die in den Jahren 1638–1640 entstandene zweite Version des Gemäldes »Le Bergers d' Arcadie« — »Die Hirten von Arcadien«.

Das Bild weist einige geometrische Besonderheiten auf. Es ist um ein Pentagramm herum konzipiert, dessen Zentrum sich genau über dem Kopf der Schäferin befindet. Auch die dargestellte Landschaft ist bei weitem nicht so imaginär wie von Anthony Blunt und anderen Poussin-Experten angenommen, sondern stellt das Abbild eines Gebietes etwa acht Kilometer östlich von Rennes-le-Château dar. Die Felsformationen in der Nähe der Ortschaft Arques stimmen sehr wohl mit dem Gemälde überein.

Poussins Bild »Die Hirten von Arcadien«.

Der Platz, an dem der Sarkophag bis 1988 stand.

Auch der dargestellte Sarkophag war dort zu besichtigen — jedenfalls bis vor einigen Jahren. Der jetzige Grundbesitzer, Herr Rousset, ließ ihn am 15. April 1988 aus unbekannten Gründen zerstören. Offiziell gab er an, den zahlreichen »*Grabschändungen durch Abenteurer und Schatzsucher*«, die den Sarkophag des öfteren auf seinem Grundstück untersuchten, auf diese Weise ein Ende bereiten zu wollen. Doch mußte deshalb gleich das ganze Grab vernichtet werden?

Einem eher fragwürdigen Bericht zufolge soll der Sarkophag aus dem Jahr 1709 stammen. Doch das Bild von Nicolas Poussin deutet darauf hin, daß sich das Grab schon viel länger an dieser Stelle befand. In den zwanziger Jahren des zwanzigsten Jahrhunderts wurde es auf Veranlassung des damaligen Grundstückseigentümers geöffnet. Merkwürdigerweise war der Sarkophag leer. Nach den Eintragungen im Grundbuch von Arques gehörte das Grundstück, auf dem sich der Sarkophag befand, einem Amerikaner bis zu dessen Tod in den fünfziger Jahren. Dieser Mann namens Louis Lawrence stammte aus Boston in Massachusetts und befaßte sich zeitlebens intensiv mit der Geschichte des Rhazes. Er ließ in der leeren Gruft später seine Frau und seine Schwiegermutter beerdigen. Als Herr Rousset 1988 das Grab zerstörte, scheute er weder Kosten noch Mühe, um die sterblichen Überreste der amerikanischen Familie zuvor in die Vereinigten Staaten überführen zu lassen.

Die Inschrift auf dem alten Sarkophag lautete:

ET IN ARCADIA EGO, was soviel bedeutet wie
AUCH ICH IN ARCADIEN.

Diese Aussage ist eigentlich konventionell elegischer Natur. Selbst in Arcadien, dem idyllischen ländlichen Paradies des klassisch-griechischen Mythos, wirft der Tod seine düsteren Schatten voraus.

Bildet man aus den Buchstaben des Satzes jedoch ein Anagramm, so ergibt sich folgender Wortlaut:

I TEGO ARCANA DEI

das heißt:

VERSCHWINDE VON HIER!
ICH HALTE DIE GEHEIMNISSE GOTTES VERBORGEN!

Weiterhin ist zu beachten, daß einer der Hirten auf dem Gemälde von Poussin eindeutig auf die Silbe ARC im Wort ARCADIA hinweist. Könnte dies bedeuten, daß die eigentliche Botschaft des Bildes lautete: »Auch ich bin in Arques«? Bereits das Vorhandensein eines leeren Grabes, wenn es denn auch mehr einem Bunker denn einem Grab ähnelte, sollte unseren Verdacht erwecken.

Es gibt recht eindeutige Beweise dafür, daß der Maler Nicolas Poussin in ein bedeutendes Geheimnis eingeweiht war oder dies zumindest glaubte. Ein Brief, den sein Bruder im Jahr 1656 an Nicolas Fouquet, den damaligen französischen Finanzminister, aus Rom schrieb, wo er mit Poussin zusammengetroffen war, lautete:

»Er (N. Poussin) *und ich besprachen gewisse Dinge, die ich Ihnen ohne weiteres genauer erklären kann, Dinge, die Ihnen durch Monsieur Poussin Vorteile verschaffen werden, die selbst Könige nur unter großen Mühen von ihm erhalten könnten und die möglicherweise in den kommenden Jahrhunderten von niemandem mehr entdeckt werden. Und außerdem sind diese Dinge so schwierig zu entdecken, daß sich heute nichts auf Erden als besseres oder vergleichbares Vermögen erweisen könnte.«*

Dieser Brief konnte bislang weder von Historikern noch von den Biographen Poussins zufriedenstellend erklärt werden. Einige Jahre nach dieser merkwürdigen Korrespondenz — man schrieb inzwischen 1661 — wurde Nicolas Fouquet unter fadenscheinigen Vorwänden verhaftet und nach einem mehrjährigen Prozeß, der über weite Strecken nichts anderes als eine juristische Farce war, im Jahr 1665 zu lebenslanger Einzelhaft verurteilt. Das Urteil besagte auch, daß dem Gefangenen sämtliche Schreibutensilien zu verwehren seien. König Ludwig XIV. ließ die gesamte Korrespondenz seines ehemaligen Finanzministers konfiszieren und studierte sie persönlich. Außerdem setzte der Herrscher alles daran, in den Besitz von Poussins Originalgemälde »Die Hirten von Arcadien« zu kommen. Nachdem ihm dies im Jahr 1685 gelang, hielt er das Bild in seinen Privatgemächern in Versailles unter Verschluß. Die »Dinge«, von denen im Brief an Nicolas Fouquet die Rede ist, waren also höchst brisanter Natur und wohl auch der Grund dafür, daß Berenger Sauniere während seiner Paris-Reise im Louvre eine Reproduktion dieses Gemäldes von Poussin erwarb.

Doch es war nicht das einzige Bild, für das er sich interessierte. Der Priester kaufte ebenso noch die Reproduktion der »Versuchung des Heiligen Antonius«, die Teniers dem Jüngeren zugeschrieben wird, sowie ein Porträt des Papstes Cölestin aus dem 13. Jahrhundert, das einst von einem unbekannten Künstler angefertigt worden war. Papst Cölestin lenkte zu seiner Zeit nur fünf Monate lang als Stellvertreter Christi auf Erden die Geschicke der katholischen Kirche, bevor er als einziger Papst freiwillig abdankte und sich zurückzog, um den Rest seines Lebens als Eremit in einer Höhle zu verbringen. Ein Hinweis darauf, wo Sauniere das Geheimnis von Rennes-le-Château zu suchen hatte?

Der Pfarrer kehrte mit den Reproduktionen der Gemälde und dem seltsamen Klartext der Dokumente im Gepäck nach Rennes-le-Château zurück und nahm die Renovierungsarbeiten an seiner Kirche unverzüglich wieder auf. Kurz nach seiner Ankunft ließ er die unter dem Altarbereich der Kirche aufgefundene Gruft der Grundherren von Rennes vermauern, so daß bis zum heutigen Tag niemand mehr Zutritt zur Krypta hatte.

Außerdem widmete er dem Grab der Marquise de Hautpoul de Blanchefort eine recht zerstörerische Aufmerksamkeit. Obwohl Grabstätten als unantastbar gelten, entfernte Berenger Sauniere die von seinem Vorgänger Bigou geschaffene Grabplatte und verwischte die Inschrift auf dem Grabstein der letzten Gräfin von Hautpoul. Es war ihm unbekannt, daß der Heimatforscher Ernest Cros die Inschriften bereits kopiert hatte. Dieser Akt des Vandalismus ist darauf zurückzuführen, daß die Inschriften Anagramme und Hinweise auf die Texte der verschlüsselten Dokumente enthielten.

Erhaltene Briefe des ehemaligen Polytechnikers Ernest Cros aus jener Zeit belegen, daß Saunieres Vorgehen absolut nicht die Zustimmung seiner Pfarrkinder fand. Herr Cros warf seinem Bekannten Sauniere nämlich wiederholt vor, er verachte die Zeugen der Vergangenheit, da er nicht nur die Inschriften auf dem Grabstein der letzten Herrin von Hautpoul und Blanchefort zerstört hatte, sondern darüber hinaus auch noch die originale Grabplatte mit den Darstellungen der beiden Ritter aus dem 8. Jahrhundert aus der Kirche entfernen ließ. Selbst eine vom Gemeindepräsidenten bei der zuständigen Präfektur in diesem Zusammenhang angestrengte Klage vermochte es nicht, Berenger Sauniere von seinen Vorhaben abzubringen.

Doch die merkwürdigen Umgestaltungen auf dem Friedhof blieben nicht die einzigen Absonderlichkeiten im Verhalten des Priesters. Er begann, begleitet von seiner Haushälterin und Gefährtin Marie Denarnaud, ausgedehnte Fußmärsche in die Umgebung des Ortes zu unternehmen. Dabei sammelte Sauniere vollkommen wertlose Steine, die er in großen Mengen mit nach Hause brachte, um in der Nähe des Pfarrhauses einen Steingarten mit einer merkwürdigen, stilisierten Grotte anzulegen. Ein Großteil der gesammelten Steine stammte aus dem Bals-Tal, in dem der kleine Couleurs-Fluß sein Bett hat. Natürliche Höhlen und Spalten verlängern sich dort zu gewaltigen unterirdischen Sälen und Galerien. Möglicherweise hatte Sauniere gerade dort etwas von großer Bedeutung gefunden, denn er kaufte in späteren Jahren im Tal von Bals ein Grundstück.

Auf diesem Grundstück befand sich auch eine der typischen Schäferhütten jener Gegend. Als sie im Jahr 1928 wegen Baufälligkeit abgerissen wurde, kam ein Schmelztiegel ans Licht, in dem noch Spuren einer Goldschmelze vorhanden waren. Außerdem wurde die Fußplatte einer Skulptur gefunden, die aus purem Gold bestand. Die goldene Skulptur muß nach den Berechnungen, die aufgrund der Größe der aufgefundenen Platte angestellt wurden, einstmals mehr als 1,50 Meter hoch gewesen sein.

Einen bei der Renovierung der Pfarrkirche aufgefundenen steinernen Pfeiler, der aus westgotischer Zeit stammte und der mit dem einst bei den Goten so beliebten »Kreuz des Schweigens« verziert war, ließ Sauniere zum Sockel für eine Marienstatue umarbeiten, die am 21. Juni 1891 nach einer Prozession im Dorf in der Nähe der Kirche aufgestellt wurde. In den Pfeiler gravierten die Steinmetze auf Saunieres Anweisung die Worte »Mission 1891«. Sollte dies an seine eigene Mission in Rennes-le-Château in diesem offenbar so schicksalhaften Jahr erinnern?

Weiterhin führte Sauniere einen ausgedehnten Briefwechsel, nicht nur mit Adressaten in Frankreich, sondern auch in Deutschland, der Schweiz, Italien, Österreich und sogar in Übersee. Mit einem Male betätigte sich der Priester auch als leidenschaftlicher Briefmarkensammler und schloß undurchsichtige Geschäfte mit verschiedenen Banken ab, die jedoch alle zum Finanzimperium der einflußreichen jüdischen Bankiersfamilie Rothschild gehörten. So eröffnete er unter anderem bei der Warburg-Bank in New York ein Konto auf den Namen Jean Moreau sowie ein weiteres Konto unter dem gleichen Namen bei einer Filiale der Rothschild-Bank in London. Auf diese Konten wurden sehr umfangreiche Einzahlungen getätigt, die zum größten Teil Johann Salvator von Habsburg veranlaßte.

Berenger Sauniere entwickelte in dieser Zeit eine merkwürdige Betriebsamkeit, die so gar nicht zu einem einfachen Landgeistlichen passen wollte. Er ging oft auf Reisen, die jedoch nie länger als eine Woche dauerten. Außerdem sah man ihn bei jedem Wetter auf die Jagd ziehen, im Winter sogar auf Skiern — ganz so, als habe er größere Wegstrecken zurückzulegen. Alles in allem waren dies doch recht absonderliche Beschäftigungen für einen Dorfpfarrer.

Allein für seine häufigen Reisen und das Briefporto seiner umfangreichen Korrespondenz bezahlte Berenger Sauniere ab 1891 bei weitem mehr Geld, als er es sich bei seinem mageren Gehalt eigentlich hätte leisten können. Doch dies war erst der Anfang. Ab 1896 gab der Pfarrer Summen aus, die jedes vernünftige Maß weit überstiegen.

III. Das Gold des Pfarrers

Auf mysteriöse Weise gelangte Berenger Sauniere zu Reichtum. Vom Zeitpunkt seiner Rückkehr aus Paris an schwamm der Landpfarrer buchstäblich im Geld. Aus ganz Europa trafen Geldüberweisungen ein, die zumeist von religiösen oder esoterischen Gemeinschaften stammten, jedoch alle auf den Namen von Marie Denarnaud — der Haushälterin des Pfarrers — ausgestellt waren.

Die vollständige Renovierung seiner Kirche bezahlte der Priester jetzt aus eigener Tasche. Dabei wurde das Bauwerk in einem ziemlich »heidnischen« Stil umgestaltet. Überall in den grellbunt kitschigen Wandmalereien finden sich neben Sauniers Signum »BS« vielfältige allegorische Anspielungen auf einen verborgenen materiellen oder geistigen Schatz.

Über dem Eingang zum Gotteshaus ließ Sauniere ein Zitat aus dem Alten Testament einmeißeln:

TERRIBLIS EST LOCUS ISTE —
DIESER ORT IST SCHRECKLICH.

Gleich darunter aber verkündet eine weitere Inschrift:

HIC DOMUS DEI EST ET PORTA

was bedeutet:

DAS IST DAS HAUS GOTTES UND DAS TOR ZUM HIMMEL

Diese Verheißung wird ergänzt durch den Satz:

LUMEN IN COELO —
DAS LICHT IST IN DER HÖHE.

Aber wenn dies ein Haus Gottes ist und das Tor zum Himmel — wieso wird es dann als »schrecklicher Ort« bezeichnet?

Am Portal der Kirche finden sich neben dem Wappen von Bischof Felix Arsene Billard — des Gönners von Berenger Sauniere — auch die Insignien des Papstes Leo XIII., eines liberalen Anhängers der Monarchie und auch des Hauses Habsburg.

Links neben den Eingang plazierte Berenger Sauniere die ebenso abschreckende wie mit viel Liebe zum Detail gefertigte Statue des Dämons Asmodi, des Hüters der verborgenen Schätze und Geheimnisse. Der Teufel scheint sich unter der Last des Taufbeckens, welches er tragen muß, und der vier Engel, die darauf stehen, zusammenzukrümmen. Auf dem Sockel des Taufbeckens umranden zwei Basilisken ein rotes Medaillon mit den Buchstaben BS. Es könnte sich um dabei die Initialen von Berenger Sauniere handeln, ebenso gut aber auch um die von Boudet und Sauniere, da beide Priester in dieser Angelegenheit verbunden waren. Es ist aber auch möglich, daß diese beiden Buchstaben für Blanque und Sals, zwei kleine Flüsse in der Gegend von Rennes-le-Château stehen, denn diese Flüßchen treffen bei einem Ort aufeinander, der »Le Benitier«, das »Taufbecken« genannt wird. Überzeugte Hermetiker vermuten hinter der Kombination BS natürlich den Basilisken und den Salamander mit der dazugehörigen alchimistischen Symbolik. Auch die das Medaillon flankierenden Greife gelten als Hüter verborgener Schätze und Geheimnisse.

Es fällt allerdings auf, daß die Geographie der Landschaft um Rennes-le-Château vom Teufel geradezu geprägt erscheint. Man findet die »Hand des Teufels« auf dem »Brotfelsen« bei Rennes-le-Bains. Diese Formation ist künstlich geschaffen worden und war höchstwahrscheinlich einst ein Kultort der keltischen Urbevölkerung. Ebenfalls bei Rennes-le-Bains kann jeder, der dazu Lust verspürt, im »Teufelssessel« Platz nehmen, der in den Sandstein gehauen ist und ebenfalls zur Zeit der Kelten rituellen Zwecken diente. Eine ortsansässige Legende berichtet in diesem Zusammenhang, der Teufel selbst habe die »Rouliers«, die »Wackelfelsen«, am Plateau »Pla de la Coste« abgestellt.

Doch über dem Haupt Asmodis stehen vier Engel, welche das

Links: Der Dämon Asmodi trägt das Weihmwasserbecken. Rechts: Asmodi mit eimen Ausdruck des Entsetzens im Gesicht.

katholische Kreuzeszeichen darstellen sollen. Der kniende Engel weist mit seinem Zeigefinger auf die Inschrift

PAR CE SIGNE TU LE VAINCRAS
DURCH DIESES ZEICHEN WIRST DU IHN BESIEGEN.

Ist damit das Zeichen des Kreuzes gemeint oder die kryptische Buchstabenkombination BS?

Gegenüber dem Weihwasserbecken ließ Sauniere jene biblische Szene figürlich nachbilden, in der Jesus durch Johannes getauft wird. Bemerkenswert an dieser Figurengruppe erscheint, daß Christus dieselbe Haltung wie Asmodi einnimmt, allerdings spiegelverkehrt. Die Kleider, welche der Gottessohn trägt, haben die gleichen, wenn auch wiederum umgekehrten Farben wie die Bekleidung des Dämons.

Auch den Altar der Kirche ließ Abbé Sauniere vollkommen nach

68

Inschrift »In diesem Zeichen wirst Du ihn besiegen.«

seinen eigenen Wünschen umgestalten. Statt des bescheidenen westgotischen Altartisches wurde ein massives Schnitzwerk verwendet. Das Ganze krönt das Modell eines dreitürmigen Kastells, welches an das Siegel der Königin Blanche de Castille erinnert. Der Altar ist mit einem eigenartigen Basrelief geschmückt, das die weinende Maria Magdalena zeigt. Sie kniet in einer Höhle vor einem Kreuz, das aus zwei Ästen besteht. Einer der Äste ist abgestorben, der andere lebt. Die auf dem Relief dargestellte Höhle befindet sich in unmittelbarer Nähe von Rennes-le-Château, im Lavaldieu — dem »Tal Gottes«.

Wollte Saunière durch diese Darstellung an die alte Legende erinnern, daß Maria Magdalena gemeinsam mit Josef von Arimathia nach Frankreich gekommen sein soll und den Heiligen Gral mit sich führte? Die Historikerin Kletzky-Pradère ist der Ansicht, daß sich in der von Saunière vermauerten Krypta der Grundherren von Rennes wertvolle Reliquien der Maria Magdalena befinden sollen.

Andere Forscher — allen voran die britischen Journalisten Lincoln, Baighent und Leigh — gehen noch weiter und folgen der populären Überlieferung, nach der Jesus sogar mit Maria Magdalena verheiratet war und sie mit ihren gemeinsamen Kindern in das Rhazes kam. Dort gründeten die Nachkommen Christi angeblich eine eigene, geheime Dynastie, aus der auch die Merowinger-Könige hervorgegangen sein sollen. Wäre das alte Rhedae demnach das Zweite Jerusalem gewesen, das Jesus angekündigt hatte?

Neben dem Altar ist die Heilige Familie dargestellt. Die Statuen des Heiligen Joseph und der Mutter Maria sind einander genau gegenüber aufgestellt worden. Sowohl Joseph als auch Maria halten je ein Kind auf dem Arm. Wollte Berenger Sauniere damit andeuten, daß Jesus noch einen Zwillingsbruder hatte und in der Christusgestalt des Neuen Testaments zwei Personen zu einer, dem »Sohn Gottes«, verschmolzen sind? Dies würde zumindest die teilweise sehr widersprüchlichen Aussagen Jesu erklären, welche von den Evangelisten aufgezeichnet worden sind. Wies der Messias seine Jünger an einer Stelle darauf hin, stets »*sanft wie Lämmer*« zu sein, so erklärte er kurz darauf, er sei »*in die Welt gekommen, nicht um den Frieden zu bringen, sondern das Schwert*«. Diese Aussagen könnten tatsächlich von zwei verschiedenen Personen stammen. War Jesus der friedfertige Prediger und sein Zwillingsbruder der kriegerische Rebell? Wurde dieser von den Römern als Aufrührer und Hochverräter gekreuzigt, während Jesus letztlich nach Kaschmir entkam, wo er in hohem Alter verstorben sein soll und noch heute sein Grab in der Stadt Srinagar zu besichtigen ist?

Auch die Fenster der Kirche von Rennes-le-Château verdienen Beachtung. Sie wurden alle nach den Plänen von Sauniere und seinem Freund Henri Boudet ausgeführt. Die von Pfarrer Sauniere ausgewählten Glasmacher haben hier einige bemerkenswerte optische Phänomene eingebaut, die noch heute beobachtet werden können.

Fallen beispielsweise im Winter zu Mittag die Strahlen der tief stehenden Sonne durch die Fenster auf der Südseite, so zeichnen sie auf die gegenüberliegende Mauer einen Baum mit runden Früchten, die wie Äpfel aussehen. Während das zunächst unscharfe Bild allmählich an Klarheit gewinnt und sich zugleich von links nach rechts bewegt, scheinen die Früchte zu reifen und verfärben sich rot — bis auf drei, die während der ganzen Zeit blau bleiben. Kurz darauf wird das Bild wieder unscharf und verschwindet dann völlig. Eine solche Erscheinung war bis zum Jahre 1891 ebenfalls in der Kirche des Konservatoriums von Saint Sulpice in Paris zu sehen, an dem Sauniere studiert hatte. Man bedenke in diesem Zusammenhang auch den kryptischen Hinweis des »Großen Manuskriptes«:

MITTAGS BLAUE ÄPFEL.

Am 13. Januar eines jeden Jahres, nach der Bibel jener Tag, an dem Jesus die Taufe im Jordan erhielt, fällt genau um 13.00 Uhr ein einzelner Sonnenstrahl auf den Taufstein und steigt dann eine Stunde lang aufwärts, bis er die Statuen von Jesus und Johannes dem Täufer mit seiner Aura umhüllt.

Gegen Ende März eines jeden Jahres läßt sich eine weitere Erscheinung beobachten. Auf dem Kirchenfenster, welches jene biblische Szene darstellt, in der Jesus zu seinen Jüngern sagt: *»Ich bin das Licht der Welt«*, bildet sich ein perfektes Dreieck, dessen Scheitel Christus und dessen Basis der hl. Petrus und der hl. Johannes sind. Das Fenster befindet sich hinter der Statue des Heiligen Antonius von Padova. Durch ein faszinierendes Reflexionsspiel erreicht dieses Dreieck eine solch immense Lichtstärke, daß das ansonsten in Halbdunkel gehüllte Innere der Kirche von Licht regelrecht durchflutet wird.

In der ersten Aprilwoche dann dringt die Sonne durch jenes Kirchenfenster, auf dem Lazarus und Jesus dargestellt sind. Es befindet sich im Chor, rechts vom Altar. Das Licht projiziert Christus auf den Sockel der gegenüberliegenden Mauer, hebt ihn dann langsam empor, bis er wie in den Evangelien vor Maria Magdalena erscheint und schließlich verschwindet. Dieses Phänomen läßt sich etwa eine Woche lang beobachten.

Auch den Kreuzweg, der in keiner katholischen Kirche fehlen darf, ließ Berenger Sauniere durch den Künstler Giscard aus Couiza nach seinen Vorstellungen gestalten. Dem aufmerksamen Betrachter entgeht nicht, daß dieser Kreuzweg der Passion Christi im Evangelium keineswegs entspricht. Nach dem Prinzip der auch von den Freimaurern mit Vorliebe verwendeten phonetischen Bilderrätsel ließ der Abbé an jeder Kreuzwegstation ein seltsames zusätzliches Element einfügen.

An der ersten Station des Kreuzweges, die Jesus vor Pilatus zeigt, fällt sofort der goldene Greif neben dem römischen Prokurator ins

Altar in der Kirche von Rennes-le-Château.

Links: Überall in der Kirche finden sich die Insignien »BS«.

Unten: Fresko, die Bergpredigt Christi zeigend.

Auge. Was soll dieses Fabeltier bedeuten, das ein Mischwesen mit dem Körper eines Löwen und Adlerschwingen ist? Wieso hat Pontius Pilatus auf diesem Bild rote Haare?

Die vierte Station des Kreuzweges stellt jene Szene dar, in der Christus den Frauen von Jerusalem begegnet. Auffällig ist hier eine Witwe, kenntlich durch ihren schwarzen Schleier, die ein Kind an der Hand führt, das lediglich mit einem karierten Tuch bekleidet ist. Bemerkenswert erscheint, daß sich Freimaurer gern selbst als »*Kinder der Witwe*« bezeichnen.

Auch die zehnte Station, die zeigt, wie Jesus die Kleider abgenommen werden, weist einige Anomalien auf. Da ist ein Soldat, der um den Rock Jesu würfelt. Soweit stimmt die Szene mit dem Evangelium überein. Doch der Krieger hat zwei Würfel geworfen, davon zeigt einer eine Drei und eine Vier — was eigentlich unmöglich ist, wenn man sich einen realen Würfel ansieht. Der andere Würfel zeigt eine Fünf. Möglicherweise sollte durch die Anomalie auf den numerischen Schlüssel des Vigenere-Codesystems hingewiesen werden, welcher zur Dechiffrierung der von Sauniere aufgefundenen Pergamente diente.

Am merkwürdigsten von allen ist aber die vierzehnte Kreuzwegstation gestaltet, welche die Grablegung Christi darstellen soll. Sie zeigt, wie der Körper Christi von seinen Jüngern getragen wird. Jedoch läßt die Darstellung Raum für Spekulationen, ob Jesus hier wirklich in das von der Bibel beschriebene Felsengrab gelegt werden soll oder ob nicht vielmehr sein Körper von den Jüngern in einer Nacht-und-Nebel-Aktion wieder aus diesem Grab entfernt wird. Für diese Hypothese spricht zumindest, daß die Darstellung eine nächtliche Szenerie im Lichte des Mondes zeigt.

Als Krönung der Ausgestaltung seiner Kirche ließ Abbé Sauniere an der Wand gegenüber dem Altar ein großes Fresko anbringen. Es stellt den Berg der Seligpreisung dar. Das ist jener Ort, der in der Bibel beschrieben wird und an dem Jesus in seiner Predigt die acht Glückseligkeiten verhieß. Das Wandbild wird von dem Bibelwort untermalt:

74

Station des Kreuzweges — Jesus vor Pilatus.

Wird Jesus hier bestattet oder aus dem Grab herausgetragen?

Joseph mit dem Jesuskind.

Maria — ebenfalls mit dem Kind. Hatte Jesus einen Bruder?

VENEZ A MOI VOUS TOUS QUI SOUFFREZ QUI ETES ACCABLES ET JE VOUS SOULAGERAI.

Dies bedeutet:

SENDET ZU MIR ALLE JENE DIE MÜHSELIG UND BE-LADEN SIND UND ICH WILL SIE ERQUICKEN.

Doch wiederum handelt es sich bei der Abbildung um eine Land-
schaft in der Nähe von Rennes-le-Château. Der Berg läßt sich als
Mount Cardou identifizieren, unter dem sich ein bis heute nicht voll-
ständig erkundetes Minensystem aus römischer Zeit erstrecken soll.
Die beiden Täler zu den Seiten des Berges stellen die Flußläufe von
Blanque und Sals dar. Auch sonst weist das Bild noch einige Merk-
würdigkeiten auf. So liegt am Fuß des Berges ein durchlöcherter
Rucksack, aus dem ein Goldbarren hervorzuschimmern scheint. Der
Hang des Berges hingegen ist über und über mit Rosen bedeckt, und
in den Tälern blühen Büschel von Salomonssiegeln.

Ist dies wiederum ein Hinweis auf den Schatz oder einen herme-
tischen Hintergrund des Geheimnisses von Rennes-le-Château? Die
Rose und das Kreuz sind seit dem 17. Jahrhundert Kennzeichen des
mysteriösen Ordens der Rosenkreuzer, dessen wirkliche Herkunft
bis heute im Dunkeln liegt. Statt dessen kursieren zahlreiche Entste-
hungslegenden, die einen kleinen Eindruck davon zu vermitteln vermögen, wie Mysterien entstehen können. So soll die Geheimlehre
der Rosenkreuzer aus dem sagenumwobenen Atlantis überliefert
worden und demnach der einzige Überrest des Wissens dieser unter-
gegangenen Kultur sein. Eine andere Entstehungslegende nennt als
Stammvater des Ordens den Adligen Christiani Rosenkreutz, der von
1378 bis 1484 (!) gelebt haben soll. In jungen Jahren reiste er als
Mönch verkleidet nach Arabien, Persien und Indien. In diesen Ländern machte er sich systematisch mit den Lehren der Weisen und
Seher des Ostens vertraut. Nach seiner Rückkehr gründete er 1425
den Rosenkreuzer-Orden, welcher mehr als 200 Jahre lang im Geheimen agiert haben soll. Als ältestes bekanntes Dokument gilt die

sogenannte »Fama Fraternitatis«. Das ist eine Schrift voller Belehrungen psychologischer und geometrischer Art, die im Jahr 1614 zunächst in chiffrierter Form in Europa zirkulierte und bald danach in fünf verschiedene Sprachen übersetzt wurde. Als Autor dieses Werkes gilt der schwäbische Geistliche Johann Valentin Andrae. Die »Fama Fraternitatis« beginnt mit den Worten:

»Aus Gott sind wir geboren, in Jesus sterben wir, durch den Geist werden wir wiedergeboren.«

Dieser merkwürdigen ketzerischen Einleitung — immerhin wird hier ganz offen der Gedanke an Wiedergeburt ausgesprochen, der dem katholischen Dogma vollkommen fremd ist — folgt ein Bericht über die Auffindung der geheimen Grabstätte von Christiani Rosenkreuz durch seine Schüler.

Die Philosophie der Rosenkreuzer, welche in der »Fama Fraternitatis« niedergelegt ist, hat eine Verbesserung des Menschen und somit der Welt zum Inhalt. Da eine positive Wandlung im Außen jedoch nur gelingen kann, wenn dem eine Wandlung zum Besseren im Innern des Menschen vorangegangen ist, steht die Aktivierung der in jedem Menschen schlummernden unbewußten Kräfte im Vordergrund. Unterdrücktes oder vergessenes Wissen freizulegen, dies sehen die Rosenkreuzer als Ziel der Suche nach sich selbst an, und das ist ja gar nicht so übel. Die Oberen des Ordens haben über die Jahrhunderte hinweg immer wieder behauptet, im Besitz des mysteriösen »Steines der Weisen« zu sein.

Möglicherweise wurde Berenger Sauniere von rosenkreuzlerischen Idealen inspiriert. In den Jahren der Renovierung seines Gotteshauses empfing er neben Emma Calvé auch recht oft deren Freund Joseph Peledan, der im Jahr 1890 gemeinsam mit dem Grafen von Larochefoucauld den *Ordre de la Rose-Croix du Temple et du Graal, ou de la Rose Catholique* gegründet hatte. Im Gegensatz zu den meisten anderen rosenkreuzlerischen Vereinigungen entging dieser Orden der päpstlichen Verdammung. Joseph Peledan war der Mei-

nung, daß ein Künstler »*ein Ritter in voller Rüstung auf der symbolischen Suche nach dem Heiligen Gral*« zu sein habe. Getreu dieser
Verpflichtung unternahm er einen regelrechten Kreuzzug gegen die
zeitgenössische Kunst, die er als dekadent und entartet geißelte. In
seiner Sympathie für Tradition und Monarchie stimmte er mit dem
Pfarrer von Rennes-le-Château überein.

Nicht nur Berenger Sauniere, sondern auch Henri Boudet nahm
aktiv Einfluß auf den Umbau der Pfarrkirche von Rennes-le-Château.
Deshalb sind manche Forscher zu der Ansicht gelangt, das Interieur
der Kirche sei eine perfekte Umsetzung des Buches von Boudet »*Die
wahre Sprache der Kelten und der Steinkreis von Rennes-le-Bains*«.
Demzufolge könnte man im Innern der Kirche mit Hilfe von Win-
kelmaß und Zirkel den Tierkreis zeichnen, der von Boudet mit verschiedenen Landmarken in der Gegend um Rennes-le-Château markiert worden ist.

Die Steinbock-Linie würde in der Landschaft vom »Teufelssessel« bei Rennes-le-Bains genau nach Rennes-le-Château führen, in
der Kirche hingegen von der Statue Asmodis bis hin zum Altar. Die
Widder-Linie dagegen, die ihren Ausgang ebenfalls am »Teufelssessel« hat, führt draußen zur Felsformation von Rocque Negre, in
der Kirche hingegen verbindet sie die Statue des Dämonen mit der
1. Station des Kreuzweges.

Folgt man dieser Interpretation, so symbolisieren die zwölf Häuser des Tierkreises jene zwölf verborgenen Eingänge zum Schatz
von Rennes-le-Château, über den Abbé Boudet in vagen Andeutungen zwischen den Zeilen von »La vraie Langue Celtique« gesprochen hatte. Nach seiner Meinung waren diese Eingänge alle mit einer eigenen, speziellen Codierung versehen. Diese mußte der Sucher kennen, um den jeweiligen Eingang zu öffnen.

Zur vollen Zufriedenheit der Abbés Sauniere und Boudet wurden
die Rekonstruktionsarbeiten an der Kirche im Jahr 1897 schließlich
beendet. Am Pfingstsonntag weihte ihr extra für diese Zeremonie
aus Carcassonne angereister Bischof Felix Arsene Billard persönlich das Gotteshaus und stiftete der Gemeinde überdies noch ein

prachtvolles Kreuz, das vor der Kirche in einer kleinen Anlage aufgestellt wurde, die Berenger Sauniere ebenfalls selbst konzipiert hatte. Dieser Garten soll ein symbolischer Nachbau des Kalvarienberges sein, und das von Mns. Billard gestiftete Kreuz stellte demnach jenes Kreuz dar, an dem einst Christus gekreuzigt wurde. Die Übersetzung des lateinischen Zitats auf dem Sockel lautet:

>>*Christus beschütze sein Volk vor dem Bösen.*<<

In der Spitze des dreieckig angelegten Gartens war von Sauniere die bereits erwähnte merkwürdige Grotte mit den Steinen errichtet worden, die er von seinen langen Wanderungen mitgebracht hatte. In dieser Höhle plazierte er eine Statue der Maria Magdalena, die später allerdings entwendet wurde.

Viele Forscher sehen in der Anlage ebenfalls einen verschlüsselten Hinweis Sauniers auf das Geheimnis von Rennes-le-Château. Doch wahrscheinlich hat die merkwürdige dreieckige Form des Gartens mit der Kreuzigungsszene einen ganz einfachen und nachvollziehbaren Hintergrund. Zur Zeit Sauniers befand sich das Schloß der Grundherren von Rennes-le-Château im Besitz der Gebrüder Dalbiers. Die zur Burg gehörenden Ländereien grenzten aber unmittelbar an das Grundstück, welches Sauniere für den Nachbau des Kalvarienberges ausgewählt hatte. Mit dem Verhältnis der Dalbiers zur Kirche und zur Gemeindeverwaltung war es nicht zum Besten bestellt, so daß sich die Brüder standhaft weigerten, auch nur einen einzigen Quadratmeter ihres Landes an die Gemeinde oder gar an den Pfarrer zu verkaufen. Die bestehenden Grundstücksgrenzen, welche auch Abbé Sauniere bei seinen umfangreichen Bauarbeiten respektieren mußte, gaben dann die eigenartige Form des Gartens zwingend vor …

Wer aber nun meint, Berenger Sauniere habe sich nach der glanzvollen Einweihung seiner Pfarrkirche mit dem Erreichten zufrieden gegeben, befindet sich auf dem Holzweg. Zwar hatte der Umbau seiner Kirche bereits die Summe vom etwa 457.000 Francs heutiger

Währung (16.000 Francs in Gold) verschlungen. Bei einem Gehalt von umgerechnet ca. 5.800 Francs jährlich (ca. 200 Francs in Gold) hätte Sauniere immerhin reichlich 78 Jahre allein nur für die Restaurierung seiner Kirche arbeiten müssen. Doch er hatte gerade erst begonnen, richtig Geld auszugeben.

In den Jahren 1898 bis 1905 kaufte der Pfarrer systematisch Grundstücke auf, die an das Gelände der Kirche grenzten. Da er selbst schlecht als Erwerber auftreten konnte — dies wäre mit dem Gelübde der Armut, das er bei seiner Priesterweihe abgelegt hatte, unvereinbar gewesen —, wurden die Immobilien durch seine Haushälterin Marie Denarnaud erworben.

Die Rolle dieser Frau in der Geschichte von Rennes-le-Château läßt sich nur sehr schwer bewerten. Marie wurde in ihrer Jugend als stilles und bescheidenes Mädchen beschrieben. Sie hatte den Beruf einer Hutmacherin erlernt, bevor sie im Jahr 1886 gemeinsam mit ihrer Familie in den Dienst von Abbé Sauniere trat. Dieser Schritt der Denarnauds war äußerst ungewöhnlich, denn zu jener Zeit konnte der Pfarrer mit seinem mageren Gehalt gerade die junge Haushälterin recht und schlecht bezahlen, während ihr Vater und ihr Bruder sich in Esparaza als Arbeiter verdingen mußten, um ihren Lebensunterhalt zu fristen. Elf Jahre später hatte sich die Situation dann grundlegend gewandelt. Der mysteriöse Reichtum Berenger Saunieres ermöglichte seit 1891 auch Marie Denarnaud und ihrer Familie ein Leben im Luxus. Ein offenes Geheimnis im Dorf war es auch, daß Marie nicht nur eine einfache Bedienstete, sondern die Geliebte und Vertraute des Pfarrers war. Selbstsicher bewegte sich die junge Frau in der Gemeinde, stellte die neueste Mode aus Paris zur Schau und trug manchmal auch seltsame Juwelen von großem Wert, deren Herkunft niemand kannte. Hinter der Fassade einer folgsamen Dienerin verbargen sich Wachsamkeit, Autorität und ein eiserner Wille zum Erfolg. Das alte Sprichwort, daß »*hinter jedem starken Mann eine noch stärkere Frau steht*« traf uneingeschränkt auf Marie zu. Sie übte auf die Entscheidungen Berenger Saunieres einen nicht zu unterschätzenden Einfluß aus. Es ist undenkbar, daß sie nicht zu-

Porträt von Marie Denarnaud.

mindest in großen Zügen mit dem Geheimnis des mysteriösen Schatzes von Rennes-le-Châteaus vertraut war. Ihre ausgeprägte Vorsicht aber trug dazu bei, daß Marie sich niemals verriet, so sehr die Einwohner von Rennes auch versuchten, ihr die Wahrheit über den plötzliche Reichtum zu entlocken. *»Ihr wandelt hier auf purem Gold«*, pflegte sie zu sagen. *»Ihr wißt es nur nicht.«* Mehr bekam niemand aus ihr heraus.

In der Zeit bis 1905 wurde Marie Denarnaud offiziell Eigentümerin von insgesamt sieben Grundstücken, auf denen Berenger Sauniere umfangreiche Bauarbeiten vornehmen ließ.

Neben dem Pfarrhaus entstand zunächst eine stattliche Villa im Stil der Jahrhundertwende. Das Haus wurde in den Jahren 1901 bis 1905 erbaut, einer Zeit großen religiösen Eifers in Frankreich, da sich die Masse der Gläubigen dem »Heiligen Herzen Jesu« widmete. Wir finden hier auch den Habsburger Johann Salvator wieder. Er war bereits seit 1885 Anhänger jener Bewegung, die sich unter Leitung des Paters Devron das Ziel gesetzt hatte, im Wallfahrtsort Paray-le-Monial im Departement Saone-et-Loire ein dem »Heiligen Herzen Jesu« geweihtes Zentrum christlicher Esoterik einzurichten.

Auch Sauniere Villa »Bethania« war eine Hommage an diesen Zeitgeist. Schon der Name, dem er dem Gebäude gab, erinnert an Judäa und an biblische Zeiten. Bethania war der Wohnsitz von Lazarus, dem Bruder der Maria Magdalena. So wurde unter dem Giebel eine Statue vom Heiligen Herzen Jesu aufgestellt, und auf den beiden Fenstern der Eingangstür finden sich ebenfalls die Abbildun-

Historische Postkarte von Rennes-le-Château, Berenger Sauniere rechts im Vordergrund.

gen des Heiligen Herzen Jesu. Allein die Fertigstellung der Villa Bethania kostete weitere 90.000 Francs in Gold, was nach den bis zur Einführung des Euro gültigen Umrechnungskursen etwa 2.610.000 »modernen« französischer Francs entsprochen hat.

Gegenüber dem Eingang ließ Sauniere einen großen, geschmackvoll gestalteten Garten mit einem Springbrunnen als Zentrum anlegen. Bei den Arbeiten an der Wasserversorgung entdeckten seine Arbeiter ein Skelett, welches hinzugezogene Archäologen in das 8. bzw. 9. Jahrhundert n. Chr. — also in die Zeit der Merowinger — datierten.

Neben der Villa Bethania entstand eine parkartige Anlage mit kleinen Alleen aus Palmen, Platanen und Eiben, die alle auf ein kreisförmiges Zentrum zuliefen. Dort ließ der Abbé eine Zypresse pflanzen, die gleichzeitig den Mittelpunkt dieses kleinen Parks symbolisierte. Nach Westen, zur steil abfallenden Talseite hin, wurde das Grundstück von einem neu erbauten Wall begrenzt, der entlang einer Felskante und des zerstörten Mauerringes der ehemaligen Zitadelle des alten Rhedae verlief. Zwei Treppen bildeten den Aufgang zu dem mehr als drei Meter breiten und etwa dreißig Meter langen, halbrunden Wall. Die Treppen umrandeten das Becken einer Wasserkunst. In diesem Bassin züchtete der Pfarrer exotische, aus Ostasien importierte Fische. Der Wall selbst war nicht massiv gefügt, sondern beherbergte neben einer großen Zisterne, aus der die Wasserkunst auch in trockenen Sommern gespeist werden konnte, ebenfalls einen kleinen Saal und ein behagliches Kaminzimmer.

Am nördlichen Ende des Walles ließ Abbé Sauniere eine Orangerie errichten, ein gläsernes Gewächshaus, in dem der Pfarrer allerlei ausgesuchte und empfindliche Pflanzen kultivierte. Doch dies war längst noch nicht alles. Sauniere gönnte sich keine finanzielle Atempause, sondern nahm in den Jahren 1904 bis 1907 weitere umfangreiche Bauarbeiten auf den von Marie Denarnaud erworbenen Ländereien in Angriff. Eine Bibliothek und ein Arbeitsraum sollten dort entstehen.

Seit 1891 nutzte er ein kleines Gebäude in der Nähe des Friedhofes als persönlichen Arbeitsraum. Im Zuge der Renovierung seiner Pfarrkirche hatte Abbé Sauniere auch die Friedhofsmauer erneuern und nach seinen Vorgaben verändern lassen. Seit jener Zeit grinst ein Totenkopf auf zwei gekreuzten Knochen über dem Tor zum Friedhof jedem Besucher entgegen. Diese für einen christlichen Friedhof recht makabere Symbolik erinnert jedoch nicht nur an die Insignien berüchtigter Seeräuber wie Captain Morgan oder Schwarzbart Teach, sondern stellt auch einen Bezug zu freimaurerischen Einweihungsriten her. Warum aber sollte ein Priester, dessen erklärte Gegnerschaft zu den Freimaurern allgemein bekannt war, ausgerechnet deren Symbolik für seinen Dorffriedhof verwenden?

Unmittelbar neben dem Eingang des Friedhofes stand auch ein kleines Gebäude, das zwar der Gemeinde gehörte, ungeachtet dessen aber von Sauniere seit 1891 als Arbeitsraum beansprucht wurde. Da sich dort aber auch eine Zisterne befand, aus der die Friedhofsbesucher ihr Gießwasser entnahmen, kam es zu permanenten Reibereien mit dem Pfarrer, der gern in seinem Arbeitszimmer ungestört sein wollte. Im Jahr 1895 dann bezog der Gemeinderat gegen Sauniere Position, und der Priester mußte wieder zurück in sein Pfarrhaus ziehen, damit fortan eine ungehinderte Zisternennutzung für alle Friedhofsbesucher gewährleistet war.

Nachdem Sauniere ein provisorisches Arbeitszimmer zunächst im Pfarrhaus und danach in der Villa Bethania eingerichtet hatte, suchte er nun nach einer dauerhaften Lösung.

In den Jahren ab 1904 ließ er durch seinen Architekten Elias Bot aus Couiza, der bereits die Villa Bethania realisiert hatte, am südlichen Ende des Walles einen massiven zweigeschossigen Turm im neogotischen Stil erbauen. Das gesamte Gebäude ist nach dem goldenen Schnitt konstruiert und strahlt eine bewundernswürdige Harmonie aus. Hier brachte Sauniere im Erdgeschoß sein Arbeitszimmer und auf der Höhe des Walles seine reich ausgestattete und schön möblierte Bibliothek unter. Der viereckige Bau birgt nur diese zwei Räumlichkeiten, doch vom Bibliothekszimmer gelangt man durch eine Tapetentür über eine Wendeltreppe, die in einem kleinen Turm untergebracht ist, auf eine mit Zinnen gekrönte Plattform. Der merkwürdige kleine Wachturm hatte seinerseits wieder eine mit zwölf Zinnen versehene Aussichtsplattform, die aber nur über eine eiserne Außenleiter zu erreichen war. Die Anzahl der Zinnen läßt bei Be-

Der Tour Magdala — der Bibliotheksturm des Priesters.

achtung der Symmetrie des übrigen Gebäudes an die zwölf Tier-
kreiszeichen denken, zumal der Turm wie eine überdimensionale
Sonnenuhr ausgerichtet ist. Auf diesen Zweck deutet auch der einstige Name des Bauwerkes, das als »Turm der Uhr« bezeichnet wurde. Erst einige Jahre nach Vollendung des Baues wurde er durch
Sauniere in »Tour Magdala«, den »Turm der Magdalena« umbe-
nannt, und als solcher ist er noch heute ein Wahrzeichen von Rennes-le-Château.

So nimmt es nicht Wunder, daß zahlreiche Forscher dieses Bauwerk als Schlüssel zum eigentlichen Geheimnis von Berenger Sauniere betrachten und die Meinung vertreten, der Pfarrer habe mit
dem Turm eine Art mathematischen oder geometrischen Schlüssel
hinterlassen, dessen richtige Anwendung den Sucher zwangsläufig
zum Schatz von Rennes-le-Château führen müsse. Unzählige Male
peilten in der Vergangenheit Schatzsucher vom Dach der Tour Magdala in alle Himmelsrichtungen die auffälligen Landmarken der
Gegend um Rennes-le-Château an, um dann doch enttäuscht feststellen zu müssen, daß auf so einfache Art dem Geheimnis des Ortes
wohl doch nicht beizukommen war.

Schon zu seinen Lebzeiten sorgten die Unternehmungen des Abbé
Sauniere für vielfältige Spekulationen, zumal er sein Geld in großen
Mengen nicht nur für eigene Zwecke, sondern auch für Gemeinde-
projekte ausgab. So ließ er von Couiza aus auf eigene Kosten eine
neue Straße erbauen. Vorher gab es nur einen schmalen Pfad von der
Stadt herauf, auf dem man selbst mit einem kleinen Pferdefuhrwerk
mehr schlecht als recht vorankam. Die von Abbé Sauniere gebaute
Straße benutzt noch heute jeder Besucher, der nach Rennes-le-
Château fährt.

Darüber hinaus finanzierte der Priester den Anschluß des gesamten Dorfes an eine zentrale Trinkwasserversorgung und hielt darüber hinaus stets ein- bis zweimal wöchentlich eine offene Tafel für
seine Gemeindemitglieder ab, die diese Einladungen zu den stets
reichlichen Banketten sehr schätzten. Überall priesen sie die erstaun-
liche Freigiebigkeit ihres Pfarrers, und so kursierte bald das Gerücht,

der Seelsorger von Rennes-le-Château habe einen antiken Schatz gefunden.

Der sagenhafte Reichtum Saunieres scheint tatsächlich aus einem Schatzfund zu stammen. Die Gegend um Rennes-le-Château ist von jeher als sehr goldreich bekannt. Bereits im Jahr 1860 fand ein Bauer auf seinem Feld bei Rennes einen Goldbarren mit einem Gewicht von 50 Kilogramm. Ein weiterer Goldbarren, der 20 Kilogramm wog und aus grob eingeschmolzenen arabischen Münzen bestand, wurde wenig später in einem Waldstück nahe des Dorfes entdeckt.

Die entdeckten Kostbarkeiten könnten ein Teil des Kronschatzes der Königin Blanche de Castille aus dem 13. Jahrhundert sein. Man sollte bedenken, daß immerhin eines der von Sauniere aufgefundenen Pergamente aus dem 13. Jahrhundert das Siegel dieser Königin trug.

Im 13. Jahrhundert wurde das Gebiet des heutigen Frankreich von zahlreichen blutigen Religionskriegen heimgesucht. So brach im Jahr 1250 in der Normandie und der Bretagne ein Aufstand der Hirten und Bauern, der sogenannten »Pastorellen«, aus.

Der Hintergrund dieser Erhebung war die Tatsache, daß kurz zuvor König Ludwig IX. während des sechsten Kreuzzuges mit seinem gesamten Heer nach der Schlacht von Mansura in sarazenische Gefangenschaft geriet. Die moslemischen Sieger forderten im Austausch für die Freiheit des Monarchen und seiner Mitstreiter erhebliches Lösegeld, das Blanche de Castille, die in Abwesenheit ihres Sohnes Ludwig IX. regierte, in Paris ansammeln ließ. Um diese beträchtliche Summe aufzubringen — sie entsprach immerhin den jährlichen Einkünften der Krone Frankreichs — wurden der durch die ständigen Kriege mit den Engländern und zahlreichen Fehden ohnehin notleidenden Bevölkerung rigoros neue Sonderabgaben aufgebürdet.

Gleichzeitig versuchten sich fanatisierte Priester des Zisterzienserordens mit der Propaganda für einen weiteren Kreuzzug wider die Ungläubigen im Heiligen Land. Erneut unternahm es die katholische Kirche, die ärmsten Schichten der Bevölkerung für dieses Unternehmen zu gewinnen, wie dies schon mehrmals — beim ersten Kreuzzug von 1096 und dem so genannten »Kinderkreuzzug« von 1212 — funktioniert hatte.

Doch die von vielen als äußerst ungerecht empfundenen Steuern im Zusammenhang mit den fanatischen Kreuzzugspredigten ergaben eine höchst brisante Mischung. Der Zorn des einfachen Volkes richtete sich nicht wie geplant und erwartet gegen die »Heiden« im fernen Morgenland, sondern entlud sich handgreiflich gegen die eigenen Fürsten und Grundherren, deren selbstgerechte und verschwenderische Herrschaft vor allem von der ländlichen, tiefreligiösen Bevölkerung als vollkommen unchristlich empfunden wurde.

So machte sich denn erneut ein »Kreuzzug der Armen« auf den Weg, doch nicht, um die Sarazenen aus dem Heiligen Land zu vertreiben, sondern vor allem, um die gotteslästerliche Herrschaft der Barone von Frankreich zu beenden. Dies verkündete der »Meister aus Ungarn«, der geheimnisvolle Anführer des »Pastorellenaufstandes«. Vor seinem Charisma, seiner Redegewandtheit und seinen Bibelkenntnissen verblaßte sogar das Wissen der gelehrten Professoren der Universität von Paris.

Angefeuert von seinen wortgewaltigen Predigten, marschierte ein Heer von 30.000 Mann — Hirten, Bauern, Landarbeiter und einfache Handwerker — bewaffnet mit Sensen, Äxten, Knüppeln und Steinen auf Paris. Sie warfen jeden Widerstand nieder, der sich ihnen in den Weg zu stellen wagte. Das Blut von Priestern, Adligen und Patriziern tränkte zu dieser Zeit im Übermaß den Boden im Norden Frankreichs.

Der »Meister aus Ungarn« schickte sich an, seine Hand nach dem französischen Königsthron auszustrecken. Hatte Königin Blanche de Castille anfangs noch angenommen, dieser merkwürdige Mann sei ein Gesandter des Himmels, zu ihrer Unterstützung und der Organisation eines neuen Kreuzzuges geschickt, so stellte sich nun heraus, daß der bleiche, bärtige Asket durch seinen Einfluß im Volk zu einer ernsten Gefahr für die französische Krone geworden war.

Die alternde Königin verwandte enorme Anstrengungen darauf,

dem Vormarsch der Pastorellen und ihrem Wüten unter der Geistlichkeit und dem Adel ein Ende zu bereiten. Die Streitmacht, die sie gegen den »Meister aus Ungarn« aufbieten ließ, konnte sich mit so manchem Kreuzfahrerheer messen.

Dennoch schien sich Blanche de Castille ihres Sieges nicht sicher zu sein. Sie ließ das für den Freikauf ihres Sohnes bereits angesammelte Lösegeld sowie ihre persönliche Kriegskasse nach Südfrankreich abtransportieren, in sicheres Territorium. Das Ziel des langen Trosses aus schweren Lastwagen war die von der Familie de Voisin vor kurzem erst wieder neu erbaute, mächtige Festung von Rhedae. In den unterirdischen Gewölben der Zitadelle wurden die angesammelten Kostbarkeiten von ausgewählten Angehörigen der Familie de Voisin und den Beamten der französischen Krone eingelagert. Königin Blanche hatte den Ort gut gewählt. Im Fall einer Niederlage konnte sie sich von hier aus in ihre Heimat, nach Spanien absetzen.

Doch die Sorgen der Königin sollten sich als unberechtigt erweisen. Das von ihr entsandte Heer stellte die Pastorellen bei Villeneuve-sur-Cher zur Schlacht und schlug sie vernichtend. Der »Meister aus Ungarn« fiel in diesem blutigen und von beiden Seiten mit äußerster Erbitterung ausgetragenen Kampf. Nach dem Verlust ihres Anführers zerstreuten sich die überlebenden Hirten und Bauern ziemlich rasch. Die unmittelbare Gefahr für Frankreichs Krone war abgewendet.

Blanche de Castille kehrte unter Mitführung des Lösegeldes nach Paris zurück, beließ aber ihren persönlichen Kronschatz in Rhedae. Die Königin sollte ihren letzten Sieg nicht lange überleben. Im November des Jahres 1252 starb sie in Paris.

Ihr Sohn Ludwig IX. wurde mit dem angesammelten Lösegeld freigekauft, benötigte jedoch immerhin noch zwei Jahre, ehe er endlich nach Frankreich zurückkehren konnte. Es ist nicht bekannt geworden, daß er Anweisung erteilt hätte, die Kriegskasse seiner Mutter nach Paris zurückzubringen. In Anbetracht der nach wie vor unruhigen Situation im Norden Frankreichs erschien es ihm wohl sicherer, den Kronschatz dort zu belassen, wo er sich befand.

Im Jahr 1270 übernahm Ludwig IX. die Führung eines erneuten Kreuzzuges, der sich jedoch nicht mehr gegen Jerusalem, sondern gegen Tunis richtete. Dort ereilte den Monarchen am 25. August 1270 der Tod. Wie so viele andere Kreuzfahrer starb er in dem heißen, fieberverseuchten Klima an der Pest.

Sein Sohn und Nachfolger, Philipp III., genannt der Kühne, schien bereits nicht mehr in das Geheimnis des Kronschatzes der Blanche de Castille eingeweiht zu sein. Es gibt jedenfalls keinen Beleg dafür, daß der Schatz zu seiner Zeit aus Rhedae abtransportiert worden wäre. Die Jahre vergingen, und nachdem im Jahr 1362 Rhedae von den katalanischen Abenteurern unter Henri de Trastamare und der Pest ausgelöscht worden war, blieb nicht einmal mehr eine Legende vom Gold der Königin erhalten.

Dies sollte sich erst mehr als 300 Jahre später ändern. Im Mai des Jahres 1645 hütete der junge Schafhirte Ignàce Paris seine Herde in den Ruinen des alten Rhedae, unweit seines Heimatdorfes Rennes-le-Château.

Plötzlich rutschte eines seiner Schafe, das sich etwas von der Herde entfernt hatte, in eine schmale Spalte und verschwand mit lautem Blöken unter der Erde. Ignàce folgte dem Tier in die Spalte, da er seinen kostbaren Besitz nicht verlieren wollte. Das Schaf flüchtete sich in eine kleine Grotte, die den Anfang eines Höhlenlabyrinthes bildete. Dort fand der Hirte zu seinem Erstaunen Kisten voller Goldmünzen, Edelsteine und Geschmeide von ungeheurem Wert. Neben den Kisten sollen mehrere Skelette am Boden gelegen haben.

Ignáce nahm von dem unverhofften Reichtum, soviel er tragen konnte, und vergaß auch nicht, sein Schaf wieder mit ans Tageslicht zu nehmen. Seinen Schatzfund vermochte er nicht allzu lange vor den Dorfbewohnern geheim zu halten. Von ihnen über die Herkunft des Goldes befragt, erzählte er die eben berichtete Geschichte, weigerte sich aber hartnäckig, den Ort anzugeben, an dem er den Schatz entdeckt hatte.

Daher geriet Ignáce Paris sehr schnell in den Verdacht, das kleine Vermögen irgendwo gestohlen zu haben. Er wurde verhaftet und der

Château de Hautpoul in Rennes-le-Château.

Familie de Hautpoul — den Grundherren von Rennes-le-Château
— vorgeführt, die zu jener Zeit auch die sogenannte Halsgerichts-
barkeit ausübten, also über Leben und Tod ihrer leibeigenen Unter-
tanen entscheiden konnten.

Den Vorwurf des Diebstahls stritt Ignàce Paris vor Gericht vehe-
ment ab. Er konnte oder wollte jedoch den Ort der Herkunft des
Goldes nicht preisgeben. Auch unter der Folter soll er seinen Peini-
gern das Geheimnis des Schatzes nicht verraten haben. Das Gericht
der Grundherren von Rhedae verurteilte ihn schließlich wegen schweren Diebstahls zum Tod durch den Strang. Ignàce Paris starb, verurteilt als gemeiner Verbrecher, am Galgen außerhalb der Mauern seines Dorfes. Er soll das Geheimnis des Schatzverstecks mit ins Grab
genommen haben.

Seine Beschreibung des Ortes, an dem er das Gold fand, und die
fehlende Gnade des herrschaftlichen Gerichts, welches den Hirten
allein aufgrund von Indizien — den vorhandenen Goldmünzen —
zum Tode verurteilte, legen die Möglichkeit nahe, daß Ignáce Paris

zufällig das Versteck der Kriegskasse von Blanche de Castille entdeckte, auf welche die Herren von Rennes Anspruch erhoben. Durch seine Weigerung, den Ort des Schatzverstecks preiszugeben, machte sich der Hirte tatsächlich eines »Diebstahls« an seiner Herrschaft schuldig, nicht in dem Sinn, daß er seinen Herren etwas weggenommen hatte, sondern indem er ihnen etwas vorenthielt, was jenen eigentlich gehörte.

Ignáce Paris war ein Leibeigener der Hautpouls, ebenso viele andere Dörfler. Leibeigenschaft aber bedeutete nach den damaligen Gesetzen unter anderem auch, daß der auf dem Gebiet der Grundherren von Rhedae aufgefundene Schatz nicht dem leibeigenen Finder, sondern dessen Herrschaft gehörte. Durch seine Weigerung, der Herrschaft das Schatzversteck zugänglich zu machen, lieferte Ignáce Paris selbst den Vorwand für seine Inhaftierung. Vielleicht hatte er gehofft, mit der Familie Hautpoul einen Handel eingehen zu können und auf leichte Weise Reichtum zu erlangen. Das genaue Motiv für sein hartnäckiges Schweigen wird wohl für immer im Dunkeln bleiben. Sicher ist nur, daß Ignàce Paris ein gewagtes Spiel riskierte — und verlor. Was uns heute als grausamer Justizmord an einem unschuldigen Jugendlichen erscheinen mag, war damals mit Recht und Gesetz durchaus vereinbar.

Es kann nun sein, daß Berenger Sauniere bei seiner ausführlichen Recherche auch auf diese alte Geschichte stieß und den Hinweisen aus seinen Pergamenten, aus den Chroniken der Grundherrschaft und dem Gerichtsurteil nachging. Da er bereits seit seiner Jugend mit der Umgebung Rennes-le-Châteaus bestens vertraut war, mag es sein, daß er die vergessene Kriegskasse der Königin Blanche de Castille entdeckte und den Schatz für sich verbrauchte.

Dies besagt jedenfalls ein Gerücht, das heute noch unter dem Einheimischen von Rennes-le-Château kursiert und die Herkunft des enormen Reichtums ihres Dorfpfarrers belegen soll. Doch eine solche Erklärungsvariante reicht nicht aus, um das Rätsel des Dorfes zu lösen.

IV. Geschäfte mit Habsburg und Rom

Zeitgenössische Quellen sprudelten ebenso reichlich für Sauniere. So erhielt er großzügige Zahlungen von den Adelshäusern Chambord und Habsburg. Insbesondere auf die im Ausland unter falschem Namen eröffneten Konten tätigte Johann Salvator von Habsburg Einzahlungen von mehreren Millionen Francs in Gold.

Auch Henri Boudet überwies an Sauniere bedeutende Summen, wie aus erhalten gebliebenen Bankbestätigungen hervorgeht. In der Zeit von 1891 bis 1915 waren es insgesamt 3.679.431,00 Millionen Francs in Gold! Diese Gelder wurden alle an Marie Denarnaud zahlbar gestellt. Daraus läßt sich der Schluß ziehen, daß die Haushälterin des Pfarrers eine weitaus bedeutendere Rolle in dieser Geschichte spielte, als ihr bislang zugestanden wurde.

Boudet zahlte darüber hinaus auch 7.655.250 Francs in Gold an Monseigneur Felix Arsene Billard — seinen Bischof in Carcassonne, jenen Würdenträger, der Sauniers Reise nach Paris und damit die Entschlüsselung der aufgefundenen Pergamente ermöglicht hatte. Diese Konstellation — der Bischof in den Diensten seines formell Untergebenen — mutet an sich schon recht kurios an. Da Henri Boudet selbst nur ein einfacher Pfarrer war, fragt sich, woher er die großen Geldsummen bezog. Ein recht bedeutender Teil davon stammte direkt aus den Tresoren des Vatikans. Dies läßt sich an ebenfalls erhaltenen Bankbestätigungen und Überweisungsbelegen nachprüfen.

Letztlich ist aber nicht völlig klar, ob es außer dem Vatikan und dem Haus Habsburg noch weitere Zahler gab. Hier bietet sich reichlich Raum für Spekulationen. So bringen die meisten Forscher, die sich dem Geheimnis Rennes-le-Châteaus widmen, an dieser Stelle das Priorat (oder auch die Prieuré) von Zion ins Spiel — eine mächtige geheime Gesellschaft, in deren Diensten Henri Boudet und Berenger Sauniere gestanden haben sollen.

Die Existenz eines solchen elitären Zirkels ist zumindest im Mittelalter historisch dokumentiert. Zu Zeiten des ersten Kreuzzuges wurde das Priorat nach der Eroberung Jerusalems durch Gottfried von Bouillon, einen der Führer dieses Kreuzzuges, ins Leben gerufen. Südlich der Heiligen Stadt befindet sich der Zionsberg, auf dem sich im Jahr 1099 die Ruinen einer noch aus byzantinischer Zeit stammenden Basilika erhoben. Das Bauwerk stammte höchstwahrscheinlich aus dem 4. Jahrhundert n. Chr. und trug den vielsagenden Namen »Mutter aller Kirchen«.

Einigen Urkunden ist zu entnehmen, daß an dieser Stelle auf Geheiß Gottfrieds eine Abtei errichtet wurde. Chronisten beschreiben das Kloster mit seinen starken Mauern, zahlreichen Türmen und Zinnen als beeindruckendes Gebäudeensemble, das einer Festung geglichen haben muß. Es wurde Notre-Dame du Mont de Sion genannt.

Über die Bewohner dieser Abtei ist hingegen so gut wie nichts bekannt. Der Historiker M. de Vogüe bemerkte dazu, daß es sich wohl um ein »*Kapitel von Augustinerchorherren handelte, die unter Leitung ihres Abtes den Dienst an den heiligen Stätten versahen*«. Die Gemeinschaft nahm den Doppelnamen »*Saint Marie du Mont Syon et du Saint-Esprit an*« — was zu deutsch *der Orden der Heiligen Maria vom Berge Sion und des Heiligen Geistes* bedeutet. Ein anderer Historiker schrieb Ende des 17. Jahrhunderts: »*Während der Kreuzzüge gab es in Jerusalem ... Ritter, die sich Chevaliers de l'Ordre de Notre-Dame de Sion nannten*«. Weitere Originaldokumente tragen sogar das Siegel eines *Priors de Notre-Dame de Sion*, so beispielsweise eine von dem Prior Arnaldus unterzeichnete Urkunde, die am 19. Juli 1116 ausgestellt wurde. Eine weitere Urkunde vom 2. Mai 1225 unterschrieb Arnaldus gemeinsam mit Hugo de Payns, den Gründer des Ordens der Tempelritter.

So kann die historische Existenz des *Ordre de Mont Sion* jedenfalls zu Zeiten der Kreuzzüge als gesichert gelten. Ebenso steht die Beziehung des Ordens zu den Tempelherren durch die Entdeckung der Urkunde mit den gemeinsamen Unterschriften von Prior Arnaldus und Hugo de Payns außer Frage. Der Ordre de Mont Sion scheint in seiner Organisationsstruktur gewisse Formen des später gegründeten Templerordens vorweggenommen zu haben. So sprechen die überlieferten Dokumente zum einen von Mönchen — den Augustinerchorherren —, zum anderen auch von Rittern, die dem Orden angehörten. Im Gegensatz zu den Templern jedoch, die in ihrer Person Krieger und Mönch vereinten, sind die Rollen im Ordre de Mont Sion klar getrennt gewesen. Während die Augustinerchorherren den »Dienst an den heiligen Stätten versahen«, handelte es sich bei den erwähnten Chevaliers höchstwahrscheinlich um weltliche Ritter, die in den Dienst des Ordens zur Verteidigung der Pilger und Mönche getreten waren.

Zumindest bis 1187, als Jerusalem von den Sarazenen zurückerobert wurde, wird der Orden in seiner Abtei auf dem Zionsberg residiert haben. Danach verloren sich die Spuren der Gemeinschaft im Dunkel der Geschichte. Sie soll jedoch in gewandelter Organisationsform — nämlich als geheime Gesellschaft — die Zeiten bis zum heutigen Tag überdauert haben.

Die Selbstdefinition und die Ziele dieser Geheimgesellschaft sind recht bemerkenswert und lassen sich in einer Art Sechs-Punkte-Programm zusammenfassen:

1. Das Priorat von Zion initiierte die Gründung des Templerordens, um sich damit eine administrative und militärische Exekutive zu schaffen.

2. Das Priorat wurde durch eine ganze Anzahl von Großmeistern geleitet, die zu den bedeutendsten und berühmtesten Persönlichkeiten der abendländischen Geschichte zählen. So reklamiert das Priorat von Zion unter anderem für Nicolas Flamel, Leonardo da Vinci, Johann Valentin Andreä und den Physiker Isaac Newton die Rolle des »Nautoniers« — zu deutsch »Steuermannes« — wie der Großmeister des Priorats genannt wurde. Aber auch Angehörige der Adelshäuser Lothringen und Habsburg sollen Führer der geheimen Gesellschaft gewesen sein, ebenso Künstler wie Victor

Hugo und Claude Debussy. Eben jenen Komponisten Debussy lernte Berenger Sauniere auch bei seiner Reise nach Paris im Jahr 1891 kennen.

3. Auch nach dem Verlust des Heiligen Landes sowie der Verfolgung und Auflösung des Templerordens zwischen 1307 und 1314 blieb das Priorat von Zion in jeder Hinsicht handlungsfähig, auch wenn es zeitweise interne Streitigkeiten gegeben haben soll. Dennoch nahm die Geheimgesellschaft über Jahrhunderte hinweg einen ebenso subtilen wie wirksamen Einfluß auf die Geschichte des Abendlandes.

4. Das Priorat von Zion existiert noch heute, und der Bereich der Politik ist eines seiner wichtigsten Betätigungsfelder. An der Gestaltung internationaler Beziehungen ist es auf höchster Ebene beteiligt und schaltet sich darüber hinaus auch in die inneren Angelegenheiten verschiedener europäischer Länder ein.

5. Das erklärte Ziel des Priorats von Zion besteht in der Wiedereinsetzung der merowingischen Dynastie und Erbfolge. Dies soll nicht nur in Frankreich geschehen, sondern in ganz Europa.

6. Die erneute Inthronisierung der Merowinger ist sowohl juristisch als auch moralisch sanktioniert und gerechtfertigt. Zwar verlor dieses Königsgeschlecht im 8. Jahrhundert seine Macht, doch es starb nicht aus. In direkter Linie setzte es sich von Dagobert II. über seinen Sohn Sigibert IV. bis in unsere Tage fort. Durch dynastische Verschwägerungen und zahlreiche Heiraten zählen zu seinen Nachkommen unter anderem Gottfried von Bouillon, der 1099 Jerusalem eroberte, aber auch zahlreiche andere königliche oder adlige Familien in Vergangenheit und Gegenwart — so die Gisors, Blancheforts, Saint-Clairs (in Schottland Sinclair), Montesquious, Montpezats, Pohers, Lusignans, Plantards und natürlich auch die Habsburg-Lothringer. Der Zeitpunkt sei nun gekommen, daß das

Geschlecht der Merowinger wieder Anspruch auf sein rechtmäßiges Erbe erhebt.

Natürlich sollte man diesen »historischen Verschwörungstheorien« immer mit einer gesunden Portion Skepsis begegnen. Etliche der genannten Namen von Großmeistern des Priorats sind nämlich genau von der Art, wie sie vorgebliche »Geheimgesellschaften« des 20. Jahrhunderts gern für sich in Anspruch nehmen, um sich eines entsprechend klangvollen, wenn auch vollkommen gefälschten Stammbaumes rühmen zu können. So benennt der AMORC — Dachverband der »modernen« Rosenkreuzer mit Hauptquartier in Kalifornien — in den Listen seiner Großmeister sämtliche Personen, deren Wertvorstellungen und Weltsicht in etwa der des Ordens entsprechen, auch wenn die Übereinstimmung im Einzelfall recht gering sein mag. Dort erfährt man dann, daß Dante, Shakespeare, Goethe, Franziskus von Assisi, John Dee und Aleister Crowley — um nur eine kleine Auswahl zu nennen — ordentliche Mitglieder der Geheimgesellschaft gewesen seien und immer pünktlich ihre Mitgliedsbeiträge entrichtet hätten.

Die Beweislage zur Existenz des Priorats von Zion im 19. und 20. Jahrhundert ist mehr als dürftig. Zwar könnten die von Berenger Sauniere in den entdeckten Pergamenten enthaltenen Hinweise auf »Zion« und die merkwürdige Unterschrift »P. S.« auf einem der Pergamente ihre Erklärung in einer Autorenschaft des Priorats von Zion finden, doch dürfte das als »Beweis« für eine Existenz der Geheimgesellschaft kaum ausreichen.

Für die Existenz eines geheimen Zirkels mit der Bezeichnung »Priorat von Zion« im ausgehenden 19. Jahrhundert spricht jedoch eine Tatsache, die vielfach übersehen wird. Dem jungen Linguisten Emile Hoffet gelang es, die von Berenger Sauniere aufgefundenen chiffrierten Dokumente innerhalb von nur drei Wochen zu entschlüsseln. Wir wissen heute, daß diese Dokumente mit dem seit dem 17. Jahrhundert gebräuchlichen Vigenere-Codesystem verschlüsselt worden waren. Dieser Code galt bis in den Ersten Weltkrieg hinein als absolut zuverlässig. Erst im Jahr 1917 wurde das Vigenere-Codesystem durch einen deutschen Abwehrspezialisten geknackt.

Betrachtet man nun die Leistung des Emile Hoffet im Jahr 1891, dann bieten sich nur zwei Erklärungen an. Entweder war der junge Priester befähigter als selbst ein Wissenschaftler wie Champollion — dem wir die Entzifferung des »Steines von Rossette« und damit den Zugang zu den Hieroglyphen des alten Ägypten verdanken — oder aber Émile Hoffet kannte den Schlüssel, mit dem die von Sauniere gefundenen Pergamente zu entschlüsseln waren. Es ist nahezu undenkbar, daß der komplizierte vierfache Schlüssel innerhalb von nur drei Wochen entdeckt und angewandt werden konnte. Die zweite denkbare Möglichkeit setzt jedoch nahezu zwingend die Existenz einer Gemeinschaft, eines Ordens oder Bundes voraus, die das Prinzip der Schlüssel kannte und bewahrte, obwohl die Pergamente zur Zeit ihrer Entdeckung bereits mehr als einhundert Jahre versteckt lagen. Dies kann ein Indiz für die Existenz des Priorats von Zion zumindest im 18. und 19. Jahrhundert sein.

Auch die Tatsache, daß Berenger Sauniere in seinem Refugium neben dem Cousin des österreichischen Kaisers Johann Salvator von Habsburg weitere bedeutende Gäste wie den französischen Kultusminister empfing und darüber hinaus zahlreiche Okkultisten des Fin de Siècle wie Joseph Peledan, Papus oder Lidell McGregor Mathers sowie Schriftsteller — unter ihnen Jules Verne und Edward John Moreton Drax Plunkett, den achtzehnten Baron von Dunsanay, einen Freund Peledans und wie Jules Verne dem Phantastischen zugeneigt —, deutet auf Verbindungen des Landpfarrers zu Kreisen der hohen Politik und Gesellschaft hin.

Dennoch schien sich Berenger Sauniere mit seinen Projekten nicht nur Freunde, Bewunderer und großzügige Mäzene geschaffen zu haben, sondern auch mächtige Feinde, die alles daran setzten, ihn und seine Mitverschworenen zu vernichten.

Die Schwierigkeiten des Priesters begannen im Jahr 1903, als Papst Leo XIII. — liberaler Beschützer und Förderer der Habsburger — aus dem Leben schied, nachdem bereits im Jahr 1901 Monseigneur

Felix Arsene Billard, der großzügige Gönner Berenger Saunieres, verstorben war. Die von Abbé Sauniere vergebenen Aufträge verursachten inzwischen solche immensen Kosten, daß er sie kaum noch bestreiten konnte. In dieser Zeit überwarf sich Sauniere zu allem Überfluß auch noch mit seinem Amtsbruder und langjährigen Freund Henri Boudet, der ihm wohl einmal zu oft seinen für einen Priester unziemlichen Lebenswandel vorgeworfen hatte. Im Wesen Berenger Saunieres war in den vergangenen Jahren eine Wandlung vor sich gegangen. Kleinlich soll er geworden sein, kalt, berechnend und anmaßend.

In dem neuen Papst Pius X. und dem erst dreiundvierzigjährigen neu ernannten Bischof von Carcassonne, Monseigneur de Beausejour, erwuchsen ihm zwei Feinde, die alles daran setzen, den ehrgeizigen Pfarrer zur Strecke zu bringen.

Die alte Volksweisheit, daß »neue Besen gut kehren«, traf in vollem Maße auf Bischof Beausejour zu. Er begann sein Amt mit einer Visite in der Diözese, wobei ihm natürlich das verschwenderische Leben des Pfarrers von Rennes-le-Château auffallen mußte. Daraufhin forderte der Bischof strenge Rechenschaft von Sauniere über die Herkunft und Verwendung seiner ganz offensichtlich nicht unbeträchtlichen Geldmittel. Hatte sich Sauniere in den vergangenen Jahren als weltgewandter Gastgeber erwiesen, schien ihm in diesem Fall alle Souveränität abhanden gekommen zu sein. Er versuchte mit fadenscheinigen Gründen, eine entsprechende Rechnungslegung zu verzögern, und meldete sich zu Lokalterminen oder Besprechungen in der Bischofsresidenz von Carcassonne krank. Ein befreundeter Arzt aus Couiza stellte dem Pfarrer dazu Gefälligkeitsatteste aus.

Als der Druck seines Bischofs immer stärker wurde, ging Sauniere dazu über, mit völlig aus der Luft gegriffenen Beträgen seine Einnahmen und Ausgaben darzustellen (siehe Anhang). Natürlich blieb das auf der Gegenseite nicht unbemerkt, da Sauniere nicht in der Lage war, die verlangten Quittungen und Belege beizubringen.

Der Bischof, dessen allgemeine Haltung auch in anderen Fragen nur fundamentalistisch genannt werden konnte, unterbreitete seinem aufsässigen Pfarrer ein letztes Angebot. Die ganze Angelegenheit sollte demnach erledigt sein, wenn Sauniere die Summen, die er nach Meinung des Bischofs unterschlagen hatte, der Kirche zurückerstatten würde. Offensichtlich war auch dem gestrengen Bischof von Carcassonne daran gelegen, die mehr als peinliche Angelegenheit möglichst diskret zu regeln. Doch er sollte sich gründlich irren. Sauniere dachte nicht im Traum daran nachzugeben. Diesmal reichte der Pfarrer von Rennes-le-Château fristgemäß Originalurkunden und Belege ein, aus denen unmißverständlich hervorging, daß das zur Disposition stehende Vermögen — einschließlich des Grundeigentums — nicht ihm, sondern seiner Haushälterin Marie Denarnaud gehörte.

Diese Unverschämtheit des Landpfarrers erzürnte Mns. Beausejour über alle Maßen. Ab dem Jahr 1909 hatte das Taktieren und Verhandeln ein Ende. Langwierige juristische Prozesse begannen.

Der Bischof von Carcassonne klagte seinen Pfarrer der Simonie, also des verbotenen Messenhandels, an. Man sprach davon, Berenger Sauniere habe »schwarze Messen« gelesen. Dieser Anklagepunkt hat in der Vergangenheit dazu geführt, daß einige Autoren den Priester vorschnell des Satanismus bezichtigten und behaupteten, das eigentliche Geheimnis von Rennes-le-Château habe darin bestanden, daß Berenger Sauniere mit Unterstützung Marie Denarnauds sexualmagischen Praktiken huldigte, die sein Vorgesetzter zu Recht verurteilt habe.

Ganz so verhält es sich jedoch nicht. Vor über einhundert Jahren verfuhr die römisch-katholische Kirche noch ziemlich streng mit ihren Schäflein. Wer es beispielsweise wagte, die Ehe mit einem Nichtkatholiken einzugehen, wurde aus der Kirche ausgeschlossen und durfte auch an deren Ritualen nicht mehr teilhaben. Unter »schwarzen Messen« werden also in diesem Zusammenhang keine Praktiken Schwarzer Magie verstanden, sondern die Abhaltung unerlaubter — und daher illegaler — Messen sowie die Veranstaltung von Toten- oder Seelenmessen für exkommunizierte Gläubige. Von Angehörigen wurden oft nicht unbeträchtliche Summen an Priester bezahlt, damit diese für einen im Fegefeuer schmachtenden Sünder eine oder mehrere Messen lasen. Die zu jener Zeit in Frankreich durch den Staat recht kärglich entlohnten Priester ergriffen oft und gern solche Gelegenheiten, um ihr schmales Gehalt aufzubessern.

Für Berenger Sauniere bedeuteten diese Anklagen vor allem die schmerzliche Erkenntnis, daß sich seine adligen Geldgeber zurückzogen und er nach den Jahren im Luxus nunmehr gezwungen war, einen Großteil seiner erlesenen Sammlungen sowie Mobiliar und Silbergeschirr zu verkaufen, um überhaupt einigermaßen sein Überleben zu sichern.

Als sei dies noch nicht genug, wurde Berenger Sauniere zu allem Überfluß im Jahr 1911 durch einen »suspens ad divinis« des Bischofs von Carcassonne seiner geistlichen Ämter enthoben. Von einem Tag zum anderen war der Pfarrer von Rennes-le-Château plötzlich arbeitslos. Er hätte sich nun eigentlich um eine andere Stelle als Pfarrer oder zumindest als Vikar bemühen müssen. Oder er hätte sich in ein Kloster zurückziehen sollen, um seine Vergehen zu sühnen. Doch nichts von alledem geschah.

Berenger Sauniere harrte in Rennes-le-Château aus. Als sein Nachfolger Abbé Marty anreiste, räumte er bereitwillig das Pfarrhaus und zog in die repräsentative Villa Bethania um. Im Wintergarten der Villa errichtete Sauniere einen kleinen Altar nach dem merowingischen Vorbild aus der Kirche des Ortes und lud die Gläubigen ein, statt in der Kirche nunmehr auf seinem Privatbesitz der Sonntagspredigt zu lauschen. Seine Pfarrkinder hielten in dieser schweren Zeit zu Berenger Sauniere. Während Abbé Marty ratlos vor leeren Kirchenbänken stand, drängten sich die Dörfler in der Villa Bethania, um »ihren« Pfarrer zu hören. Sie hatten ihm nicht vergessen, daß er seinen Wohlstand mit ihnen teilte. Und Abbé Sauniere hegte Hoffnung auf Rehabilitation. Schließlich gelang es ihm, seinen Fall im Vatikan zur Sprache zu bringen.

Trotz aller Sympathiebekundungen ging die Zeit der Prozesse an dem Priester aber nicht spurlos vorüber. Seine Gesundheit soll darunter stark gelitten haben.

Ab dem Jahr 1914 dann plagten den Bischof von Carcassonne und auch die Einwohner von Rennes-le-Château ganz andere Sorgen. In Europa war ein Krieg ausgebrochen, der alle vorangegangenen Konflikte in den Schatten stellte und als Erster Weltkrieg die Geschichte des 20. Jahrhunderts nachhaltig prägen sollte. Doch während allenthalben Unsicherheit und Angst das Leben der Menschen bestimmte — in Form von Einberufungsbefehlen und Listen von Gefallenen erreichte der Krieg auch das Bergdörfchen Rennes-le-Château —, schien sich für Berenger Sauniere nach den langen Jahren der Prozesse und des Mangels die Situation wieder zum Besseren zu wenden.

In Rom war mit Benedikt XV. ein Papst zur Macht gelangt, der die liberale Politik Leos XIII. wieder aufnahm und sich auf Seiten der Habsburger Monarchie stellte. Für den Pfarrer von Rennes-le-Château bedeutete dies, daß man sich in Rom wieder seiner Angelegenheit erinnerte und den Prozeß erneut aufnahm, nun jedoch unter veränderten Vorzeichen. Das Urteil des Papstes war milde. Berenger Sauniere wurde erneut als Pfarrer von Rennes-le-Château bestätigt und die von Bischof Beausejour angeordneten Strafmaßnahmen in vollem Umfang aufgehoben. Die dem Priester im Gegenzug für seine »Vergehen« auferlegte Strafe bestand aus einer Wallfahrt in den bekannten Marienerscheinungsort Lourdes in den französischen Pyrenäen. Dort suchten in den Jahren des Krieges unzählige Verwundete Heilung von ihren schrecklichen Verletzungen. Im Jahr 1915 verkaufte Berenger Sauniere geweihte Amulette und Rosenkränze an die Versehrten, betete mit ihnen an den heiligen Orten um Genesung. Zwei Wochen später kehrte er nach Rennes-le-Château zurück und erschien den Dörflern nun endgültig wieder als »ihr Herr Pfarrer«. Kein Wunder — Berenger Sauniere schwamm abermals buchstäblich im Geld. Er fuhr wie gewohnt fort, immense Summen, die ihm abermals aus dunklen Quellen zuflossen, so großzügig auszugeben wie zuvor.

Nach dreißig wechselvollen Jahren herrschten Berenger Sauniere und seine Geliebte Marie Denarnaud nun unangefochten über Rennes-le-Château. Bis zum Tod des Priesters sollte zwischen beiden, jedenfalls nach außen, vollstes Einverständnis herrschen.

Saunieres langjährigem Freund und väterlichen Vertrauten Henri Boudet war das Schicksal weniger hold. Der sensible, kränkliche alte Pfarrer aus Rennes-les-Bains hatte dem Druck seines Bischofs Beausejour nicht die gleiche unbekümmerte Robustheit entgegensetzen können wie Berenger Sauniere. Monseigneur Beausejour biß sich an der alten Geschichte um die beiden Bücher Henri Boudets fest, die schon von Bischof Billard gerügt worden waren. Hatte es Beausejours Vorgänger noch bei einer formellen Mahnung bewenden lassen, so setzte der neue Bischof alles daran, Henri Boudet aus seinem Amt zu verdrängen. Nach 42 Jahren Tätigkeit als Seelsorger in Rennes-le-Bains gab Henri Boudet dem Druck der Diözese nach und trat am 30. April 1914 von seinem Amt zurück. Gegen den Willen der Einwohner des kleinen Städtchens, die sehr an ihrem alten Pfarrer hingen, zog er sich verbittert nach Axat, den Ort seiner fernen Kindheit, zurück. Die Motive, welche Henri Boudet zu diesem Schritt bewogen, sind keineswegs geklärt. In Axat gab es nämlich niemanden von Boudets Familie mehr, da sein Bruder Edmond bereits am 5. Mai 1905 aus dem Leben geschieden war. Die verwaiste Pfarrstelle von Rennes-le-Bains wurde durch Pater Rescanieres, einen jungen und energischen Geistlichen, besetzt, der sich der Protektion von Bischof Beausejour erfreute. Der neue Pfarrer von Rennes-le-Bains unternahm alles, um den Lebenswandel seines pensionierten Vorgängers kritisch zu durchleuchten. Doch dabei ging Rescanieres wohl einen Schritt zu weit. In der Nacht des 1. Februar 1915 traf den Geistlichen die tödliche Kugel eines Scharfschützen durch ein Fenster seines Pfarrhauses. Natürlich erregte der mit einem Militärgewehr begangene und bis heute nicht aufgeklärte Mord die Gemüter der Einwohner Rennes-le-Bains, da jedes Tatmotiv zu fehlen schien.

Nur einer glaubte sicher zu wissen, warum Pater Rescaniere sterben mußte. Henri Boudet schrieb am 26. März 1915 einen Brief an Bischof Beausejour, in dem er andeutete, Licht in das Dunkel um

Das Pfarrhaus von Rennes-le-Bain, in dem Henri Boudet wirkte und Pater Rescanieres erschossen wurde.

den Tod des Priesters bringen zu können. Monseigneur Beausejour muß zumindest bereit gewesen sein, den in Ungnade gefallenen Priester anzuhören, denn seine Abgesandten erreichten Axat am 30. März. Doch sie kamen zu spät. Henri Boudet weilte zu dieser Zeit schon nicht mehr unter den Lebenden. Die Gerüchte wollen nicht verstummen, daß er unter sehr seltsamen Umständen aus dem Leben geschieden war.

Nachbarn in Axat wollten gesehen haben, daß Boudet in der Nacht vor seinem Tod von zwei Unbekannten Besuch erhielt. Es heißt, der alte Pfarrer soll sich in einem »Zustand völliger Paralyse« befunden haben, als diese Besucher später sein Haus wieder verließen. Die Identität zumindest eines der Unbekannten ist inzwischen geklärt — es war niemand anderer als Berenger Sauniere, der langjährige Freund und Kollege des alten Priesters, den dieser vor seinem Ableben noch einmal zu sehen wünschte. Bei der anderen Person handelte es sich um einen Bauern aus der Gegend von Axat, den Boudet als Boten zu Sauniere gesandt hatte.

Sauniere nahm seinem alten Freund die letzte Beichte ab, soweit dies nach dem Hirnschlag, den Henri Boudet Stunden zuvor erlitten hatte, noch möglich war, und blieb bei dem Sterbenden bis zu dessen letztem Atemzug. Henri Boudet wurde 78 Jahre alt und ist wohl eines natürlichen Todes gestorben. Die Erzählung, er habe vor seinem Ableben Berenger Sauniere in ein »weiteres Geheimnis« von Rennes-le-Château eingeweiht oder ihm »den Standort eines mysteriösen Schatzes« enthüllt, darf getrost ins Reich der Legende verwiesen werden. Berenger Sauniere verfügte bereits vor dem Tod von Abbé Boudet wieder über umfangreiche finanzielle Mittel. Das Geld wurde ausschließlich auf die Konten des Priesters bzw. seiner Haushälterin einbezahlt und stammte aus bereits bekannten Quellen — dem Budget der Habsburger und dem Vatikan. Außerdem läßt sich weder durch Zeitzeugen noch durch andere Quellen bestätigen, daß Sauniere in den Jahren 1914/15 erneut einen Schatz in der Gegend um Rennes-le-Château entdeckt hat. Im Gegenteil, es ist sogar durch Berichte beweisen, daß er nicht mehr zu ausgedehnten Wanderungen in die Umgebung des Orts aufbrach, sondern sich ganz überwiegend auf seinen Besitzungen in Rennes aufhielt. Auch an Berenger Sauniere war die Zeit nicht spurlos vorübergegangen. Er war nun jenseits der Sechzig und beinahe schon ein alter Mann.

Doch dieser Umstand behinderte seine Träume und seinen Tatendrang nur wenig. Der Priester schien besessen von der Idee, sich in Rennes-le-Château ein bleibendes Denkmal zu setzen. Er wollte in Bauwerk errichten, das die ganze Welt in Staunen versetzen sollte.

Während in Europa der Erste Weltkrieg tobte, plante Berenger Sauniere zunächst, Rennes-le-Château mit einem drei Meter hohen Wall zu umgeben. Damit sollte jener Rundwall weitergebaut werden, mit dessen Errichtung Sauniere bereits einige Jahre zuvor auf seinen Besitzungen begonnen hatte. Bei einer Vollendung dieses Mauerwerkes hätte Rennes-le-Château den Charakter eines mittelalterlichen Castrum — eines befestigten Wehrdorfes — zurückerhalten.

Doch damit nicht genug. Nach den Plänen Berenger Saunieres sollte das gesamte Dorf mit einem auf neun Säulen ruhenden, mehr als fünfzig Meter hohen Tempel überdacht werden! Das gigantische Bauwerk erinnerte in seiner Gestaltung entfernt an ein babylonisches Zikkurat. So nehmen einige Forscher wohl nicht ganz zu Unrecht an, Berenger Sauniere habe sich auf seine alten Tage mit Gott selbst messen und einen zweiten »Turm von Babel« errichten wollen.

Das Projekt sollte die astronomische Summe von 80 Millionen Francs in Gold kosten, wie einem erhalten gebliebenen ersten Kostenvoranschlag von Elias Both, Sauniers Architekten aus Limoux, zu entnehmen ist. Der veranschlagte Bauaufwand ließ sich durchaus mit dem seinerzeit kühnsten Projekt Frankreichs vergleichen — dem Eiffelturm.

Gleichzeitig entschied sich Berenger Sauniere, daß es jetzt an der Zeit sei, auf moderne Fortbewegungsmittel umzusteigen. Pferd und Karren genügten dem Priester nicht mehr. Auf seiner Wunschliste stand nunmehr das neueste Richard-Braisier-Modell, ein für das Jahr 1917 durchaus imposantes Tourenautomobil. In unserem Zeitalter, da der Besitz eines Wagens nahezu selbstverständlich erscheint, sollte man daran denken, daß am Anfang des 20. Jahrhunderts die »motorisierten Droschken« vor allem den Herrschenden vorbehalten waren. Schon der private Besitz eines Motorrads offenbarte zu jener Zeit außerordentlichen Reichtum. Erst in den zwanziger und dreißiger Jahren setzte eine verstärkte Motorisierung ein, die Pkws auch für breitere Bevölkerungsschichten erschwinglich werden ließ. Zu Sauniers Zeiten jedoch stellte der Besitz eines Automobils ein äußerst prestigeträchtiges Statussymbol dar.

Die Bauarbeiten zu den neuen Projekten des Priesters begannen am 5. Januar 1917. Die Auslieferung seines Wagens war für Anfang April geplant. Am 17. Januar 1917 erlitt Berenger Sauniere jedoch völlig überraschend einen Schlaganfall, an dessen Folgen er fünf Tage später verstarb.

Mysteriös bleibt an seinem Tod, daß Marie Denarnaud bereits am 12. Januar 1917 einen Sarg für ihren Herrn bestellte, wie aus einer erhalten gebliebenen handschriftlichen Auftragsbestätigung hervorgeht. Zu diesem Zeitpunkt jedoch erfreute sich der Pfarrer nach Aussagen von Zeitzeugen noch guter Gesundheit.

In diesem Zusammenhang soll ein Verdacht ausgesprochen werden, der bislang noch nicht geäußert wurde und letztlich auch nicht vollständig beweisbar ist. Einerseits könnte es sich bei dem Datum auf der recht nachlässig geschriebenen Auftragsbestätigung für den Sarg des Priesters lediglich um einen Schreibfehler handeln, wie die britischen Autoren Picknet und Prince zu beweisen versuchen. So läßt sich die »12« auf dem Dokument auch als eine »19« lesen. Die Abkürzung »Jan.« für den Monat der Auftragserteilung könnte ebenfalls für »Jun.« stehen, was bedeuten würde, daß die Quittung am 12. oder am 19. Juni 1917 ausgefertigt und nachgereicht wurde. Dies ist allerdings eine graphologische Interpretationsfrage.

Nimmt man jedoch an, daß das Datum der Sargbestellung tatsächlich der 12. Januar 1917 war, besteht zumindest die Möglichkeit, daß seine Haushälterin am Ableben Berenger Saunieres ihren Anteil hatte. Wie sich herausstellen sollte, war Marie Denarnaud nämlich die einzige Person, die vom Tod des Priesters unmittelbar profitierte. Er hatte sie zu seiner Universalerbin eingesetzt. Marie Denarnaud fand Sauniere nach eigenen Aussagen am Vormittag des 17. Januar 1917 bewußtlos vor dem Eingang zum Tour Magdala. Für diesen Zeitpunkt gibt es keine weiteren Zeugen. Die bei Berenger Sauniere festgestellten Symptome

Kopie der Quittung für die Sargbestellung mit dem rätselhaften Datum.

deuteten auf einen schweren Hirnschlag hin. Solche Symptome können jedoch auch durch die Verabreichung gewisser Gifte von pflanzlicher oder mineralischer Art über einen längeren Zeitraum hinweg erzeugt werden. Es ist vorstellbar, daß Marie Denarnaud dem zunehmenden Größenwahn des alternden Priesters Einhalt gebieten wollte. Vielleicht wollte sie einfach die Verschwendung jenes Vermögens verhindern, das beiden über dunkle Kanäle aus den Schatzkammern der Habsburger und des Vatikans zugeflossen war. Möglicherweise wußte sie sich bei Saunieres bekannter Starrköpfigkeit letztlich kein anderes Mittel mehr, als jenen Mann aus dem Wege zu räumen, der mit ihr über dreißig Jahre lang das Geheimnis von Rennes-le-Château geteilt hatte. Allerdings könnte lediglich eine moderne gerichtsmedizinische Untersuchung der sterblichen Überreste Berenger Saunieres die hier entwickelte These bestätigen.

Sauniere starb ohne die Letzte Ölung, die ihm sogar sein Freund Abbé Riviere aus Esperaza verweigerte, nachdem er ihm das Geheimnis seines Reichtums und seines Lebens enthüllt hatte. Augenzeugen berichteten, der Priester aus Esperaza habe in einem Zustand »akuter Melancholie« das Anwesen Berenger Saunieres verlassen. Möglicherweise handelt es sich hier um eine Übertreibung oder spätere Legende. Sicher hingegen ist, daß Abbé Riviere mit dem ihm anvertrauten Wissen nicht fertig wurde. Sechs Monate nach Saunieres Tod verfiel der Priester aus Esperaza dem Wahnsinn und beschloß sein Leben in einer Nervenheilanstalt.

Bis heute erinnern sich die älteren Einwohner Rennes-le-Châteaus an den merkwürdigen Ritus bei Saunieres Bestattung, den sich Marie Denarnaud ausgebeten hatte. In eine scharlachrote Robe gehüllt, wurde der Tote in einem Lehnstuhl sitzend vor dem Tour Magdala aufgebahrt. Zum Leichenbegängnis waren trotz des Krieges Fremde aus vielen Ländern Europas angereist, so aus Spanien, Italien, Deutschland, Österreich-Ungarn und Portugal. Es handelte sich dabei überwiegend um Personen, mit denen Sauniere zu Lebzeiten korrespondiert oder intensive persönliche Beziehungen gepflegt hatte. Die Tatsache, daß im Januar 1917 Menschen aus den verschiede-

Grabstein von Berenger Sauniere.

nen, miteinander verfeindeten Nationen in dem abgeschiedenen Bergdorf zusammenkamen, bestärkt die Vermutungen, daß es sich bei den Trauergästen um Angehörige einer multinationalen geheimen Gesellschaft gehandelt hat. Nichts spricht dagegen, daß sich damals Angehörige des Priorats von Zion in Rennes-le-Château versammelten, um einem Mitglied des Ordens das letzte Geleit zu geben. Betrachtet man die Zielsetzungen des Priorats, so ist es nicht verwunderlich, daß für die Anhänger der geheimen Gesellschaft die Feindschaft ihrer Nationen im ersten Weltkrieg kein Hindernis darstellte.

Mit dem Tod von Berenger Sauniere hätte die Geschichte des Geheimnisses von Rennes-le-Château zu Ende sein können. In Rennes kehrte nach all den turbulenten Jahren wieder Ruhe ein. Die Gemeindemitglieder trauerten um jene Angehörigen, die auf den Schlachtfeldern des Ersten Weltkrieges ihr Leben verloren hatten. Von kirchlicher Seite wurde alles unternommen, um die Erinnerung an das merkwürdige Leben des Abbé Sauniere möglichst bald verblassen zu lassen. Doch gar so leicht ließ sich die Vergangenheit nicht austilgen.

V. Das Erbe

Noch gab es jemanden, der um das Geheimnis des Pfarrers von Rennes-le-Château aus erster Hand wußte. Marie Denarnaud, Haushälterin, Gefährtin und Geliebte des Priesters, überlebte den Abbé um mehrere Jahrzehnte.

Nach Saunieres Tod wurde im Dorf mit allgemeiner Spannung die Eröffnung seines Testamentes erwartet. Schon bei der Überprüfung der Konten des Pfarrers hatte sich nämlich herausgestellt, daß sich dort jedenfalls die 80 Millionen Francs in Gold, die er für seine Projekte ausgeben wollte, nicht befanden. Das fehlende Geld nährt seither die Spekulationen um den gewaltigen Goldschatz von Rennes-le-Château, den Sauniere gefunden haben soll und nach dem Forscher, Sondengänger und Glücksritter aller Couleur seit nunmehr achtzig Jahren vergeblich suchen.

Das Testament des Priesters enthielt für alle Beteiligten — außer Marie — eine ganz gewaltige Überraschung: Berenger Sauniere erklärte zunächst in seinem Letzten Willen, völlig mittellos zu sein, und führte dann weiter aus:

»Der Unterzeichnete Berenger Sauniere, Priester, Pfarrer der Gemeinde Rennes-le-Château, erklärt folgendes zu seiner letztwilligen Verfügung:
Aufgrund der mir während langer Jahre durch meine Magd, Mlle. Marie Denarnaud, geleisteten Dienste und ihrer aufopfernden Treue; da ich meiner eigenen Familie wenig Vertrauen entgegenbringe; und da ferner die von mir auf dieser Welt geleistete Arbeit bei meinen Vorgesetzten nur wenig Anerkennung fand; setze ich als meine Allein- und Universalerbin meine oben erwähnte Bedienstete, Mlle. Marie Denarnaud, ein. Sie ist bereits Eigentümerin der Besitztümer in Rennes-le-Château, und es sei hiermit ausdrücklich bestimmt, daß ihr meine gesamte Hinterlassenschaft zufallen soll.«

Es ist daher wohl nicht verwunderlich, daß nach dem Ende des Ersten Weltkrieges Beamte der Diözese von Carcassonne unter Anwendung von recht beachtlichem Druck versuchten, Marie Denarnaud die Besitztümer des Abbé abzukaufen — einschließlich der Grundstücke in Rennes-le-Château. Doch sie war nicht auf das Geld der Kirche angewiesen. Die einstige Magd des Pfarrers war nunmehr die reichste Dame im ganzen Ort, vielleicht sogar im gesamten Rhazes. Doch sie stellte ihr Vermögen nie so exzessiv zur Schau, wie es einst Berenger Sauniere getan hatte. Bis zum Ende des Zweiten Weltkrieges führte sie das beschauliche und zurückgezogene Leben einer vermögenden Großgrundbesitzerin. Das ermöglichten ihr vor allem die von Berenger Sauniere bereits zu Lebzeiten überschriebenen Besitzungen in Rennes-le-Château.

Viele bemühten sich, ihr Vertrauen zu gewinnen und so mehr über das Geheimnis des Pfarrers von Rennes zu erfahren. Doch Marie Denarnaud wich den drängenden Fragen stets aus:

»Die Bewohner Rennes-le-Châteaus wandeln auf purem Gold. Das, was der Herr Pfarrer hinterlassen hat, ist genug, um alle hier im Ort 100 Jahre lang aufs beste zu kleiden und zu ernähren, und selbst dann wäre noch eine gehörige Menge übrig.«

Mehr ließ sie zeitlebens niemals verlauten. Aus den Beschreibungen der damaligen Dorfbewohner geht hervor, daß Marie sich nach dem Tod des Pfarrers auffällig veränderte. Es heißt, daß sie sich immer stärker vor dem Teufel und seinen Machenschaften zu fürchten begann. Mit zunehmendem Alter schränkte sie ihren Kontakt zu den übrigen Dorfbewohnern mehr und mehr ein. Sie galt als abergläubisch, äußerst kauzig und verschlossen.

Dennoch hat es Menschen gegeben, die es verstanden, ihr Mißtrauen zu überwinden, und die durchaus enge Beziehungen zu der alternden Marie Denarnaud unterhielten. Zwei dieser Bekanntschaften sind es wert, näher betrachtet zu werden.

Anfang der dreißiger Jahre tauchte im Rhazes ein junger Deut-

scher auf — Otto Rahn. Der im Jahr 1904 in Michelstadt im Oden-
wald als Kind eines Justizhauptmannes geborene Rahn hatte sich
seit dem Abbruch seines ungeliebten Jura-Studiums 1928 vollkommen der Erforschung des Schicksals der Katharer verschrieben. Er
studierte die Leidensgeschichte dieser sogenannten Ketzer und er-
arbeitete sich Schritt für Schritt eine eigene Hypothese, die sein Werk
über die Katharer prägen sollte. Otto Rahn sah in den Ketzern die
Hüter des legendenumwobenen Grals. Er machte es sich zur Aufgabe, zu beweisen, daß die Katharerfestung Montségur mit der Gralsburg Munsalväsche aus dem Epos »Parzival« des Wolfram von
Eschenbach identisch ist. Rahn unternahm auf den Spuren der Katharer lange Reisen nach Südfrankreich und spürte ihrem Geheimnis in den Höhlen des Sabarthés ebenso nach wie auf den abweisen-
den Gipfeln der Hohen Pyrenäen.

In Paris wurde Rahn in einen Kreis von Literaten und Privatge-
lehrten eingeführt, dem auch der aus Toulouse stammende Schriftsteller Maurice Magre angehörte. Er stärkte nachhaltig Rahns Be-
geisterung für die Bewegung der Katharer. Durch ihn fand der junge, nahezu mittellose Deutsche auch Kontakte zu dem Dichter Al-
bert Cassou und der mysteriösen südfranzösischen Gräfin de Poujol-Murat, die selbst Spiritistin gewesen sein soll. Darüber hinaus
unterhielt die Adlige nachweislich sehr enge Beziehungen zu einer
halb geheimen Gesellschaft, die sich »Polaires« (die Polaren) nannte. Die Mitglieder dieser Gruppierung vertraten ein nordisch-esote-
risches Weltbild und standen den Ideen der sogenannten »Welteis-
lehre« oder »Glazial-Kosmogonie« des Hans Hörbiger sehr aufge-
schlossen gegenüber.

Unterstützt von der Gräfin de Poujol-Murat und einer französischen Sektion der »Polaires« unternahm Otto Rahn eine ausgedehnte Forschungsreise durch das Land der Katharer und ließ sich sogar
im Spätherbst 1931 in dem kleinen Städtchen Ussat-le-Bain nieder,
um seine Studien hier in Ruhe vervollständigen zu können. Bei seinen Recherchen lernte er Deodat Roché — einen Anhänger Rudolf
Steiners und Gründer der *Societé d' études Cathares* — ebenso ken-

nen wie den Heimatforscher Antonine Gadal, mit dem ihn zeitlebens eine enge Freundschaft verbinden sollte.

Welche Resonanz die von Otto Rahn und den »Polaires« betriebenen Forschungen im Gebiet der Ariège hatten, beweist ein Zeitungsartikel der *La Depeche* vom 6. März 1932, in dem es heißt:

»Gibt es einen neuen Goldrausch?
In der Nähe von Massat leitet ein Deutscher die Ausgrabungsarbeiten einer Gruppe von ›Polaires‹. Unsere Leser werden sich vielleicht an unseren Bericht im vergangenen Sommer erinnern, in dem wir über den Aufenthalt einer Schar ausländischer Vertreter einer theosophischen Gesellschaft mit Sitz in Paris (Avenue Rapp) in der oberen Ariège berichteten: die ›Polaires‹. Es würde zu weit führen, wenn man den Ursprung und das Ziel dieser Gesellschaft erklären würde, die im Ausland, vor allem in England, große Popularität genießt. Was haben die ›Polaires‹ nun im letzten Sommer in der Ariege gemacht? Wie wir bereits damals genau beschrieben hatten, handelte es sich um Ausgrabungen in der Burg Montségur, deren Ziel es ist, die Schätze der Albigenser zu Tage zu fördern, die im 13. Jahrhundert vermutlich in der Festung und den Höhlen zurückgelassen wurden. Es ist ein Anliegen der ›Polaires‹, dort Hinweise auf eine katharische Reliquie zu finden, zu der auch das Evangelium des Heiligen Bartholomäus gehört, von dem angeblich Abschriften im Britischen Museum existieren. Insgesamt gesehen verfolgen die ›Polaires‹ mit ihren Nachforschungen dasselbe Ziel wie zur Zeit der Ingenieur Arnaud, der gegenüber einem unserer Mitarbeiter vor einigen Wochen alles über zukünftige und sensationelle Entdeckungen ausposaunt hat. Wie es scheint, hat er erklärt, daß er die von den ›Polaires‹ im letzten Sommer in der Gegend von Lordat unternommenen Recherchen ignoriere, und daß er in keiner Weise für die Belange dieser Gesellschaft tätig sei, sondern vielmehr aus eigenem Interesse. Nun sind die ›Polaires‹, die lange Zeit verschwunden waren, ganz

*überraschend in die Ariège zurückgekehrt. Ohne Zweifel ange-
lockt von dem Rummel, den die Presse um die Ausgrabungen
Arnauds veranstaltet hatte. Zur Zeit halten sie sich in Ussat-le-
Bains auf, um von dort aus alle Höhlen der Gegend zu untersu-
chen. Der Leiter des Unternehmens ist ein gewisser Rams, ein
Ausländer, der nach eigenen Angaben Deutscher ist. Es stellt
sich nunmehr die Frage, was diese Forschungen erbringen
werden. Außerdem ist es von Interesse zu erfahren, welcher der
beiden Konkurrenten, Herr Arnaud, der französische Ingenieur
in Montségur, oder der deutsche ›Polaire‹ Herr Rams in Ornolac, als erster die katharischen Schätze und Manuskripte finden wird. Es darf gewettet werden.«*

Nur vier Tage später fand sich in derselben Zeitung die Entgegnung
Rahns auf diesen doch recht bissigen Artikel in Form eines Leser-
briefes. Zunächst rügte der Deutsche die Verballhornung seines Namens und noch mehr die Unterstellung, er sei lediglich am »Gold
der Katharer« interessiert. Über sein Verhältnis zu den französischen
»Polaires« hingegen schwieg sich Otto Rahn aus und beteuerte statt-
dessen, lediglich »ein simpler Schriftsteller« zu sein. Dennoch lassen seine Kontakte zu der Gräfin von Poujol-Murat ebenso wie erhalten gebliebene Briefe an seinen Freund Antonine Gadal keinen
Zweifel daran, daß der junge Otto Rahn recht intensive Beziehungen zu Anhängern diverser esoterischer Zirkel und geheimer Gesellschaften pflegte. So erwähnte Rahn in einem Brief an Gadal auch
die Unterstützung des italienischen Kulturphilosophen, Künstlers und
Alchimisten Julius Evola, dessen grundlegendes Werk »Revolte gegen die moderne Welt« noch heute zu den umstrittensten philoso-
phischen Schriften gehört.

In Ussat-le-Bain versuchte sich der in kaufmännischen Angelegenheiten vollkommen unerfahrene Otto Rahn nebenbei noch als
Hotelier und pachtete im Mai 1932 zunächst für drei Jahre das Hotel
»Des Marroniers« (»Zu den Kastanien«). Hier empfing er solch il-
lustre Gäste wie Josephine Baker und Marlene Dietrich. Doch be-

reits im Oktober 1932 stellte das Handelsgericht von Foix den Bankrott des Unternehmens fest. Dies sollte für Rahn recht unangenehme Konsequenzen haben. Neben dem geschäftlichen Fiasko und einer drückenden Schuldenlast, die ihn für die nächsten Jahre plagen sollte, wurde er beschuldigt, ein deutscher Spion und Anführer eines internationalen Geheimbundes zu sein. Zweifellos spielten bei diesen Vorwürfen Rahns Beziehungen zu den »Polaires« eine ebenso bedeutende Rolle wie seine durchaus vorhandenen internationalen Verbindungen.

Nur durch deutsche Verlagsvorschüsse gelang es dem jungen Schriftsteller, die allergrößten Schulden zu tilgen und die Region unerkannt zu verlassen. Zeit seines Lebens sollte Otto Rahn nicht mehr an die Stätten seiner Forschungen zurückkehren. Dennoch erschien 1933 im Urban Verlag in Freiburg im Breisgau sein erstes Buch »Kreuzzug gegen den Gral«, in dem Rahn seine These, die südfranzösischen Katharer seien Hüter des Grals gewesen, zu beweisen versuchte. Es ist sicherlich nicht das wissenschaftlichste Werk, das über den Gral oder die Katharer geschrieben worden ist. Doch mit ebensolcher Sicherheit läßt sich sagen, daß es eines der berührendsten und schönsten Bücher ist, die jemals zu diesen Themen verfaßt wurden. Otto Rahns »Kreuzzug gegen den Gral« zeugt ebenso von einer großen Sachkenntnis wie von einer tiefen Seelenverbundenheit zu den Ideen der Katharer und jenem Land, das einstmals ihre Heimat war. Es ist durchaus nicht übertrieben zu sagen, daß er es war, der eine erneute Beschäftigung der Historiker mit dem Schicksal der Katharer anregte und dazu beitrug, daß die Bewohner jener Region zu ihrer eigenen Geschichte zurückfanden.

Nun könnte die Beschäftigung Otto Rahns mit den Katharern und seine These über die Hüter des Grals für die vorliegende Arbeit allenfalls den Charakter einer Fußnote haben. Doch es gibt da einige Details, die darauf hindeuten, daß der junge Deutsche mehr über das Geheimnis von Rennes-le-Château in Erfahrung bringen konnte, als sonst jemand vor ihm.

Spricht man die ohnehin nicht sonderlich aufgeschlossenen Bewohner von Rennes-le-Château auf Otto Rahn an, so wird ihr Schweigen noch düsterer. »Ja, gekannt haben wir ihn schon«, murmelt vielleicht der eine oder andere von den Älteren. »Freundlich und höflich ist er immer gewesen.« Und einer fügt dann noch nach langem Schweigen hinzu: »Dort drüben hat er immer mit ihr gesessen« und weist auf den Garten der Villa Bethania. »Sie«, damit ist niemand anders als Marie Denarnaud gemeint. Was die alternde Herrin der Besitzungen Berenger Saunieres an den langen Nachmittagen des Jahres 1930 mit dem jungen Fremden aus Deutschland zu besprechen hatte, weiß heute niemand mehr in Rennes-le-Château. Doch daß Otto Rahn stets von einem Diener begleitet wurde, daran erinnern sie sich noch. Auch an sein imposantes Automobil, das in dem ärmlichen Dorf für Aufsehen sorgte. Bei dem »Diener« handelte es sich um den Deutschen Joseph Widegger, den Chauffeur der Gräfin de Poujol-Murat, der Rahn auf dessen Reise durch das Land der Katharer begleitete. Den Wagen mitsamt Chauffeur hatte die Gräfin dem jungen Schriftsteller für die Zeit seiner Recherche überlassen.

Rahn erwähnte jedoch weder in seinem ersten Buch »Kreuzzug gegen den Gral« noch in dem 1937 erschienenen Fortsetzungsband »Luzifers Hofgesind« seine Besuche in Rennes-le-Château. Leider befindet sich auch keinerlei privater Schriftverkehr mehr in seinem Nachlaß, der Aufschluß über diese Aufenthalte in Rennes-le-Château geben könnte. Noch vor dem Kriegsende 1945 vernichtete Rahns Mutter zahlreiche Unterlagen.

Das Leben des jungen und noch immer fast mittellosen Schriftstellers änderte sich entscheidend nach seiner Rückkehr nach Deutschland. Seit 1933 war er bereits Mitglied im »Reichsverband deutscher Schriftsteller«. Im Jahr 1935 wurde dann der fast siebzigjährige, charismatische SS-Standartenführer Wiligut-Weisthor auf Rahn aufmerksam. Wiligut hatte schon einige Zeit vor der Machtergreifung der Nationalsozialisten Heinrich Himmler auf einem Treffen der *Nordischen Gesellschaft* in Detmold kennen gelernt. Der Standartenführer, dem man auch Psi-Kräfte nachsagte, empfand sich selbst einem uralten Königsgeschlecht zugehörig. Zumindest bis 1938 besaß er einen gewissen Einfluß auf den Reichsführer SS. Dies ist vor allem mit Himmlers ausgeprägtem Interesse an Mystik und Okkultismus erklärbar. Das von ihm ins Leben gerufene *Forschungsamt Ahnenerbe SS* schickte Expeditionen in den Himalaja und nach Südamerika, um den Wahrheitsgehalt uralter Legenden zu enträtseln und den Ursprung der arischen Rasse zu klären. Weitere Forschungsgruppen widmeten sich der Magie. Es war sogar angedacht, eine uralte »nordische« Religion wiederzubeleben.

Von Himmler selbst ist überliefert, daß er mit Fernsuggestion durch Telepathie experimentierte und sich als Wiedergeburt des deutschen Kaisers Heinrich I. empfand, zu dessen Gruft er alljährlich in der Silvesternacht hinabstieg. Ansatzweise wird hierbei auch Himmlers ganz persönliche Suche nach dem Gral erkennbar. Auf Vorschlag Wiligut-Weisthors wollte er für diesen Zweck eine Festung in Westfalen als Gralsburg herrichten lassen. Der alte SS-Standartenführer hatte für Himmler die Wewelsburg ausgewählt, die zum ideologischen Zentrum der SS als eines »Schwarzen Ordens unter dem Totenkopf« werden sollte. Hier entwarf Wiligut auch den berühmt-berüchtigten SS-Totenkopfring — Zeichen für besondere Treue und Verdienste um die Schutzstaffel. Außerdem gingen auf Wiligut-Weisthor zahlreiche Rituale und Gegenstände zurück, die bei Eheschließungen von SS-Angehörigen Verwendung fanden. Die von ihm geschaffenen runenkundlichen Manuskripte sammelte Himmler persönlich. Einige dieser Unterlagen können noch heute im Bundesarchiv in Potsdam eingesehen werden.

Durch sein Buch und nicht zuletzt durch Wiliguts Protektion wurde Otto Rahn zunächst als fest angestellter Referent im *Rasse- und Siedlungs-Hauptamt* beschäftigt, bevor er nach seinem Eintritt in die SS am 12. März 1936 umgehend in den persönlichen Stab von Heinrich Himmler wechselte. Dort konnte er unmittelbar darauf dem Reichsführer SS bei dessen eigenem Ahnennachweis helfen. Seine erfolgreichen Nachforschungen in der französischen Schweiz verschafften Otto Rahn eine Sonderstellung bei dem für solche »Gefälligkeiten« stets dankbaren Himmler.

Möglicherweise war es jedoch nicht nur diese Hilfe bei der Erstellung des Ahnennachweises, sondern auch das von Otto Rahn aus Südfrankreich und ganz speziell aus Rennes-le-Château mitgebrachte Wissen, welches den Reichsführer verpflichtete. So wurden im Stab Heinrich Himmlers und auch im *Forschungsamt Ahnenerbe SS* Ideen entwickelt, um in den Besitz des Grals zu gelangen, der dabei als realer Gegenstand mit außergewöhnlichen Eigenschaften gedacht wurde.

Im Jahr 1943 dann führten Spezialeinheiten der SS in Okzitanien, im Gebiet der so genannten »Gorges de la Frau« — der »Schlucht des Schreckens« — eine geheime Suchaktion durch, die jedoch nach einigen Monaten erfolglos aufgegeben werden mußte. Während dieser Zeit hielten sich SS-Offiziere auch in Rennes-le-Château auf, wo sie bei Marie Denarnaud als offensichtlich recht willkommene Gäste logierten. Die Anwesenheit der Deutschen muß Marie an jene vergangenen, glücklichen Tage zu Lebzeiten Berenger Saunieres erinnert haben, als berühmte internationale Gäste in der Villa Bethania ein und aus gingen. Über den Aufenthalt und die Tätigkeiten der SS-Offiziere jedoch bewahren die Dörfler bis heute hartnäckiges Schweigen.

Es mögen vor allem diese merkwürdigen Besuche während der Besatzungszeit sein, die es den älteren Einwohnern von Rennes-le-Château heute so schwer machen, über Otto Rahn zu sprechen. Man gibt nicht gern zu, daß im Zweiten Weltkrieg die *Resistance* durchaus nicht so weit verbreitet war, wie man es heute nur allzu gern in den Geschichtsbüchern liest. Und überdies ist Otto Rahn auch in Südfrankreich schon längst zur Legende geworden.

Die Umstände und Hintergründe seines Todes waren schließlich mysteriös genug. Kurz vor der Fertigstellung seines dritten Buches starb er — wahrscheinlich in der Nacht vom 13. auf den 14. März 1939 — kurz nach seinem 35. Geburtstag in der Nähe des Gehöftes Rechau bei Kufstein. Da seine Leiche erst am 11. Mai 1939 aufgefunden wurde, spannen sich die Vermutungen zu Rahns Tod von Selbstmord über Unfall — diese Todesursache wurde von der SS in

118

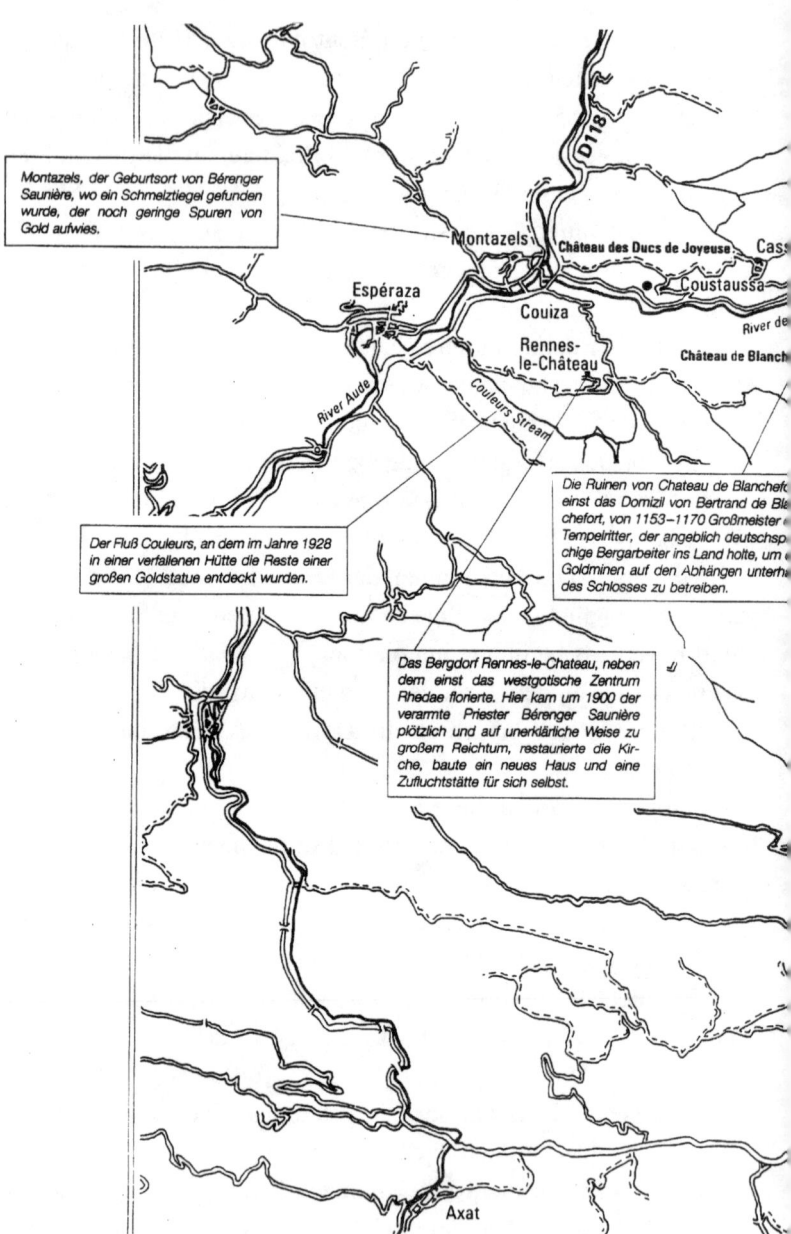

Montazels, der Geburtsort von Bérenger Saunière, wo ein Schmelztiegel gefunden wurde, der noch geringe Spuren von Gold aufwies.

Montazels

Château des Ducs de Joyeuse

Cass

Coustaussa

Espéraza

Couiza

River de

Rennes-le-Château

Château de Blanch

River Aude

Couleurs Stream

Die Ruinen von Chateau de Blanchefo einst das Domizil von Bertrand de Bla chefort, von 1153–1170 Großmeister Tempelritter, der angeblich deutschspi chige Bergarbeiter ins Land holte, um Goldminen auf den Abhängen unterh des Schlosses zu betreiben.

Der Fluß Couleurs, an dem im Jahre 1928 in einer verfallenen Hütte die Reste einer großen Goldstatue entdeckt wurden.

Das Bergdorf Rennes-le-Chateau, neben dem einst das westgotische Zentrum Rhedae florierte. Hier kam um 1900 der verarmte Priester Bérenger Saunière plötzlich und auf unerklärliche Weise zu großem Reichtum, restaurierte die Kirche, baute ein neues Haus und eine Zufluchtstätte für sich selbst.

Axat

Karte mit den wichtigsten Schauplätzen des Geschehens nach Tim Haydock.

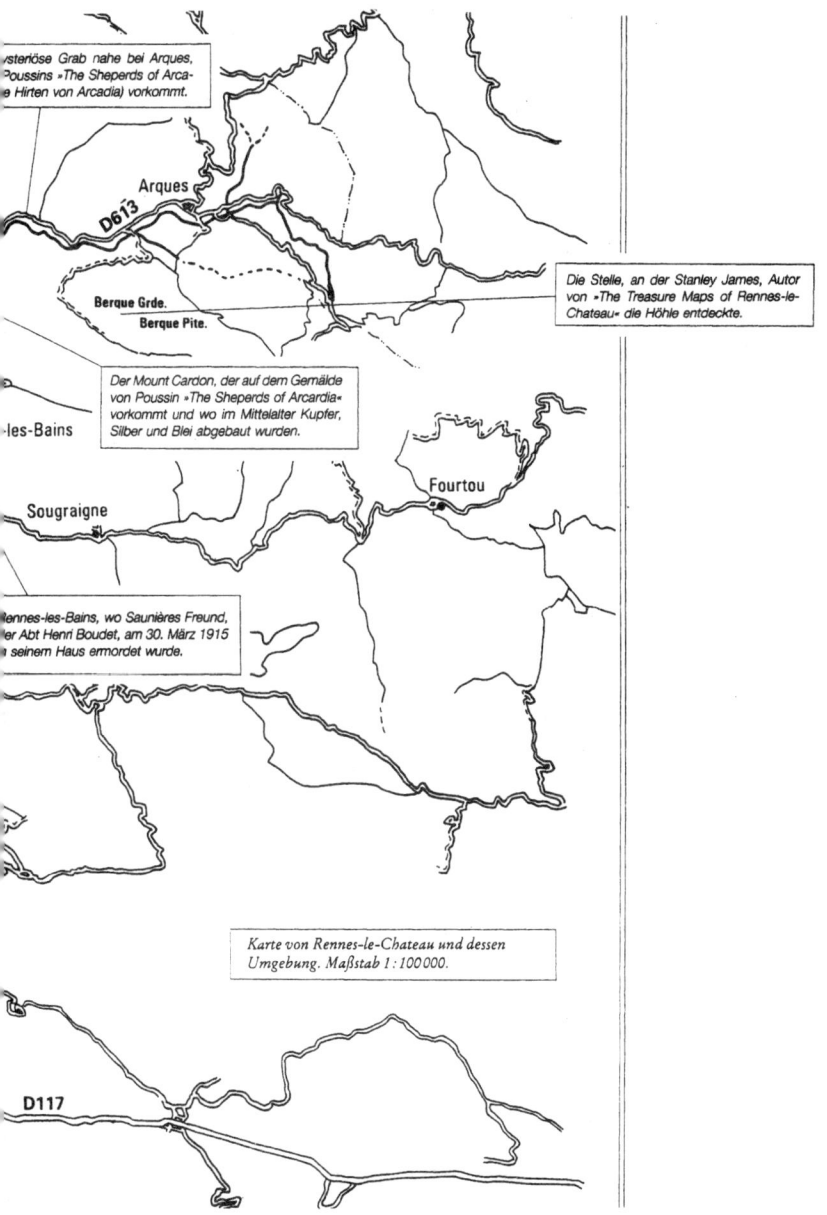

mysteriöse Grab nahe bei Arques, Poussins »The Sheperds of Arca-e Hirten von Arcadia) vorkommt.

Arques

D613

Berque Grde.
Berque Pite.

Die Stelle, an der Stanley James, Autor von »The Treasure Maps of Rennes-le-Chateau« die Höhle entdeckte.

-les-Bains

Der Mount Cardon, der auf dem Gemälde von Poussin »The Sheperds of Arcardia« vorkommt und wo im Mittelalter Kupfer, Silber und Blei abgebaut wurden.

Fourtou

Sougraigne

Rennes-les-Bains, wo Saunières Freund, er Abt Henri Boudet, am 30. März 1915 n seinem Haus ermordet wurde.

Karte von Rennes-le-Chateau und dessen Umgebung. Maßstab 1:100000.

D117

einer offiziellen Todesannonce vom 25. Mai 1939 in der Zeitschrift »Das Schwarze Korps« angegeben — bis hin zu einem mysteriösen »Tod durch fremde Hand«, der sich allerdings nicht zweifelsfrei belegen läßt.

Wenige Tage vor seinem Ableben hatte Rahn in Freiburg noch seinen ersten Verleger Otto Vogelsang getroffen, der ihn später aus der Erinnerung heraus als »gelöst, zukunftsfreudig und heiter« beschrieb. Hinzu kam, daß der Schriftsteller zumindest nach seinen eigenen Worten Heiratsabsichten hegte — zu dem schon anberaumten Hochzeitstermin hatte sich neben dem Reichsführer SS auch Wiligut-Weisthor angesagt.

Dennoch scheint die Hypothese eines Freitodes Otto Rahns nach den zur Zeit vorliegenden Quellen die größte Wahrscheinlichkeit beanspruchen zu dürfen. Der Jurist und Zeitzeuge Dietmar Lauermann bemerkte dazu:

> »*Ganz sicher war Rahn kein ›Nazi‹. Dem damaligen politischen System stand er innerlich ablehnend gegenüber, auch nachdem sich Himmler zu seiner Förderung entschlossen hatte. Er geriet dadurch in einen inneren Zwiespalt, den zu lösen ihm unmöglich war. Das kann wiederum nur begreifen, wer damals gelebt hat ... Und natürlich gab es noch einen anderen Grund: eben den, daß er homosexuell war. Nur sagt dieses Wort wenig. Solche Liebesrichtung kann ebenso viele Farben widerspiegeln wie die Liebe zu einem Mädchen oder einer Frau ...*«

In den Augen der Herrschenden des Dritten Reiches war ein solcher »Tatbestand« jedoch das sichere Todesurteil. Wie gnadenlos sich die SS gegenüber Homosexuellen in ihren eigenen Reihen verhielt, belegt recht anschaulich das Schicksal des ersten Chefs des SS-Hauptamtes und »alten Kämpfers« Kurt Wittje, der »wegen dieser Krankheit« sein Amt verlassen mußte.

Rahn äußerte selbst in einem Gespräch zu den Vorwürfen: »*Ich bin denunziert worden ...*«

Welches Geheimnis der Schriftsteller und spätere SS-Obersturm-führer Anfang der dreißiger Jahre in Rennes-le-Château von Marie Denarnaud auch erfahren hatte — er nahm es in jener klirrend kalten Märznacht des Jahre 1939 mit in sein eisiges Grab bei Kufstein.

Die letztlich gescheiterten Suchaktionen der SS-Verbände bei Rennes-le-Château und am Montsegur in den Jahren 1943 und 1944 zeigen, daß die oberste SS-Führung Kenntnis von dem Geheimnis erhalten hatte. Es gab sogar noch in den letzten Kriegstagen im April 1945 im persönlichen Stab des Reichsführers SS Pläne, eine erneute Expedition nach Südfrankreich zu entsenden, doch dieser Einsatz kam nicht mehr zustande. Welche Spur die SS durch Otto Rahn und seine Verbindungen nach Rennes-le-Château auch immer entdeckt hatte, sie war nicht mehr in der Lage, diese bis zum Ende zu verfolgen.

Marie Denarnaud geriet nach dem Ende des Zweiten Weltkrieges und dem Sieg der Alliierten durch ihre guten Beziehungen zu den deutschen Besatzern in eine sehr mißliche Lage. Sie wurde von einigen Dorfbewohnern als Kollaborateurin denunziert, aufgrund dieser Beschuldigungen verhaftet und für mehrere Wochen interniert. Bei den Befragungen und Verhören der alten Dame kamen die Ermittler jedoch alsbald zu dem Schluß, daß sie es mit keiner »Kriegsverbrecherin« zu tun hatten. Marie Denarnaud wurde schließlich entlassen und kehrte — mißtrauischer und verbitterter als zuvor — nach Rennes-le-Château zurück.

Hier erwartete sie ein weiterer Schicksalsschlag. Die damalige Nachkriegsregierung unter Charles de Gaulle führte eine Währungsreform durch und erließ gleichzeitig Verfügungen, um Steuerhinterzieher und Kriegsgewinnler dingfest zu machen. Beim Umtausch von alten Francs in neue Francs mußten alle französischen Bürger Rechenschaft über ihre Einkünfte ablegen. Marie Denarnaud war ganz offensichtlich nicht gewillt, irgendwelche Erklärungen abzugeben. Sie entschied sich für ein Leben in Armut. Verschiedene Dorfbewohner beobachteten, wie sie im Garten der Villa Bethania alte Francnoten gleich bündelweise verbrannte.

In dieser Situation fand sie der Industrielle Noël Corbu vor, den das Kriegsgeschick im Jahr 1945 nach Rennes-le-Château verschlug.

Als weltgewandter, kultivierter Mann unterschied sich Noël Corbu gravierend von den Leuten, die ansonsten die alte Frau belästigten, um ihr Informationen über das Geheimnis von Rennes-le-Château abzupressen. Seine Persönlichkeit mochte sie an Freunde von damals erinnern, an jene ferne Zeit, da sie in Rennes-le-Château als eine Dame von Welt lebte.

Noël Corbu war ein promovierter Naturwissenschaftler und konnte auf einen recht beeindruckenden Stammbaum verweisen. Väterlicherseits war er mit den Cartimpres, von Seiten seiner Mutter mit dem Geschlecht derer von Waldeck-Rousseau und den spanischen Bourbonen verwandt. Dank seiner galanten Höflichkeit gewann er Maries Vertrauen in vollem Maße. Sie erlaubte Noël Corbu, mit seiner Familie die Villa Bethania zu bewohnen und setzte die Eheleute Henriette und Noël Corbu im Jahr 1946 testamentarisch zu ihren Universalerben ein. Diese dankbare Geste hatte ihren Grund. Die Corbus kauften Marie Denarnaud gegen Zahlung einer Leibrente und Garantie eines lebenslangen Wohnrechtes die Landgüter in Rennes-le-Château ab.

Im Jahr 1946 wandte sich Noël Corbu auch wieder geschäftlichen Aktivitäten zu. Er reiste nach Marokko, um dort eine Zuckerraffinerie aufzubauen. Doch dieses Unternehmen scheiterte, so daß er im Jahr 1950 endgültig nach Rennes-le-Château zurückkehrte. Um den Lebensunterhalt seiner Familie bestreiten zu können, eröffnete Noël Corbu in der Villa Bethania des Hotel-Restaurant »La Tour«. Er hoffte, die herrliche Landschaft und die Kunde vom sagenhaften Schatz des Pfarrers Sauniere würden zahlreiche Touristen nach Rennes-le-Château locken. Deshalb begann Noël Corbu, diese Geschichte zu verbreiten. Er erzählte sie auf seine Weise und nahm es dabei mit den historischen Gegebenheiten nicht immer genau. Dennoch blieb der Erfolg nicht hinter seinen Erwartungen zurück. Doch Noël Corbu wollte mehr. Er wollte selbst den Schatz von Rennes-le-Château finden, das Geheimnis entschleiern, das seit Berenger Saunieres Tagen über dem Ort lag. Unablässig forschte der Naturwissenschaftler und Hotelier, ging jeder noch so kleinen Spur nach — immer den erhofften Reichtum vor Augen.

Marie Denarnaud bremste seinen Eifer nicht, sondern versprach ihm, sie werde ihm ein Geheimnis anvertrauen, das Noël Corbu zu »einem sehr, sehr reichen und mächtigen Mann machen« sollte.

Dazu aber kam es nicht mehr. Im Jahr 1953 erlitt die Greisin einen Schlaganfall, an dem sie kurze Zeit später verstarb. Es heißt, Marie Denarnaud sei nur noch in der Lage gewesen, einen Bruchteil ihres Wissens an Noël Corbu weiterzugeben.

Der Hotelier verbrachte jedenfalls die nächsten 15 Jahre seines Lebens mit der Erforschung des Geheimnisses. Er investierte bedeutende Summen und war 1960 sogar gezwungen, die Besitzungen Saunieres, die er von Marie Denarnaud erworben hatte, an Monsieur Henri Buthion, einen Geschäftsmann aus Lyon, zu veräußern, um wieder über ausreichend liquide Mittel für seine Forschungsarbeiten zu verfügen.

VI. Der Fluch des Schatzes

Acht Jahre nach diesem Notverkauf schien er seinem Ziel sehr nahe gekommen zu sein. Jedenfalls verkündete Noël Corbu im Mai 1968 im Bekanntenkreis, »er wisse nun, was Pfarrer Sauniere einst gewußt habe« und »bald werde ihm nicht nur Frankreich, sondern ganz Europa gehören«. Wie ihm dies gelingen sollte, vermochte der Hotelier jedoch nicht mehr zu enthüllen. Nur drei Tage nach seiner großspurigen Ankündigung kam er bei einem mysteriösen Verkehrsunfall in der Nähe von Fanjeaux ums Leben. Sein Wagen wurde von einem weitaus größerem Fahrzeug — einem Lkw oder einer schweren Zugmaschine — regelrecht zermalmt. Noël Corbu verstarb noch an der Unfallstelle. Der Unfallgegner beging Fahrerflucht. Trotz intensiver Ermittlungen der örtlichen Polizeibehörden blieb der Unfallgegner bis heute unbekannt. Noël Corbu wurde neben seiner bereits 1966 verstorbenen Ehefrau auf dem Friedhof von Rennes-le-Château zur letzten Ruhe gebettet.

Auch andere, die nach ihm kamen und den Schatz Berenger Saunieres finden wollten, merkten recht bald, daß sie sich dabei in Gefahr für Leib und Leben begaben. So hatte der Ingenieur Cholet aus Paris in den siebziger Jahren in Montfort-Lamaury, dem einstigen Lehen des Adligen Simon de Montforts, einige historische Dokumente entdeckt, die eine recht genaue Beschreibung der Kirche von Rennes-le-Château lieferten. Herr Cholet besorgte sich daraufhin eine Grabungsgenehmigung, die ihm nach langwierigen Verhandlungen mit der Gemeinde auch bewilligt wurde. Bei seinen Arbeiten stieß der Ingenieur tatsächlich auf mehrere Verstecke im Inneren und in der Umgebung der Kirche, die möglicherweise einmal zur Aufbewahrung von Kostbarkeiten gedient hatten. Leider waren diese Verstecke alle bereits ausgeräumt. Die Nachforschungen Cholets wurden auf recht unsanfte Weise unterbrochen. Er entging nur um Haaresbreite dem Fall einer schweren Holzbohle, die ein Unbekannter absichtlich über den Eingang zur Kirche gestellt und damit eine tödliche Falle für den neugierigen Fremden geschaffen hatte. Nach diesem Vorkommnis zog es Ingenieur Cholet vor, seine Forschungen einzustellen und den Ort so rasch als möglich zu verlassen.

Ähnliches wiederfuhr Monsieur Henri Buthion, dem neuen Eigentümer der einstigen Besitzungen von Berenger Sauniere. Nach dem Tod Noël Corbus begann auch er, den sagenhaften Schatz des Pfarrers zu suchen, den er auf den Ländereien Sauniers vergraben glaubte. An einem Abend im April 1969 — das genaue Datum ließ sich nicht mehr exakt ermitteln — durchsiebte ein Unbekannter mit Geschossen aus einer 9-mm-Maschinenpistole den vor der Villa Bethania geparkten Citroen DS 19 Monsieur Buthions. Der Wagen ging durch den Beschuß in Flammen auf und brannte vollständig aus. Dies war eine recht nachdrückliche Warnung an den Zugereisten, sich nicht zu tief in die Geheimnisse des Ortes einzumischen. Dreißig Jahre später beließ man es nicht mehr bei Warnungen. Im Juli 1999 wurden Monsieur Henri Buthion und seine Ehefrau in der Stadt Rennes in der Bretagne von einem angeblich geistesgestörten Mörder mit einer Maschinenpistole niedergeschossen.

Wohl nicht zu Unrecht fürchten sich die einfachen Menschen in der Gegend um Rennes-le-Château bis heute vor jenen Fremden, die alle, die dem Geheimnis zu nahe kamen, bedrohten, einschüchterten oder brutal töteten. Schon zu Lebzeiten des Pfarrers Sauniere häuften sich im Rhazes mysteriöse Todesfälle.

Da war der Fall des Abbé Antoine Gelis, eines Amtsbruders von Berenger Sauniere aus der kleinen Nachbargemeinde Coustaussa. Er wurde in der Nacht vom 31. Oktober auf den 1. November 1897 von Unbekannten im Wohnzimmer seines Pfarrhauses in Coustaussa mit einem stumpfen Gegenstand erschlagen.

Der siebzigjährige Priester war seit 1858 in Coustaussa als Pfarrer tätig und in der ganzen Umgebung hoch geachtet. Er hatte auch keinerlei persönliche Feinde, wie die damaligen Polizeiakten ausdrücklich vermerkten.

Seine Mörder wollten den Tod des Pfarrers wie einen Raubmord aussehen lassen, doch von der Barschaft des alten Mannes fehlte nichts. Dagegen waren die umfangreichen Unterlagen verschwunden, die Sauniere seinem alten Freund einige Tage zuvor in einer ledernen Aktentasche übergeben hatte.

Die Mörder hatten merkwürdigerweise ihr Opfer nach christlichem Ritus aufgebahrt und dabei den Körper des Toten in ost-westlicher Linie ausgerichtet, wobei sein Kopf nach Osten wies. Neben dem Toten fand sich ein Stück Zigarettenpapier der damals häufig gerauchten Marke »Le Tzar«, auf dem mit dem Blut des Erschlagenen die merkwürdigen Worte »Viva Angelina« geschrieben standen. Ihr Sinn konnte bislang noch nicht entschlüsselt werden.

Da auch Sauniere als Kettenraucher der nämlichen Zigarettenmarke bekannt war, wurde er von den ermittelnden Kriminalbeamten zunächst in den Kreis der Verdächtigen einbezogen. Doch seine Haushälterin Marie Denarnaud und deren Familie verschafften ihm ein ausreichendes Alibi. Nach ihren Aussagen hatte sich Berenger Sauniere in der fraglichen Nacht in seinem Pfarrhaus von Rennes-le-Château aufgehalten.

Es war vor allem die Tatsache, daß sich im Haus des unglücklichen Antoine Gelis keine Spuren eines Einbruches oder gar Kampfes finden ließen, die Sauniere neben dem Auffinden des auch von ihm benutzten Zigarettenpapiers belastete.

Auch heute noch gehen viele Forscher davon aus, Antoine Gelis müsse seinen oder seine Mörder gekannt haben, da er ihnen freiwillig die Tür seines Hauses öffnete, was bei bedrohlich erscheinenden Fremden mit Sicherheit nicht der Fall gewesen wäre. Einer der wenigen engen Freunde, die der alte Antoine Gelis hatte, war Berenger Sauniere. Dieser hatte ihm darüber hinaus wenige Tage zuvor jene merkwürdige Aktentasche zur Aufbewahrung anvertraut, die nach Sauniers eigener Auskunft Abschriften wichtiger Dokumente enthielt. Der Inhalt dieser Tasche soll nun als Motiv für die Ermordung des alten Priesters herhalten. Sauniere habe es bereut, so wird spekuliert, den alten Mann in sein Geheimnis eingeweiht zu haben. Bei dem Versuch, die Tasche zurückzuerhalten, sei es zum Streit zwischen den Priestern gekommen, und der mitunter zum Jähzorn nei-

gende Berenger Sauniere habe dabei im Affekt seinen Kollegen erschlagen.

Auf den ersten Blick erscheint eine solche Argumentation logisch.
Doch hierbei wird eine ebenso simple wie aufschlußreiche Tatsache
übersehen. Sowohl im ausgehenden 19. Jahrhundert als auch heute
noch bleiben in den Dörfern des Rhazes die Türen der meisten Häuser Tag und Nacht unverschlossen. Dort herrschen — zum Glück,
möchte man meinen — noch keine »amerikanischen Verhältnisse«.
Auch der alte Pfarrer von Coustaussa hatte also keinen Grund, sich
in seinem Pfarrhaus zu verbarrikadieren. So war es also *jedermann*
möglich, in die unverschlossenen Räume des Priesters einzudringen
und ihn zu töten. Der oder die Täter mußten Coustaussa ebenso unerkannt betreten haben, wie sie es nach der Ermordung des alten
Mannes wieder verlassen hatten. Dies mochten auch die Gedanken
der damals ermittelnden Kriminalbeamten sein, die bald den Verdacht gegen Sauniere wieder fallen ließen.

In diesem Kriminalfall gab es noch einen weiteren Verdächtigen,
den Neffen des alten Pfarrers. Der junge Mann hatte hohe Spiel-
schulden und galt bei den Dörflern als Nichtsnutz und Tagedieb.
Dennoch war er wegen seiner Rücksichtslosigkeit und seiner Nei-
gung zur Gewalttätigkeit gefürchtet. Obwohl ihn viele im Dorf für
den Mörder hielten, mußte ihn die Polizei schließlich freilassen, als
sich herausstellte, daß er den Abend in einem Nachbardorf bei seiner Geliebten verbracht hatte.

Der Mord an dem alten, beliebten Pfarrer bewegte damals noch
monatelang die Gemüter. Doch schließlich mußten die Ermittlungen ergebnislos eingestellt werden. Das Verbrechen blieb bis heute
ungesühnt.

Einen weiteren grausigen Fund mußte der Hotelier Noël Corbu in
den fünfziger Jahren machen, als er nach dem Tod von Marie Denarnaud die Gebäude auf den ehemaligen Grundstücken Saunieres
renovieren und zu seinem Hotel-Restaurant »La Tour« umbauen ließ.
Bei Aushubarbeiten für die Neuverlegung von Leitungen für die
Strom- und Wasserversorgung stießen seine Handwerker auf vier

sorgfältig im Park der Villa Bethania vergrabene Skelette. Hinzugezogene Gerichtsmediziner konnten anhand des Zustandes der sterblichen Überreste feststellen, daß es sich bei den vier Toten um Männer im Alter zwischen dreißig und vierzig Jahren gehandelt hatte. Sie waren alle durch Schüsse mit einer Schrotflinte aus kurzer Entfernung getötet worden. Erhalten gebliebene Kleidungsreste wiesen darauf hin, daß der Tod die Unbekannten in der Zeit zwischen der Jahrhundertwende und dem Ersten Weltkrieg ereilt haben mußte. Ihre Identität hingegen blieb ebenso ungeklärt wie der genaue Zeitpunkt und die näheren Umstände ihres Todes.

Da sie auf den Besitzungen Berenger Saunieres begraben worden waren, und das zu einer Zeit, da der Pfarrer noch unter den Lebenden weilte, lag die Schlußfolgerung nahe, daß der Priester etwas mit dem Tod der vier Männer zu tun hatte. Sauniere galt als ausgezeichneter Jäger und bewahrte in seinen Privaträumen mehrere Gewehre auf, darunter auch einige großkalibrige Schrotflinten. Zwar konnte sich niemand im Dorf mehr daran erinnern, irgendwann einmal zu Zeiten Saunieres im Ort Schüsse gehört zu haben, doch will dies wenig besagen. Der Vergrabungsort der Toten mußte schließlich nicht dem Tatort entsprechen. Womöglich hatte Sauniere auf einem seiner Streifzüge einige gar zu aufdringliche oder sogar gefährliche Verfolger ausgeschaltet und die Leichen dann auf seinem Grundstück verborgen. Dabei konnte er sicher auf die Hilfe seiner Gefährtin Marie Denarnaud und deren Verwandten zählen.

Möglicherweise handelte es sich bei den Toten auch um jene Männer, die Abbé Gelis auf dem Gewissen hatten. Vielleicht wollten sie nach der Ermordung des alten Priesters auch Berenger Sauniere aus dem Wege räumen, weil sie glaubten, durch die geraubten Dokumente nun ebenfalls im Besitz jenes Geheimnisses zu sein, das der Pfarrer von Rennes-le-Château kannte. Doch Berenger Sauniere war vorsichtiger als sein Kollege aus Coustaussa und auch bereit, sein Leben mit Waffengewalt zu verteidigen.

Die Dörfler im Rhazes sind sich sicher, wer Abbé Gelis, Pater Rescaniere, den Hotelier Corbu und all die anderen getötet hat. Nach ihrer Auffassung waren es die Gesandten des Priorats von Sion. Der Geheimbund soll sein Interesse an Rennes-le-Château nie verloren haben und bestrebt sein, das Geheimnis des Ortes mit allen Mitteln zu bewahren.

So entstand in jüngster Zeit die so genannte *Association Terre de Rhedae*. Dies ist eine im Jahr 1989 gegründete Vereinigung der lokalen Grundbesitzer, die es sich vorgeblich zum Ziel gesetzt hat, historische Hinterlassenschaften in der Gegend von Rennes-le-Château zu erforschen und für die Nachwelt zu bewahren. Zu diesen Hinterlassenschaften zählt natürlich auch das Erbe des Abbé Sauniere, dem die Mitglieder der Vereinigung ein ganz besonderes Interesse widmen. Bewaffnete Angehörige der von ihnen ins Leben gerufenen und ausgerüsteten privaten *Patrouille Forestier* kontrollieren die Wälder und Weiden rings um Rennes-le-Château, um jeden neugierigen Fremden von einer Suche nach den möglichen Schätzen Berenger Sauniers abzuhalten.

ASSOCIATION TERRE DE RHEDAE

ADULTE

11190 RENNES LE CHATEAU

Tél: 68 74 14 56 Nº 53723 Participation: 10 F

Logo der ortsansässigen »Association Terre de Rhedae«.

Diese *Association Terre de Rhedae* führt ein merkwürdiges Logo. Es zeigt im Hintergrund stilisiert die Silhouette von Rennes-le-Château, die aber seltsamerweise von einem Steuerrad umrahmt wird, wie es einst auf den großen Segelschiffen vergangener Jahrhunderte gebräuchlich war. Zwar bedeutet der Name Rhedae übersetzt »Ort der vierrädrigen Fuhrwerke«, so daß zunächst auch an ein Karrenrad gedacht werden könnte, doch ist dafür der Unterschied in der Darstellung einfach zu groß. Nun wird der Großmeister des Priorats von Zion als »Nautonier« bezeichnet, was zu deutsch »Steuermann« bedeutet. Verdeutlicht man sich die Symbolik der *Association Terre de Rhedae* unter diesem Aspekt, so kann man durchaus annehmen, daß sie eine vom Priorat von Zion gesteuerte Gesellschaft ist — denn der »Steuermann« hält das »Steuerrad« in der Hand.

Eine Gesellschaft mit dem Namen *Priorat von Zion* ist nämlich noch heute aktiv. Die offizielle Anmeldung dieser Gemeinschaft erfolgte am 25. Juni 1956 bei der Unterpräfektur von Saint-Julien-en-Genevois. Als Zweck des Zusammenschlusses wurde lediglich die nebelhafte Formulierung »Studium und gegenseitiger Beistand der Mitglieder untereinander« angegeben. Die Gesellschaft soll ihren Sitz in Sous-Cassan, Annemass in der Haute-Savoie haben. Diese Angaben entstammen dem *Journal officiel*, einem wöchentlich erscheinenden amtlichen Mitteilungsblatt aller eingetragenen Vereine, Gesellschaften und Organisationen Frankreichs.

Die angegebene Adresse erwies sich bei Nachforschungen aber als derart ungenau, daß es völlig unmöglich war, ein Gebäude oder Büro des Priorats von Zion zu ermitteln. Auch die bei der zuständigen Unterpräfektur für jedermann gegen einen geringen Kostenbeitrag einsehbaren Statuten des Priorats von Zion sind nicht sonderlich aufschlußreich. Die Ziele der Gesellschaft werden nicht näher definiert. Ferner finden sich in dem einundzwanzig Artikel umfassenden Dokument auch keinerlei Hinweise auf den Einfluß des Priorats, auf finanzielle Mittel oder die Anzahl der Mitglieder. Jedoch legten die Statuten unter anderem fest, daß die Aufnahme in den Orden keinem Bewerber aufgrund seiner Sprache, Herkunft oder seiner politischen Ansichten zu verwehren sei. Diese Formulierung erfährt jedoch wenige Zeilen weiter eine gewichtige Einschränkung, wenn es heißt, daß die Bewerber Katholiken und über einundzwanzig Jahre alt sein müssen. Alles in allem vermitteln die Statuten den Eindruck einer frommen, sehr pro-katholisch orientierten Organisation. Warum interessiert sich eine solche Gesellschaft so brennend für ein gottverlassenes Dorf wie Rennes-le-Château? Weshalb hat sie dieses Interesse bis in die Gegenwart hinein nicht verloren?

Ein solches Verhalten ergibt nur dann einigermaßen Sinn, wenn man annimmt, daß sich in Rennes-le-Château oder in der Umgebung des Ortes etwas befand oder noch befindet, das geeignet ist, die Träume des Priorats von Zion zur Realität werden zu lassen.

VII. Die Legende vom heiligen Gral

Kein Wunder, daß in der Zwischenzeit über das Geheimnis von Rennes-le-Château zahlreiche Bücher erschienen sind.

Die meisten Autoren vermuten, in dem kleinen Dorf sei der heilige Gral verborgen. Mehr als jeder andere abendländische Mythos hat die Legende vom heiligen Gral über Jahrhunderte hinweg eine kraftvolle Magie bewahrt, die noch heute menschliche Phantasie beflügelt. Kein anderer Mythos ist so reich an Symbolik, so vielfältig und doch bei näherer Betrachtung auch so widersprüchlich.

Eine der frühesten Erwähnungen des Grals findet sich ausgangs des 12. Jahrhunderts in der Helinandus-Chronik. Helinandus berichtete darin von einem Einsiedler, der im 8. Jahrhundert in Britannien gelebt haben soll und eine Vision des Joseph von Arimathia hatte, dem Hüter des Kelchs, den Christus beim Letzten Abendmahl benutzte. Am Karfreitag des Jahres 717 u. Z. erschien Joseph dem Einsiedler und verkündete:

> *»Dies ist das Buch seiner Herkunft. Hier beginnt das Buch des Heiligen Grals. Hier beginnen die Schrecken — hier beginnen die Wunder.«*

Die Legende vom Heiligen Gral wurde ausführlich wenige Jahre später zum ersten Male von einem begnadeten jungen Dichter mit Namen Chretien de Troyes niedergeschrieben. Über sein Leben ist so gut wie nichts überliefert, außer den spärlichen Angaben, die er in seinen Werken selbst dazu liefert.

Seine Fassung der Gralslegende ist — wie auch all jene aus späterer Zeit — bereits stark christlich eingefärbt. Jener Held, der den Gral schließlich erringt, heißt Perceval (Parzival). Er muß sich auf eine lange und gefahrvolle Suche begeben, um würdig zu werden, mittels des geheimnisvollen Grals mit Christus die Heilige Kommunion zu teilen. Außerdem muß er den König, den Hüter des Grals, von einer mysteriösen Wunde heilen und dessen verdorrtes Land wieder zum Blühen bringen. Weil Perceval jedoch im Angesicht des Grals nicht die richtigen Fragen stellt, gelingt ihm die Heilung des Königs nicht, und in einigen Varianten der Erzählung scheitert auch sein Versuch, dem verdorrten Land wieder zu seiner ursprünglichen paradiesischen Blüte zu verhelfen. Erst nach zahlreichen mühsamen und gefährlichen Abenteuern ist die Suche des Ritters endlich von Erfolg gekrönt. Es gelingt Perceval, den König und dessen Land zu heilen.

Unschwer sind in dieser christianisierten Legende die Züge eines Heilsmythos zu erkennen. Sie gleicht der Erlösungsgeschichte, die an den Verlust des Paradieses durch Adam und Eva erinnert, das dann durch Christus wiedergewonnen wird. In einigen späteren Versionen der Legende ist der heroische Erlöser, der perfekte Ritter, ein kaum verhülltes Abbild von Christus selbst. Dennoch taucht in Chretiens Werken, auch in seiner letzten, unvollendet gebliebenen Erzählung »Le Conte del Graal«, der Gral immer nur als eine kostbare und magische Schale auf, deren Funktion und Geheimnis nie bis ins Letzte enthüllt wird. Das Szenario dieses Motivs kann jedoch ohne größere Schwierigkeiten bis in die irische oder walisische Sagenwelt zurückverfolgt werden. Dort findet sich die Erzählung vom sogenannten »Kessel der Wiedergeburt«. Darunter wird ein sehr großer, aus Gold und Silber kostbar gearbeiteter Kessel verstanden, der die magische Eigenschaft hat, in der Schlacht gefallene Krieger über Nacht wieder zum Leben zu erwecken, sofern man sie vor Sonnenuntergang in das frische Quellwasser wirft, mit dem der Kessel gefüllt ist.

Der bereits erwähnte Chronist Helinandus benutzt eine andere Erklärung für den Begriff Gral, welche bis heute zu den von den meisten Forschern akzeptierten Erklärungen gehört. Helinandus leitet »Gral« von »gradalis« her und schreibt:

»Gradalis oder auch gradale heißt im Französischen eine breite und ein wenig tiefe Schüssel, in welcher kostbare Speisen zu-

sammen mit ihrer Soße den Reichen stufenweise (gradatim)
vorgesetzt zu werden pflegen, ein Stückchen nach dem anderen
in verschiedenen Anordnungen, auch wird sie mit dem volks-
sprachlichen Namen graalz benannt, weil sie dem aus ihr Spei-
senden gefällig (grata) und angenehm ist, einmal wegen ihrer
äußeren Beschaffenheit, weil sie ganz silbern ist oder aus an-
derem kostbaren Material, zum anderen wegen ihres Inhaltes,
d. h. wegen der vielfältigen Anordnung kostbarer Speisen.«

Die Interpretation des Grals als eine Art Schüssel oder Schale sorgte
dann im späten Mittelalter für seine Gleichsetzung mit jenem Kelch,
aus dem Christus beim letzten Abendmahl getrunken haben soll und
in dem Joseph von Arimathia später das Blut des Heilands auffing.

Im »Parzival«, einer deutschen Fassung der Grallegende, stellt
der Dichter Wolfram von Eschenbach die Gralsuche als Streben
des Individuums nach Ganzheit dar. Der Gral wird hier als Quelle
dieser Ganzheit dargestellt. Seine bloße Gegenwart bereits nährt den
Suchenden, so daß Wolfram von Eschenbach schreibt:

»Man sagte mir, und ich sage es auch Euch, auf Euren Eid
freilich, daß vor dem Gral bereit lag (wenn ich Euch Falsches
berichtete, so lügt Ihr nun ebenso wie ich), wonach ein jeder
die Hand ausstreckte, und daß er vor sich bereitet fand warme
Speise, kalte Speise, neue Speise und alte Speise, von zahmem
und von wildem Getier. Etwas derartiges hat es nie gegeben,
möchte so mancher wohl sprechen. Aber er irrt: Denn der Gral
war die Frucht der Seligen, eine solche Fülle irdischer Süßig-
keit, daß er fast all dem glich, was man sagt vom Himmelreich.«

In Wolframs »Parzival« lesen wir über die Trennung zwischen spon-
taner Natur und dem strikten christlichen Glauben an Gott oder das
Über-Natürliche, welches eben von der Natur getrennt ist oder über
sie gestellt wird. Die Suche des Helden wird hier als eine radikale
Versöhnung beschrieben, als Wiedervereinigung der beiden schein-

bar so unversöhnlichen Gegensätze von Himmel und Erde, Natur und Über-Natürlichem.

Für Wolfram von Eschenbach ist der Gral jedoch keine Schale und erst recht nicht der christliche Abendmahlskelch, sondern ein Gegenstand, von dem es heißt:

>*Der Wünsche Füll' und Paradies:*
Das war der Gral (vor dem ein Nichts
Der Erdenglanz), der Stein des Lichts.«

Dieser »Stein« soll aus Luzifers Krone bei dessen Sturz aus den Himmeln gebrochen sein. Ihm werden außergewöhnliche, ja magische Eigenschaften nachgerühmt. So soll seine Gegenwart genügen, um alle Krankheiten zu heilen und Unsterblichkeit zu verleihen. Ferner spendete der Gral seinen Hütern Getränke und Speisen im Überfluß. Wolfram berichtet:

>*Ich will Euch künden, wovon sie (die Gralshüter) leben:*
Sie leben von einem Steine,
der von ganz reiner Art ist.
Wenn Ihr ihn nicht kennt,
so soll er hier genannt werden.
Er heißt lapis exillis.
Der Stein wird auch der Gral genannt.«

Schon Generationen von Philologen haben sich den Kopf darüber zerbrochen, was denn mit diesem »lapis exillis« gemeint sein könnte. Eine Deutungsmöglichkeit wäre die Herleitung von »lapis elexir«, dem »Stein der Weisen«. Diese Interpretation würde gut zu der erwähnten Wundertätigkeit des Grals passen.

Vertretbar ist wohl ebenfalls die Möglichkeit, den »lapis exillis« als »lapis exili«, d. h. »Stein des Exils« oder als »lapis exulis«, den »fern seiner Heimat befindlichen Stein« aufzufassen, was letztlich auf die gleiche Sinndeutung hinausläuft.

Schließlich existiert noch eine weitere Deutung, die von den meisten Forschern als die Wahrscheinlichste angesehen wird. Dies betrifft die Ableitung von »lapis exillis« aus »lapis ex coelis« bzw. »lapis de coelis«, der »Stein aus dem Himmel« oder sogar, wie einige Philologen annehmen, eine Verkürzung des Begriffes »lapis lapsus ex illis stellis«, was sich als »der Stein, welcher von jenen Sternen herabkam« übersetzen läßt.

Diese Interpretationsvariante paßt sehr gut zur Herkunft des Grals, über die Wolfram von Eschenbach in seinem *Parzival* folgendes zu berichten weiß:

> *»Ihn ließ auf Erden eine Schar,*
> *die wieder zu den hohen Sternen flog,*
> *da ihre Reinheit sie heimwärts zog.«*

Weiter heißt es im Parzivalepos über den Weg, den der Gral zu den Menschen nahm:

> *»Ein Heid' (er hieß Flegetanis),*
> *Den man um reiches Wissen pries,*
> *Aus Salomos Geschlecht erkoren,*
> *Vom Stamme Israel geboren,*
> *Der beut vom Gral die erste Spur.«*

Der Name Flegetanis in der Parzivallegende ist ein Pseudonym für Hiram von Tyrus, der einst Baumeister des Salomonischen Tempels von Jerusalem gewesen sein soll. Interessant ist in diesem Zusammenhang jene altjüdische Legende, die behauptet, daß Hiram von Tyrus den Tempel Salomos nur mit Hilfe des Dämons Asmodeé oder Asmodi erbauen konnte, der auch als der Hüter verborgener Schätze und Geheimnisse gilt. Wollte Berenger Sauniere mit den Bildern und Darstellungen in seiner Kirche auf den Bau des salomonischen Tempels anspielen, als er dort die Statue Asmodis aufstellen ließ?

Kehren wir zurück zum Gral und zu seiner Bedeutung. Jener Gegenstand, den Wolfram von Eschenbach als »Stein« und zuweilen einfach als »Ding« beschreibt, war offensichtlich mehr als nur ein rein geistiges oder esoterisches Symbol. Der Gral soll nach einigen Überlieferungen bereits zu den großen Schätzen des bereits erwähnten König Salomo gehört haben. So setzen manche Forscher den Gral auch mit dem Wunderstein »Schamir« des biblischen Herrschers gleich.

In späteren Zeiten widerfuhr dem Tempelschatz Salomos ein wechselvolles Schicksal. Römische Truppen unter Titus brachten die Kostbarkeiten nach der Eroberung Jerusalems im Jahre 70 n. Chr. in die Hauptstadt ihres Imperiums.

Im Jahr 410 n. Chr. dann erstürmten die Heere des Westgotenkönigs Alarich die Ewige Stadt am Tiber. Bei ihren Plünderungen stießen sie auch auf den Salomonschatz, den Alarich umgehend in seine Residenz Carcassonne transportieren ließ.

Den größten Teil dieses Schatzes brachte später der Westgotenkönig Theoderich — der Dietrich von Bern der Sage — nach Ravenna. Von hier aus holte den Schatz dann Belisar — der berühmte und gefürchtete Feldherr des Griechenkaisers Justinian — nach Byzanz, als er die Goten in der Schlacht am Vesuv besiegt hatte.

Dort fiel dieser Teil des salomonischen Schatzes 1202 bei der Eroberung der Stadt, die inzwischen Konstantinopel hieß, den plündernden Kreuzfahrern in die Hände, die im Zeichen des sanften Heilands raubten und mordeten. Gegenstände aus Edelmetall wurden eingeschmolzen. Bücher, Papyri und gravierte Schrifttafeln fielen der sinnlosen Zerstörungswut der »Pilger« zum Opfer.

Ein anderer Teil des Salomonischen Schatzes soll in Carcassonne zurückgeblieben sein. Im Jahr 711 n. Chr. wurden die Westgoten in der siebentägigen Schlacht von Jerez de la Frontera von arabischen Heeren vernichtend geschlagen. Der überwiegende Teil des Salomonschatzes fiel zu Toledo in die Hände der Sarazenen.

Einige spanische Legenden berichten jedoch, daß es Überlebenden der Schlacht gelang, verschiedene Gegenstände, die für die Westgoten von enormer religiöser Bedeutung waren — ihren »Heiligen« oder »Alten Schatz«, darunter den »Smaragdtisch«, das »Missori-

um« und jenen »Schrein«, der den Wunderstein »Schamir« barg —
vor dem Zugriff der Feinde zu bewahren. Der »Smaragdtisch« und
der »Schrein« des Wundersteines »Schamir« sollen in einer Höhle,
der »verzauberten Grotte des Herakles«, verborgen worden sein. Der
Gotenkönig Roderich soll Jahre später dann den Schatz dort wieder-
entdeckt haben.

Hieraus leiten einige Forscher, die den Gral als materiellen Gegenstand begreifen, der mit übernatürlichen Kräften ausgestattet ist,
die Möglichkeit ab, König Roderich habe den Gral schließlich wieder mit nach Rhedae gebracht und dort verborgen. Jahrhunderte später
habe der Pfarrer Berenger Sauniere dann das Versteck des Grals gefunden und den Gral in Besitz genommen. Nur dadurch sei er zu
Reichtum, Macht und Einfluß gelangt. Die Vertreter dieser Spekulation suchen noch heute den Gral in der Gegend um Rennes-le-
Château.

Doch nicht nur Schatzsucher und Esoteriker trachten danach, den
Gral zu finden. Auch bestimmte Kreise der Hochfinanz hegen offensichtlich ein brennendes Interesse an Rennes-le-Château. Immerhin investierte der inzwischen verstorbene Baron Edmond de Rothschild in den sechziger Jahren sechsstellige Dollar-Summen in eine
Suchaktion nahe des Ortes, in deren Verlauf ein südlich des Dorfes
gelegener Berg mit dem Namen Savonet zu mehr als einem Drittel
abgetragen wurde, weil man dort Sauniere sagenhaften Schatz vermutete.

Doch das von Baron de Rothschild beauftragte Grabungsteam wie
die zahlreichen mehr oder weniger professionellen Schatzsucher, die
sich seit den sechziger Jahren in Rennes-le-Château tummeln und in
der Umgebung des Dorfes buchstäblich jeden Stein umgedreht haben, fanden bislang trotz gründlicher Suche weder den Gral noch
einen anderen Schatz.

Auch die Brüder Fiebag, die den Gral als Hinterlassenschaft ex-
traterrestrischer Technologie deuten, kommen bei ihrer Recherche
zu dem Ergebnis, daß dieses Gerät nicht in der Gegend von Rennes-
le-Château zu suchen ist. Sie interpretieren den Gral als jene »Man-

na-Maschine«, die im Sohar und anderen altjüdischen Texten beschrieben wird und die das israelitische Volk auf seiner Flucht aus Ägypten durch die Wüste mit Nahrung — eben mit »Manna« — versorgte. Eine ebenso detaillierte wie auch technisch sinnvolle Rekonstruktion des Apparates gelang bereits in den siebziger Jahren den beiden englischen Forschern George Sasson und Rodney Dale. In ihren Büchern »Die Entdeckung des Grals« und »Die Ewigkeitsmaschine« verfolgen die Fiebags nun den Weg, den das außerirdische Artefakt über die Jahrhunderte hinweg genommen hat, und kommen zu dem überzeugenden Schluß, daß es heute wahrscheinlich auf Oak Island zu suchen ist. Bei dieser »Eicheninsel« handelt es sich um ein kleines, unbewohntes Eiland in der Mahonebucht, rund einhundert Kilometer südlich von Halifax, Neuschottland auf dem Gebiet des heutigen Kanada. Nach den Recherchen der Fiebags sollen es die Tempelritter gewesen sein, die nach der Auflösung ihres Ordens in Frankreich im Jahr 1307 in die Neue Welt flohen, um der Verfolgung durch die Behörden des französischen Königs und die Inquisition zu entgehen. Dabei nahmen sie die Manna-Maschine mit, die sie als heiligen Gegenstand verehrten und die einen Teil der von vielen Historikern vermuteten »Geheimlehre« der Templer gebildet haben soll. Wohl aufgrund kriegerischer Auseinandersetzungen mit der Urbevölkerung des neuen Kontinents entschlossen sich die Templer dann, ihr Heiligtum auf Oak Island in einer eigens dafür konstruierten unterirdischen Anlage sicher zu verbergen. Dieses Tunnelsystem verfügt über mehrere Flutungsanlagen und ist so raffiniert angelegt worden, daß bis zum heutigen Tag sämtliche Versuche des Eindringens zum Scheitern verdammt waren. In die Bergung des »Schatzes« von Oak Island sind Dollar-Beträge in Millionenhöhe investiert worden, und mehrere Menschen haben ihr Leben bei dem gefährlichen Unternehmen verloren, ohne daß bislang ein Ende der Suchaktionen absehbar wäre.

Eher symbolistisch hingegen versuchten die britischen Journalisten Lincoln, Baigent und Leigh den Begriff Gral zu deuten und damit das Geheimnis Rennes-le-Châteaus zu entschlüsseln. Sie konstruierten in ihrem vielgelesenen Buch eine ebenso spannende wie verworrene Geschichte, in der sie Häresie und hohe Politik, große Namen der Historie, Dynastien und Geheimbünde, vieldeutige Bilder und merkwürdige Schriften vermischten. Es ging den drei Briten vor allem darum nachzuweisen, daß Jesus nicht am Kreuz gestorben sei, sondern Maria Magdalena geheiratet und mit ihr eine neue Königsdynastie gegründet habe. Deren Nachkommen lebten noch heute unter uns und seien bestrebt, ihre Heilige Herrschaft über Europa wieder zu errichten. Dies sei auch das Geheimnis Berenger Saunieres gewesen, der sich für sein Wissen von den Betroffenen habe fürstlich bezahlen lassen. Der Begriff »Heiliger Gral« könne in diesem Zusammenhang von »Sang Real«, dem »königlichen Blut«, abgeleitet werden und stelle somit »gleichermaßen ein Symbol für das königliche Blut Jesu wie für Maria Magdalenas Schoß dar, aus dem die Nachkommenschaft hervorging«.

Es kann den drei Briten an dieser Stelle nicht der Vorwurf erspart werden, daß sie weder in Rennes-le-Château gründlich genug recherchierten, noch sich mit der etymologischen Herleitung des Begriffes »Gral« genügend auseinandersetzten. Eine Herleitung dieses Wortes von »Sang Real« wird von der überwiegenden Mehrzahl der Philologen verneint mit dem berechtigten Hinweis, daß die Gleichsetzung von »Gral« mit dem »königlichen Blut Christi« eine Legendenform des ausgehenden Mittelalters ist. Sie fand also zu einer Zeit statt, da die Identifikation des Begriffes »Gral« mit dem Kelch des Letzten Abendmahles bereits längst vollzogen worden war. Auch verweist eine solche Gleichsetzung keineswegs auf Christus oder Maria Magdalena und deren mögliche gemeinsam Nachkommen, sondern sie bezieht sich lediglich auf den Abendmahlskelch. Lincoln, Baigent und Leigh sind in ihrer Spekulation jedoch noch weiter gegangen und haben den »Gral« mit dem »königlichen Blut Jesu und dem Schoß der Maria Magdalena« identifiziert. Für diese Vermutung sind sie allerdings den Beweis schuldig geblieben.

Aufbauend auf die spekulative Schriftstellerei der drei Journalisten verlegten die ebenfalls aus Großbritannien stammenden Forscher

Paul Schellenberger und Richard Andrews kurzerhand »Das letzte Grab Christi« in die Pyrenäen und erklärten, damit sei das Rätsel um Rennes-le-Château nun aber endgültig gelöst. Zwar ist die Fülle der von ihnen in ihrem voluminösen Werk zusammengetragenen Daten auf den ersten Blick beeindruckend, doch erweist sich bei näherer Betrachtung rasch, auf welch tönernen Füßen die These der beiden Engländer steht. Zum Auffinden des vermeintlichen Grabes bedienen sie sich einer »Heiligen Geometrie«, die sie aus den von Sauniere aufgefundenen chiffrierten Dokumenten herausgelesen haben wollen. Die Frage nach einem verbindlichen Maßstab dieser Geometrie bleibt wohlweislich unbeantwortet. So umgehen Schellenberger und Andrews nämlich den heiklen Teil ihrer Hypothese, da sie sonst erklären müßten, warum in Dokumenten, die nachweislich aus dem 18. Jahrhundert stammen, nicht etwa die französische Landmeile oder die englische Seemeile als Maßstab für Entfernungsmessungen benutzt wurden, sondern bereits mit Metern und Zentimetern gerechnet wurde, obwohl das metrische System erst Ende des 19. Jahrhunderts seinen Siegeszug antrat. Da die beiden Briten dann auch noch natürliche Landmarken ebenso wie Gebäude aus den verschiedensten architektonischen Epochen als Fixpunkte für ihre Berechnungen nach der »Heiligen Geometrie« verwenden, nimmt es natürlich nicht Wunder, daß es in der Gegend um Rennes-le-Château von Pentagrammen und gleichschenkligen Dreiecken nur so wimmelt. Natürlich gelingt es den Autoren am Ende, das Jesusgrab genau dort zu lokalisieren, wo es nach ihren bereits zu Anfang des Buches ausgesprochenen Vermutungen auch sein sollte — am Mont Cardou nämlich, einem eindrucksvollen Berg nördlich von Rennes-le-Château.

Unter einer markanten Felsformation an der Südostflanke des Berges soll sich der Eingang zu einem unterirdischen Gang befinden, an dessen Ende das Grab des Heilands liegt. Hier nehmen Schellenberger und Andrews ganz eindeutig Bezug auf die Gerüchte um verschollene Gold- und Silberminen am Mont Cardou, die bislang noch nicht lokalisiert werden konnten. Den mysteriösen Gang ha-

Die Felsformation am Mount Cardou, unter der das »Jesusgrab« vermutet wird.

ben natürlich die Templer gegraben, welche die Gebeine Jesu im Heiligen Land unter den Resten des Salomonischen Tempels fanden und mit nach Frankreich brachten.

Es gibt nur einen gewaltigen Haken an der ganzen Sache. Um Gewißheit zu erlangen, ob sich das Grab auch wirklich an der vermuteten Stelle befindet, müßte der Eingang des Tunnels geöffnet werden. Dazu ist heute genauso wie zur Zeit Berenger Saunieres neben einer offiziellen Grabungserlaubnis — das fragliche Gebiet war und ist Staatsforst — aufgrund der Geländestruktur auch umfangreiche Grabungstechnik erforderlich. Eine Nacht-und-Nebel-Aktion zur Öffnung des Jesus-Grabes scheidet also aus. Wie aber, wenn nicht durch handfeste Artefakte, sollte Berenger Sauniere seine Vorgesetzten und auch die Angehörigen des Hauses Habsburg von der Existenz des Grabes und seinem Wissen darum überzeugt haben? Der Spekulation der beiden Briten steht die Tatsache entgegen, daß auf dem in Frage kommenden Areal für jedermann ersichtlich seit mehreren hundert Jahren keinerlei Grabungen oder sonstige künstliche Veränderungen des Geländes vorgenommen worden sind.

In die gleiche Kerbe wie Schellenberger und Andrews schlägt auch Manfred Dimde, der selbst ernannte »führende Nostradamus-Experte« Deutschlands. Auch er hat in seinem Buch »Die Gralsverschwörung« angeblich das »Jesusgrab jetzt entdeckt«. Verantwortlich für diese sensationelle Enthüllung ist diesmal allerdings nicht die »Heilige Geometrie«, sondern eine nicht näher erläuterte Fähigkeit des Herrn Dimde, »dank glücklicher Umstände geheime Texte«

lesen und entschlüsseln zu können. Er hält sich dabei vor allem an Henri Boudets Werk »La vraie langue celtique et le Cromleck de Rennes le Bains« und die Illustrationen dieses Buches, die Boudets Bruder Edmond beisteuerte. Außerdem zieht Herr Dimde noch diverse »persönliche Aufzeichnungen« Berenger Saunieres zu Rate, die nach Quellenlage aber wohl nur ihm zugänglich sein dürften. Bezeichnenderweise schweigt er sich dann auch über die Herkunft dieser »Aufzeichnungen« aus. Dafür entdeckte der »Nostradamus-Experte« auf einer von Edmond Boudets Karten ein »Kreuz, das den Zugang zur Grabanlage« Jesu markieren soll. Dieses Kreuz ist auf der Karte in einer Gegend eingetragen, die nahe dem Zusammenfluß von Blanque und Sals bei dem Weiler Bordeneuve liegt. Tatsächlich bildet diese Landschaft im Buch Henri Boudets ein zentrales Thema, war er doch zu der Auffassung gelangt, dort einen gigantischen Kromlech keltischer Herkunft vor sich zu haben. Eine intensive Begehung des Ortes im Oktober 1999 zeigte dann, daß er einst besiedelt gewesen sein muß. Ob es sich tatsächlich um ein keltisches Heiligtum handelt, wie Boudet vermutete, oder aber um eine Fluchtburg, die von der ländlichen Bevölkerung als Schutz vor Überfällen unter Einbeziehung natürlicher Felsformationen geschaffen wurde, muß noch dahingestellt bleiben. Auf jeden Fall aber sind die »Menhire und Dolmen«, welche Henri Boudet dort zu sehen glaubte, keinesfalls künstlich bearbeitet, sondern eine ebenso außergewöhnliche wie bizarre Laune der Natur. Es gibt hier Höhlen und Grotten, die teilweise sogar künstlich erweitert worden sind. Nach dem »Eingang zur Grabanlage« Jesu forscht man allerdings vergeblich. Boudet hatte auf seiner Karte nicht nur ein Kreuz in der beschriebenen Gegend gezeichnet, sondern auch mindestens noch vier weitere Stellen auf diese Weise markiert. Gibt es also vier weitere »Jesusgräber«? Mit Sicherheit nicht. Wenn man die Erläuterungen betrachtet, die Boudet seiner Karte beifügte, so erfährt das »Mysterium« eine ganz einfache Erklärung. Boudet beschreibt die mit einem Kreuz markierten Stellen kurz als »Croix greeques gravées«, das heißt, als Orte, an denen »griechische Kreuze eingraviert« sind.

Der natürliche Kromlech von Rennes-le-Bain.

Kromlech von Rennes-le-Bain.

Eingang zu einem unterirdischen Höhlen-system bei Renne-le-Bain.

Mit ein wenig Ausdauer und Geschick lassen sich diese filigranen Gravierungen aus antiken Zeiten auch heute noch an den von Boudet markierten Örtlichkeiten finden. Das Jesusgrab des Herrn Dimde aber hat sich spätestens an dieser Stelle als Phantasiegebilde entpuppt.

Alle hier vorgestellten Hypothesen verkennen darüber hinaus, daß das bloße Wissen um die mögliche Existenz eines solchen »Jesusgrabes« als Druckmittel nie ausgereicht hätte, um Sauniere und seinen Mitverschworenen ein luxuriöses Leben durch großzügig bemessenes »Schweigegeld« zu ermöglichen. Wie die katholische Kirche mit Menschen umzugehen pflegt, die über ein für diese Institution gefährliches Wissen verfügen könnten, zeigt das Schicksal der Portugiesin Lucia, die zu den »Seherkindern« der berühmten Marienerscheinung von Fatima im Jahr 1917 gehörte. Lucia, die als Einzige der Beteiligten die noch am Leben ist, verbringt ihre Zeit seit dem Ende der Erscheinungsserie in »strenger Klausur« — was im Klartext nichts anderes als Einzelhaft bedeutet — im Kloster des Karmeliterordens von Coimbra. Sie verzichtete angeblich »auf eigenen Wunsch« auf ihre Freiheit.

Die beschriebene Sichtweise läßt ebenfalls das sehr große Interesse außer Betracht, welches das Haus Habsburg und auch die Familie Rothschild an Rennes-le-Château hatte und immer noch hat.

Henry Lincoln überlegte sich das Ganze dann auch noch einmal und beschloß nach erneuten, intensiven Studien in den von Sauniere entdeckten Pergamenten, ebenfalls mit Hilfe der »Heiliger Geometrie« — mit metrischem Maßstab natürlich — in der Nähe Rennes-le-Château einen »Heiligen Platz«, einen »Unsichtbaren Tempel« zu lokalisieren, den er als das »achte Weltwunder« bezeichnet und der das eigentliche Geheimnis des Ortes sein soll. Sein Szenario der Geschehnisse, für das er ausnahmsweise mal keinen Berg, keine Höhle und auch keine Grabanlage bemüht, vermag jedoch ebenfalls nicht zu überzeugen.

Unbestritten aber ist Lincolns Verdienst bei der Entdeckung einer antiken, möglicherweise sogar prähistorischen Wallsiedlung von gewaltiger Ausdehnung nordwestlich des Dorfes Coustaussa, die heute in Karten und von den Einheimischen schlicht »Camp Grand« — das »Große Lager« genannt wird.

Eine persönliche Besichtigung des beschriebenen Platzes förderte Erstaunliches zutage. Auf einem Areal von ca. 10 km², das teilweise künstlich planiert und mit Schieferbruch befestigt, quasi »gepflastert« worden ist, erheben sich die Reste gigantischer Mauern und bunkerartiger Befestigungen. Deutlich lassen sich einzelne Bauepochen unterscheiden. Merkwürdigerweise sind hier die offenbar ältesten Gebäude auch am sorgfältigsten ausgeführt. Sie weisen noch eine weitere Besonderheit auf.

Schießscharten finden sich auch anderswo an antiken und mittelalterlichen Wehrbauten. Vor der Erfindung der Feuerwaffen lag der schmalste Teil der Schießscharte stets an der Außenseite der Mauer. So waren zum einen die Verteidiger vor feindlichen Geschossen bestmöglich geschützt, zum anderen leitete die Schießscharte auf diese Weise auch die größtmögliche Lichtmenge in den Innenraum.

Erst mit der Erfindung von Feuerwaffen machten sich neue Konstruktionsprinzipien erforderlich. Die Läufe der Gewehre und Geschütze mußten in einem möglichst großen Winkel geschwenkt werden können, um den Gegner effektiv bekämpfen zu können. So befindet sich bei diesen neuen Schießscharten nun die schmalste Stelle

Oben: Blick von Rennes-le-Château nach Coustaussa.

Mitte: Ruinen der Burg von Coustaussa.

Links: Das geheimnisvolle Camp Grand bei Coustaussa.

an der Innenseite der Mauer, nach außen erweitert sich die Schießscharte, um das notwendige Schußfeld zu schaffen. Doch gerade bei
den ältesten Bauwerken des »Camp Grand« findet sich diese Kon-
struktionsweise von Schießscharten für Feuerwaffen.

Über die Erbauer dieses europaweit in seiner Weise wohl einzigartigen Schutzbauwerkes kann nur spekuliert werden. Der Ort scheint
so alt zu sein, daß noch nicht einmal in lokalen Legenden von ihm
die Rede ist. Für die Einheimischen war »Camp Grand« schon immer da, und nach ihrer Meinung wurden die Gebäude auch schon
immer so genutzt wie heute — nämlich als Schafspferche und Un-
terstellräume für landwirtschaftliche Geräte. Doch welches Schaf
braucht für seinen Pferch meterdicke Mauern mit Schießscharten?

Die Geschichte dieses Platzes wird sich nur durch gründliche Forschungen vor Ort rekonstruieren lassen. Ein erster Schritt dazu sollte die genaue Vermessung und Kartierung des betreffenden Geländes sein. Möglicherweise warten unter den Trümmern Artefakte auf
ihre Entdeckung, die einen Vergleich mit dem »Heiligen Gral« nicht
zu scheuen brauchen.

IIX. Der Katharerschatz

Viele Forscher vermuten den sagenhaften Katharerschatz im Gebiet von Rennes-le-Château. Zur Entstehung dieser Legende trug ein geheimnisvoller Fremder bei, der im Jahr 1950 das Dorf aufsuchte und behauptete, der Nachkomme eines Katharers zu sein, der im Mittelalter an der Verbergung des »Ketzerschatzes« beteiligt war.

Tatsächlich hüteten die Anhänger dieser häretischen Glaubensgemeinschaft auf der Burg Montsegur — ihrem geistigen Zentrum — etwas, das die sie verfolgenden Inquisitoren später als »ad pecuniam infinitam« — »von nicht mit Geld zu bemessendem Wert« bezeichnen sollten.

Was hatte es aber mit jenen Dingen auf sich, die nicht mit allem Geld der Welt aufzuwiegen waren, und vor allem — wer waren die Hüter dieses merkwürdigen Geheimnisses? Um dies zu verstehen, ist es notwendig, Geschichte und Weltsicht der Katharer genauer darzustellen.

Okzitanien und das Languedoc, die Berge der Corbieren, der Montagne Noir und des Rhazes, die tiefen Schluchten der Aude und der Ariège sind uraltes Kulturland wie die übrigen Pyrenäen auch. Keltische und iberische Einflüsse finden sich hier ebenso wie die Spuren der Phönizier und Phokäer. So stellte zu antiken Zeiten die gewaltige Höhle von Lombrives — Europas größte natürliche Grotte — ein phokäisches Heiligtum dar. Es war dem Ilhomber geweiht, der eine iberische Verkörperung des griechischen Herakles (Herkules) darstellte.

Zu Zeiten der Westgotenherrschaft war das flache Land Okzitaniens bereits christianisiert. In der einsamen und unzugänglichen Bergwelt der Pyrenäen jedoch verehrten noch immer die Druiden — Priester des keltischen Kultes, der eine Verschmelzung von Wissenschaft, Philosophie und Religion war — den Lichtgott Abellio. Dieser Gott ist die keltisch-iberische Inkarnation der griechischen Gottheit Appollon. Er gilt als Lichtbringer, der von Mitternacht kam und dem nachgesagt wurde, daß er einmal im Jahr in seine nordische Heimat zu dem geheimnisvollen Volk der Hyperboreer zurückkehrte. Die Hyperboreer sollen an jenem Ort leben, der in den antiken Legenden als Ultima Thule beschrieben wird und den Generationen von Forschern und Abenteurern bislang vergeblich suchten.

Schließlich stießen christliche Missionare auch in die Pyrenäen vor. Es waren jedoch Christen, die von ihren eigenen Glaubensbrüdern verfolgt wurden, die Sekte der Priscillianer. Sie galten seit den Konzilen von Saragossa (341 n. Chr.) und Bordeaux (384 n. Chr.) als ketzerisch. Ihr geistiger Führer Priscillian starb im Jahr 385 n. Chr. in Trier auf dem Scheiterhaufen.

Die Priscillianer hingen einem dualistischen Glauben an, der sich im Ursprung wohl auf die Lehren der persischen Feueranbeter Ahura-Mazdas zurückführen läßt. Der Mazdaismus besagte, daß sich in diesem Universum von Ewigkeit zu Ewigkeit zwei Prinzipien bekämpfen — das des Lebens, der Fruchtbarkeit und das des Todes, der Zerstörung. Symbol des Lebens ist die Sonne, die geistiges Licht, Wärme, Güte und Wahrheit verkörpert und in Ahura-Mazda, dem Gott des Lichtes und des Feuers, verehrt wurde. Das gegnerische Prinzip stellt die nächtliche Finsternis dar, die Irrtum, Lüge, Verrat und allgemeine Übel in sich birgt. Symbol dieses Prinzips ist der zerstörerische Gott Ahriman.

In den Glaubenslehren der Priscillianer war Jesus Christus an die Stelle Ahura-Mazdas getreten. Sein Gegenspieler Luzifer ersetzte den Ahriman des Mazdaismus.

Dieser dualistische Glaube wies viele Berührungspunkte zur keltisch-iberischen Götterwelt auf, in der ebenfalls zwei gegensätzliche Gottheiten wirkten: Abellio, der Lichtgott, und Dispater, der Herr des finsteren Totenreiches.

Den Priscillianern gelang es, die Druiden, von denen sie freundlich aufgenommen worden waren, zum Christentum zu bekehren. So hüteten fortan die christianisierten Nachfahren der Kelten jene dualistische Lehre, die ursprünglich in den Weiten Persiens begründet worden war.

Aus dieser Tradition entwickelte sich im Mittelalter eine religiöse Erneuerungsbewegung, die von der katholischen Kirche als häretisch verurteilt wurde.

Die Begründung dieser Gemeinschaft war Ausdruck einer Wandlung der religiösen Gesinnung, die in dieser Zeit stattfand. Sie wurde tiefer und anspruchsvoller. Die Haltung der katholischen Kirche stimmte mit der wehmütigen Sehnsucht nach einer ursprünglichen, evangelisch reinen Kirche schon lange nicht mehr überein. Der wenig auf solche Entwicklungen vorbereitete niedere Klerus übte auf die Bevölkerung des flachen Landes wenig oder gar keinen Einfluß mehr aus, während Reichtum und verschwenderische Prunksucht des hohen Klerus in allzu auffälligem Gegensatz zur Armut der meisten Gläubigen standen.

Die katholische Kirche vermochte mit ihren Antworten die grundsätzlichen Probleme, mit denen sich zahlreiche Gläubige konfrontiert sahen, nicht mehr zu lösen. Daher versuchten zahlreiche Christen, selbst zufriedenstellende Antworten auf ihre Fragen zu finden, die sich allesamt um jene Themen rankten, mit denen jeder Mensch früher oder später in seinem Dasein konfrontiert wird: »Wer bin ich?« und »Warum bin ich?«

Im Jahr 1163 benannte Eckbert von Schönau, Domherr zu Köln, diese Suchenden spöttisch »Katharer«, abgeleitet vom griechischen »katharoi«, was soviel wie »rein« bedeutet. Eine andere Bezeichnung für sie lautet »Albigenser«, abgeleitet vom Namen der südfranzösischen Stadt Albi. Im Jahr 1165 wurde in Lombers, einem kleinen Ort in der Nähe von Albi, ein wichtiges Treffen zwischen katholischen Würdenträgern und den zu dieser Zeit bereits der Ketzerei beschuldigten Katharern organisiert. Erst nach diesem Kolloquium setzte sich der Begriff »Albigenser« durch. Wer waren jene Männer und Frauen, die von der römisch-katholischen Kirche als so gefährlich erachtet wurden, daß sie verfolgt und vernichtet werden sollten?

Zunächst einmal waren sie auch Christen. Die Katharer lasen das Neue Testament, insbesondere die Evangelien des hl. Johannes, und bezogen daraus das Fundament ihres Glaubens. Doch ihre Lehre war dualistisch. Ihre Weltsicht war von tiefem Pessimismus geprägt, ihr Glaube hingegen war voller Hoffnung. Wie, so fragten die Katharer, kann es möglich sein, daß der in den Evangelien beschriebene allgütige, allwissende und vollkommene Gott eine derart unvollkommene Schöpfung wie unsere Welt hervorbringt — endlich, beherrscht von der alles zerstörenden Zeit, von Leid und Gewalt? Ihre Antwort auf diese Frage war die Feststellung einer ebenso traurigen wie unumstößlichen Tatsache. Es gibt nicht nur einen allmächtigen und allgütigen Gott, sondern zwei Prinzipien. Gut und Böse teilen sich die Welt untereinander auf.

Die Erde stellte für die Katharer eine Schöpfung des urbösen Demiurgen dar — des »Nach-Bildners«, der im Alten Testament unter dem Namen Jahwe agiert und bestrebt ist, das Gute zu vernichten. Deswegen sperrt er ein kleines Stück des Wahren Lebens — die Seele — in eine materielle Hülle — den Körper — und erfindet die Zeit, die das wesentliche Prinzip von Verderbnis und Zerstörung ist.

Die Ewigkeit hingegen war für die Katharer die Wiedererlangung der reinen Existenz in einer Welt »jenseits der Sterne«, einer Welt des Geistes, geschaffen vom wahren Gott des Lichtes und der Liebe.

Die Menschen begriffen sie als gefallene Engel, »Multiplikationen des Urverführers Luzifer«, der bei seinem Sturz aus den Himmeln unzählige Seelen mit sich riß. Den ursprünglich von Gott geschaffenen Menschen verstanden sie nicht als ein Wesen von Fleisch und Blut, sondern als ein Lichtwesen, welches »einen wunderbaren Körper nach dem Abbild Gottes« besaß. Durch seinen Sturz in die Welt der Materie büßte die menschliche Seele diesen Lichtkörper ein und verlor so auch die spirituelle Verbindung zu ihrem göttlichen Ursprung. Diese gestürzten Miniaturwelten oder Mikrokosmen benötigten nun eine aus der Materie geborene Hülle — den Körper —, um die göttliche Seele zu beherbergen. Daher treffen nach Auffassung der Katharer im Menschen beide Prinzipien aufeinander. Seine Seele, sein höheres oder wahres Selbst gehört dem Reich des Guten und des Lichtes an, sein Körper zur materiellen Welt des Demiurgen. Das Heil bestand für die Katharer folglich darin, sich von dieser materiellen Welt des »Nach-Bildners« zu lösen, um zurück in die ursprüngliche Heimat des Menschen, das Lichtreich des Guten zu gelangen.

Das Leben auf dieser Erde begriffen sie daher als bloßen Zwischenzustand, erfüllt von Leiden, um der Buße und Läuterung willen. Doch vom Tod erwarteten sie nicht automatisch die Befreiung der Seele. Diese kann erst in das Reich des Guten eingehen, wenn sie ihre Reinheit wiedergewonnen hat, also wenn sie zur Erkenntnis ihres eigenen göttlichen Ursprungs gelangt ist. Da der wahre Schöpfer der Menschen als allgütig und vollkommen angenommen wird, existiert im katharischen Glauben auch keine Strafe im Sinn eines Fegefeuers oder gar der Hölle. Die Hölle wird mit der menschlichen Existenz auf dieser Welt gleichgesetzt. Jedoch ist es jeder Seele erlaubt, sich so lange in der Welt des Demiurgen zu verkörpern, bis auch sie Sehsucht nach ihrer wirklichen Heimat verspürt und den Wunsch, zu diesem Ursprung zurückzukehren. Die Katharer waren überzeugt, daß selbst Luzifer, der Prinz der Finsternis, am Ende einer langen Reinigung und harten Läuterung für das Lichtreich wiedergewonnen würde.

Jesus von Nazareth war für sie nicht die irdische Inkarnation Gottes, sondern lediglich ein Bote des Lichtreiches, gesandt vom göttlichen Ursprung, um die Menschen in der Welt der Materie an ihre eigentliche Herkunft zu erinnern. Die Katharer gingen davon aus, daß dieser Bote des Lichtreiches all jenen, die ihn annehmen und sich bemühen, nach seiner Botschaft zu leben, den Parakleten schenkt, den Tröster — jene fehlende Verbindung, die den Menschen aus der Welt der Materie erneut zu seinem spirituellen Ursprung zurückführt.

Dieser aus dem Lichtreich stammende Geist, die spirituelle Inspiration ist es, die dem Menschen die rettende Erkenntnis offenbart. Diese Erkenntnis kann nach Auffassung der Katharer nur durch Handauflegen und auf geistigem oder energetischem Wege übertragen werden. Jene dafür erforderliche schlichte Zeremonie wurde das

Consolamentum genannt. Diese geistige (Erwachsenen-)Taufe oder Tröstung verleiht nach Ansicht der Katharer erst das »Verständnis des Guten«. Das Handauflegen, mit dem die geistige Taufe dem Empfänger gespendet wird, symbolisiert den Eintritt in das spirituelle Leben und die Anerkennung der Zugehörigkeit zum Lichtreich des Guten Gottes durch die in der Welt der Materie gefangene Seele. Das Consolamentum konnte nur von einer Person erteilt werden, die es bereits empfangen hatte, also von einem männlichen oder weiblichen Vollkommenen (Perfecti).

Die Katharer entnahmen ihre Lebensregeln den Evangelien, und zumindest die Vollkommenen oder »Perfecti« — die Eingeweihten des katharischen Glaubens — wandten diese Regeln auch im engsten Sinne an. So weigerten sie sich, das Kreuz anzubeten, in dem sie zu Recht ein unmenschliches Marterinstrument und kein Heilszeichen erblickten. Sie empfahlen ein Leben in materieller Bedürfnislosigkeit und lehnten sowohl die Kindstaufe, die Eucharistie als auch die Beichte und die Liturgie als Menschenwerk ab.

Die Taufe wurde von den Katharern nicht als reinigendes, sondern als offenbarendes Sakrament verstanden. Sie setzt daher reifliche Überlegung, Glaube und vor allem die Einwilligung des Getauften voraus und darf daher nur Erwachsenen erteilt werden. Personen, die sich nicht im Vollbesitz ihrer geistigen Kräfte befanden, waren ebenso wie Kinder oder gar Säuglinge von der Taufe ausgeschlossen.

Die Eucharistie wurde ebenfalls verworfen. Brot und Wein können keinesfalls für Fleisch und Blut Christi stehen, da beide Teil der äußerlichen, materiellen Hülle und ein Werk des Demiurgen sind. Es ist sehr verständlich, daß die Katharer den von der katholischen Kirche bis heute in der Eucharistie gepredigten symbolischen Kannibalismus keineswegs anerkennen konnten. Die Jesus zugeschriebenen Worte sollten nach ihrer Auffassung als Übermittlung geistiger Erkenntnis verstanden werden und die von ihm vollbrachten Wunder nur in geistiger Hinsicht interpretiert werden. Sie sind lediglich als Allegorien auf die einem jeden menschlichen Wesen mögliche Transformation anzusehen. Die materielle Welt als Werk des »Nach-Bildners« ist hingegen keineswegs verbesserungsfähig.

Zudem praktizierten die männlichen und weiblichen Perfecti eine uneingeschränkte sexuelle Enthaltsamkeit und empfahlen den einfachen Gläubigen Methoden zur Geburtenkontrolle, da sie die Zeugung für ein Werk des Demiurgen erachteten. Hierdurch wurde der irdische Körper, das Gefängnis der menschlichen Seele, geschaffen.

Die Katharer weigerten sich auch zu schwören. Dieses Gebot war dem Evangelium des hl. Markus entnommen. Es stand aber ebenso wie die praktizierte sexuelle Enthaltsamkeit im vollkommenen Gegensatz zur Gesellschaftsordnung des 13. Jahrhunderts, die eben auf der Vermehrung und Achtung vor dem Treueid basierte. Die Bande des feudalen Lehnswesens waren wesentliche Bestandteile der damaligen gesellschaftlichen Organisation.

Im Gegensatz zu den Vorschriften der römisch-katholischen Kirche gestatteten die Katharer Leihzinsen. Ihre strikte Weigerung, Kirchensteuern zu bezahlen, war sowohl beim einfachen Volk als auch beim Adel gern gesehen.

Ein weiteres Gebot der Perfecti betraf die Arbeit — sowohl körperliche als auch geistige Tätigkeit — als Pflicht für jedermann. Selbst die Adligen waren im Gegensatz zu den Gebräuchen der Zeit davon nicht ausgenommen. Die Eingeweihten praktizierten darüber hinaus die Endura, vergleichbar nur der strengen Askese indischer Yogis, um im versteckten göttlichen Selbst wiedergeboren zu werden, das allen Menschen innewohnt. Sie müssen eine leuchtende, unwiderstehliche Energie ausgestrahlt haben, da sie trotz ihres materiellen Körpers geistig bereits auf einer anderen Ebene lebten.

Den einfachen Gläubigen des katharischen Kultes, Credentes genannt, die den Reizen des materiellen Lebens noch nicht ganz entsagen konnten oder wollten, wurde das Consolamentum, die »göttliche Tröstung« auf dem Sterbelager gespendet. Der Sterbende legte hierbei die gleichen Gelübde ab wie ein Perfectus. Er verlieh seinem Wunsch Ausdruck, getröstet zu werden, indem er mit dem ihm betreuenden Perfectus das Vaterunser betete. Überlebte er nun seine

Krankheit oder Verwundung, hatte der neue Getröstete die Wahl, wieder als einfacher Gläubiger in sein weltliches Leben zurückzukehren oder aber Novize zu werden und sich darauf vorzubereiten, jene Weihe zu empfangen, die als Consolamentum Ordinationis überliefert ist.

Während der Zeit der Verfolgung durch die katholische Kirche, auf die im Folgenden noch näher eingegangen wird, schufen die Katharer eine besondere Regelung, die sogenannte Convinenza. Sie ermöglichte es den Soldaten, das Consolamentum der Sterbenden vor dem Kampf zu empfangen. Eine solche Vereinbarung wurde getroffen, da das Consolamentum den Katharern verbot, auf Gewalt mit Gegengewalt zu antworten.

Die sterbenden Credentes, denen das Consolamentum gespendet worden war, wußten, daß sie noch ein oder auch mehrere Male in die materielle Welt zurückkehren mußten, um sich zu reinigen oder, wie die Inder sagen würden, um ihr Karma gänzlich abzutragen. Wie die Angehörigen vieler östlicher Kulturen glaubten auch die Katharer an eine Seelenwanderung durch zahlreiche Verkörperungen.

Die spirituelle Entwicklung der katharischen Eingeweihten schloß mehrere Proben ein. Während der Hauptphasen ihrer Vorbereitung wurden sie von ihrem jeweiligen Lehrer oder Meister auf einen windgepeitschten Berggipfel geführt, wo der Novize die Wind- und Sonnenfeuerprobe zu bestehen hatte. Danach mußte er sich in eine der zahlreichen Grotten oder Höhlen der Pyrenäen zurückziehen. In diesen Einweihungsräumen mußte der künftige Vollkommene mehrere Tage lang fasten und meditieren, um die Proben des Wassers und der Erde zu bestehen. Möglicherweise ließen sich die Katharer hierbei von den Visionen Jesaias, einer Schrift aus dem zweiten Jahrhundert, inspirieren. Das Sammelwerk berichtet von den Einweihungserfahrungen, in deren Verlauf der Prophet die verschiedenen spirituellen Reiche durchschreitet, bis hin zu jenem, das in der Überlieferung als »Siebter Himmel« bezeichnet wird.

Für die Vollkommenen befand sich die Wahrheit in der Natur, und durch die Meditation hatten sie Zugang zu jenen Ebenen des kosmischen Bewußtseins, die als »Akasha-Chronik«, »Weltgedächtnis« oder »Buch der universellen Erkenntnis« bezeichnet werden. Während ihrer häufigen und langen Meditationen in den wilden Bergen der Hohen Pyrenäen konnten sie bewußt und willentlich jene Ebenen erreichen, die uns unbekannt sind und die wir Weltlichen allenfalls im Traum erfahren.

Über die Lehren der Katharer ist im Lauf der Jahrhunderte oft und heftig gestritten worden. Wer sie wirklich waren, wird wohl für immer ein Geheimnis bleiben, denn mit den »Reinen« oder »Guten Menschen«, wie sie sich selbst nannten, starb auch ihre Literatur auf den Scheiterhaufen.

So ist es nicht verwunderlich, daß Voltaire in ihnen Vorläufer der Waldenser erblickte. Später erachteten ernsthafte Historiker sie für Frühsozialisten oder gar Kommunisten.

Die Autoren neuerer Werke sehen in ihnen Bogumilen, die Anhänger einer bereits im 10. Jahrhundert in Bulgarien entstandenen Glaubensgemeinschaft. Zwar vertraten auch die Bogumilen eine dualistische Weltanschauung, nach der die Erde dem Teufel — einem Sohn Gottes und Bruder Christi — untertan sei. Unleugbar finden sich bogumilische Einflüsse auch bei den Katharern, doch reichen diese bei weitem nicht aus, um auf den Ursprung der südfranzösischen Religionsgemeinschaft zu schlußfolgern.

Dieser Streit ist jedoch eher akademischer Natur. Was die Katharer für immer im Gedächtnis eines jeden human empfindenden Menschen erhalten wird, ist das Schicksal, das ihnen die katholische Kirche bereitete.

Die Katharer waren in ganz Europa verbreitet. Chronisten belegen sie mit zahlreichen Namen: Patarener, Publikaner, Manichäer, Albigenser, Arrianer etc. In Deutschland wurden 1143 zu Köln die ersten bekennenden Katharer dem Scheiterhaufen überantwortet.

»So übermächtig war die Häresie der Katharer, daß sie binnen kurzem gegen tausend Städte ansteckte«, notierte der Chronist Cäsarius von Heisterbach erschreckt.

Die eigentliche Heimat der Katharer aber war Südfrankreich, die Corbieren und Pyrenäen, Okzitanien — das sogenannte »Ketzerland«.

Die katholische Kirche war in jener Region der Verachtung anheim gefallen. Doch sämtliche Ursachen für dieses Desaster hatte sich der Klerus aufgrund seines Lebenswandels selbst zuzuschreiben. In altbewährter Manier versuchten die Geistlichen den Katharern dafür die Schuld zuzuschieben und die Lehren der Reinen als Götzendienst und Teufelsanbetung zu verunglimpfen.

Damit holten sich die Kleriker jedoch selbst bei ihren eigenen Glaubensbrüdern eine vernichtende Abfuhr. Der als strenggläubig bekannte katholische Ritter Pontius von Rondelle gab Bischof Fulco von Toulouse auf dessen Frage, warum man die Ketzer nicht aus dem Lande treibe, eine eindeutige Antwort:

> *»Wie könnten wir dies tun! Sind wir doch mit diesen Menschen aufgewachsen, haben Verwandte unter ihnen und sehen, daß sie ein rechtschaffenes Leben führen.«*

Da diese von den Kirchenkanzeln aus geführten Verleumdungsfeldzüge nicht die gewünschten Wirkungen hatten, griff man auf Seiten der katholischen Kirche zu anderen Mitteln. Im Jahr 1163 verhängte das Konzil von Tours zunächst eine vollständige Wirtschaftsblockade gegen Okzitanien, während das III. Laterankonzil dann den offenen Krieg gegen die Ketzer beschloß. So überfiel im Jahr 1181 ein »Kreuzheer« unter Führung des Abtes Heinrich von Clairveaux die Grafschaft Toulouse, um nunmehr mit Feuer und Schwert die Ketzer zum »einzig wahren Glauben« zu bekehren. Die Katharer aber übten eine besondere Art des passiven Widerstands. Sie unterwarfen sich scheinbar, um nach dem Abzug der Kreuzfahrer erneut zu ihrem friedlichen Glauben zurückzukehren. Nichts lag ihnen ferner, als die Waffen zu ergreifen und die kreuztragenden Banditen gewaltsam aus ihrem Lande zu werfen. Der erste Kreuzzug gegen Okzitanien geriet für Rom zum Pyrrhussieg.

So verwundert es auch nicht, daß 1184 Papst Lucius III. den Bann-
fluch gegen alle Häretiker schleuderte.

Elf Jahre später gelangte in Toulouse Raimund VI. zur Herrschaft,
ein mächtiger und fast unabhängiger Vasall der französischen Krone, unter dessen toleranter Herrschaft den Katharern nochmals eine
friedvolle Zeit beschieden war. Seine Exkommunikation durch Papst
Cölestin nahm er gelassen hin. Die Kurie vergaß und verzieh ihm
dies nie.

In Papst Innocenz III., der am 22.02.1198 den Apostolischen Stuhl
bestieg, erwuchs den Katharern ein unversöhnlicher Gegner. Sein
Legat Rainier und nach ihm die Zisterziensermönche Peter von Castelnau und Radulf versuchten den Herren von Toulouse das Ver-
sprechen abzupressen, die Katharer aus der Stadt zu treiben. Als
dies mißlang, stellte ihnen der Papst einen weiteren Mann zur Seite
— den Abt Arnold Amalrich von Citaux, dessen Vollmachten eindeutig waren:

*»… gewähren wir Euch uneingeschränkte Vollmacht, zu zer-
stören, zu vertilgen und auszureißen, was Ihr als zerstörens-,
vertilgens- und ausreißenswert erkennt …«*

Da jedoch der Grund für einen offenen Angriff fehlte, mußten sich
die Legaten notgedrungen mit der Waffe des Wortes begnügen, was
unter den solcherart Attackierten aber keine nennenswerte Wirkung
zeigte.

Auch Dominikus Guzman — der spätere Heilige Dominique und
Gründer des gleichnamigen Ordens — predigte ab 1206 in ganz Südfrankreich gegen die Häresie der Katharer, mußte aber bald sein man-
gelndes Talent dazu selbst eingestehen.

Die Situation veränderte sich dramatisch, als im Jahr 1208 der
Legat Peter von Castelnau auf einer seiner Reisen durch Okzitanien
in der Nähe von Saint-Gilles unter mysteriösen und bis heute nicht
ganz aufgeklärten Umständen von einem Unbekannten getötet wurde. Für den Vatikan allerdings war der Fall klar — niemand anderes

als die Katharer konnten diesen Anschlag geplant und ausgeführt haben.

Im Auftrag des Papstes ließ Abt Amalrich von Citeaux nun seine Zisterzienser einen »Heiligen Krieg« gegen die Ketzer predigen und brachte mit dieser Propaganda den Abschaum Europas unter seine Fahnen. Im Juni 1209 versammelte sich ein raubgieriges »Kreuzheer« vor den Toren der Stadt Lyon, darunter solche erlesenen Zeitgenossen wie die »Ribautz« und die »Truands« — die »Hurenböcke« und »Leichenfledderer«. Zeitgenössische Chronisten sprechen von 20.000 Rittern und 200.000 Fußsoldaten, die gegen Okzitanien marschierten. Angelockt wurden sie durch Aussicht auf reiche Beute, da alle Besitzungen der südfranzösischen Edlen, denen eine »Konspiration« mit den Katharern nachgewiesen werden konnte, »zur Jagd freigegeben« wurden. Diese Ländereien gehörten also dem Kreuzritter, der sie eroberte. Ferner wurde die Vergebung aller Sünden versprochen. Den im Kampf Gefallenen winkte die sofortige Aufnahme ins Paradies.

Die Stadt Beziers, gewarnt von ihrem jugendlichen Vicomte Ramon Roger de Trenceval, war das erste Ziel der Kreuzfahrer. Am 21. Juni 1209 schlug das Heer sein Lager vor den Toren der Stadt auf. Die Kreuzfahrer forderten die Auslieferung sämtlicher Ketzer, die sich innerhalb der Stadtmauern aufhielten. Die Bürger Beziers wiesen dieses Ansinnen empört zurück. »Sie wollten lieber als Ketzer sterben, denn als Christen leben.« Und so starben sie — als die Stadt erobert wurde, begann »ein Morden, wie es seit der Sarazenenzeit wohl niemals so wild beschlossen worden ist und ausgeführt ...«

Als ein Feldhauptmann während des Angriffes den Abt Arnold Amalrich von Citeaux fragte, wie man denn Katholiken und Katharer voneinander unterscheiden könne, da soll der »Gottesstreiter« lakonisch geantwortet haben:

»Erschlagt sie alle! Gott wird die Seinen schon erkennen.«

Und so geschah es denn auch. Das mittelalterliche Beziers starb in einem Meer aus Blut und Feuer. Die Glocken der Kirchen schmolzen in ihren Türmen, Leichen brannten lichterloh und die Kathedrale explodierte wie ein Vulkan. Rinnendes Blut, brennende Tote, eine lodernde Stadt, zusammenbrechende Mauern, singende Mönche, mordende Kreuzfahrer, plündernder Mob — aus diesem Inferno gab es kein Entrinnen. Zwanzigtausend, nach anderen Quellen sogar sechzigtausend Einwohner und Flüchtlinge aus der Umgebung sollen bei diesem beispiellosen Massaker ermordet worden sein.

»Ich glaube, nicht ein einziger von ihnen ist mit dem Leben davongekommen«, schrieb der Chronist Wilhelm von Tudela über die Tragödie von Beziers. So begann jenes finsterste Kapitel des Mittelalters, das unter dem unzutreffenden Namen »Albigenserkriege« in die Geschichte eingehen sollte.

Anfang August 1209 standen die Sieger von Beziers vor den Toren von Carcassonne. Vicomte de Trenceval bereitete seine große Festung auf die Verteidigung vor. Doch durch einen Angriff von Norden her gelang es den Kreuzfahrern bereits nach kurzer Zeit, die Wasserversorgung der Stadt zu unterbrechen. Das durch Flüchtlinge bei weitem überbelegte Carcassonne litt furchtbar unter Hitze, Durst und Nahrungsmittelmangel. Den Eingeschlossenen drohte ein langsamer, qualvoller Tod. In dieser Situation entschloß sich Ramon Roger de Trenceval zu Verhandlungen mit den Belagerern. Er wurde jedoch von diesen wortbrüchig gefangen gesetzt und in den Verliesen seiner eigenen Zitadelle eingekerkert. Dort starb er am 10. November 1209 im Alter von nur 24 Jahren. Die Gerüchte wollen bis heute nicht verstummen, daß er von seinen Feinden heimtückisch vergiftet worden sei.

Auch Carcassonne fiel den Kreuzfahrern zum Opfer. Die Bewohner mußten ihre Stadt ohne persönliche Habe und unter Zurücklassung sämtlichen Vermögens verlassen. Es geht die Legende, daß sie durch geheime unterirdische Gänge zu den Besitzungen des Pierre Roger de Caberet in das zwanzig Kilometer entfernte Lastours geflohen sein.

Die Kreuzfahrer, nunmehr unter dem militärischen Kommando des Ritters Simon de Montfort, machten sich daran, eine Stadt nach der anderen zu erobern, wobei allein ihre zahlenmäßige Überlegenheit eine gewichtige Rolle spielte. Montreal, Fanjeaux, wo sich Montfort mit Dominikus Guzman traf, Limoux, Castres, das sich kampflos ergab, Cabaret, wo erbitterter Widerstand geleistet wurde, Mirepoix, das er seinem treuen Gefolgsmann Guy de Levis zum Lehen gab, und schließlich Pamiers, Saverdun, Lombers und Albi.

Im Juni 1210 dann begann das Kreuzheer, Minerve zu belagern. Die gut befestigte, von tiefen Schluchten umgebene Stadt wurde von einer starken Garnison unter Guillaume de Minerve verteidigt. Selbst nach sechswöchiger Belagerung waren die Kreuzfahrer keinen Schritt vorangekommen. Doch es gelang ihnen, mit Geschossen der großen Wurfmaschinen die Zugänge aller Wasserversorgungen zu zerstören. Vom Verdursten bedroht, mußten sich die Verteidiger schließlich ergeben. Die Garnison kam mit dem Leben davon, doch 140 Katharer, die sich weigerten, ihrem Glauben abzuschwören, wurden öffentlich bei lebendigem Leibe verbrannt.

Von diesem »Erfolg« in Minerve ermutigt, sollte nun die wuchtige Burg von Termes angegriffen werden. Doch erst nach viermonatiger Belagerung gelang Simon de Montfort die Einnahme der Festung. Die auf einer Felsspitze thronende Burg war von ihrem Herrn Raymond de Termes mit großem Geschick verteidigt worden. Doch dem Mangel an Trinkwasser konnte auch er nicht abhelfen. Nachdem auch noch die Ruhr unter den Verteidigern ausgebrochen war, mußte Raymond de Termes aufgeben.

Für die Eroberung der schönen Wohnburg von Puivert genügten dem Kreuzfahrerheer drei Tage. Doch in dieser schlecht zu verteidigenden Festung standen lediglich 300 Verteidiger einer etwa 30fachen Übermacht entgegen.

Im Frühling 1211 standen die Kreuzfahrer vor den Mauern der Stadtfestung Lavaur, die zu recht als eine der stärksten Plätze Okzitaniens galt. Die Belagerung sollte sich als äußerst schwierig erweisen. Doch am 3. Mai drangen die Angreifer nach verbissenen Kämpfen in die Stadt ein. Wieder spielte ihre zahlenmäßige Überlegenheit eine entscheidende Rolle. Mehr als 15.000 Belagerer standen gegen knapp eintausend waffenfähige Verteidiger. Nach ihrem Sieg wüteten die Kreuzfahrer furchtbar unter den überlebenden Verteidigern und den Bewohnern der Stadt. Achtzig Rittern wurde die Kehle durchgeschnitten, nachdem der für sie provisorisch zusammengezimmerte Galgen bereits unter dem Gewicht ihres Kommandanten Aymeri de Montreal zusammengebrochen war. Guiraude de Lavaur, die Kastellanin, die an der Verteidigung ihrer Stadt aktiven Anteil genommen hatte, wurde den Soldaten ausgeliefert, vergewaltigt und gelyncht: *»Schreiend und heulend warf man sie in den Brunnen und begrub sie unter einem Steinhagel, bis ihr Wimmern nicht mehr zu hören war. Die Menge war außer Rand und Band. Dies war ein großes Unglück und Verbrechen, denn die Dame Guiraude war gut und barmherzig«*, notierte ein Chronist des Kreuzzuges. Guiraude de Lavaur starb zweimal, denn sie trug ein Kind unter dem Herzen.

Dann wurde ein »Freudenfeuer« angezündet. Mehr als 400 Katharer waren in Lavaur gefangengenommen worden. Alle, die nicht das Ave Maria hersagen konnten, verbrannten die Eroberer »mit größter Freude«.

Die Legende berichtet jedoch, daß die Freude der Märtyrer, endlich dieser Hölle zu entrinnen, größer gewesen sei als die ihrer Schergen. Die Katharer gaben sich gegenseitig den Friedenskuß und warfen sich mit dem Ruf »Gott ist Liebe!« in die Flammen. Mütter verhüllten ihren Kindern die Augen, bis daß Feuer es ihnen für immer schloß, ihnen auf ewig die wahre Heimat der Menschen enthüllend.

Und so ging es weiter — zwanzig Jahre lang. Überall verbrannten die Reinen, die Guten Menschen auf den Scheiterhaufen, da sie *»lieber sterben, denn als Christen leben wollten«*.

Ihre mitleidlosen Henker waren Arnold Amalrich von Citeaux und Simon de Montfort, von dem es hieß: *»Alle Ketzer, deren er habhaft werden konnte, ließ er eines grausamen Todes sterben ...«*

In den Schlachten von Castelnaudary im Jahr 1211 und Muret am 12. September 1213 versuchten die Herren des Südens in offener

Feldschlacht dem Kreuzfahrerheer paroli zu bieten. Dieser Entschluß sollte sich als verhängnisvoll erweisen. In beiden Schlachten trugen die zahlenmäßig überlegenen Kreuzfahrer den Sieg davon. Bei Muret fiel überdies König Peter II. von Aragon, Lehnsherr und Gönner des Grafen Raymond von Toulouse, im konfusen Gewirr der Nahkämpfe. Damit war Okzitaniens Untergang besiegelt.

Erst der »Friede von Paris« und der damit verbundene Vertrag von Meaux brachten im Jahr 1229 vorläufige Ruhe für das gepeinigte Land. Nach langem Zögern hatte sich der französische König schließlich doch selbst in die Kampfhandlungen eingeschaltet und den Krieg zu seinen Gunsten entschieden. Okzitanien büßte seine Unabhängigkeit für immer ein. Seine Kultur war zerstört, die Wirtschaft lag am Boden, viele Bewohner waren tot oder geflohen.

Bis zum sogenannten Albigenserkreuzzug erschien Okzitanien als ein »mitten im stürmischen Meer ruhig und heiter blühendes Eiland«. Die Greueltaten des so genannten »Heiligen Krieges« gegen die Katharer bilden eines der größten und furchtbarsten Verbrechen, das die Welt je gesehen hat.

Ein reiches und schönes Land, ein tolerantes, freies und nicht in mittelalterlicher Dumpfheit und Weltuntergangsangst befangenes Volk, vielleicht die einzige wirklich christliche Kultur Europas, wurde von machtbesessenen Theokraten und neidischen, beutelüs-ternen Nachbarn vernichtet.

Christus hatte Liebe säen wollen, die Welt erntete Haß. Christus hatte das Alte Gesetz als reformbedürftig erkannt und durch das Neue Gesetz auflösen wollen. Die Welt aber ließ den Neuen Bund noch grausamer als den Alten Bund werden.

Dennoch lebte die Lehre der Katharer fort. Noch existierte jener Ort, an dem die Reinen den Parakleten behüteten, den Tröster, den sie auch die »Manisola« nannten.

In den Pyrenäen ragt ein mehr als 1.200 m hoher, schroffer, kahler Berggipfel auf — eine Felspyramide, so wuchtig und wild, so abweisend und unzugänglich, daß sie ihresgleichen sucht auf der Welt.

Auf dem Gipfel, in den reinen, klaren Himmel Okzitaniens hinein, erheben sich die Mauern der mächtigen Burg von Montségur.

Nach den verheerenden Mord- und Raubzügen der christlichen Kreuzheere, nach mehr als dreißig Jahren Scheiterhaufen, Blut, Feuer und Tod, als Okzitanien nur noch eine verödete, zerstörte und fast menschenleere Gegend war, da ragte diese Burg noch immer unbezwungen über dem Chaos und Leid empor.

Hierher flüchteten sich die Ritter und Troubadoure, die Bürger und Bauern — all jene, die dem katharischen Glauben anhingen oder ihm nahe standen. Auf dem Montségur versammelten sich auch die überlebenden geistigen Führer der Katharer oder Perfecti, wie sie genannt wurden, unter ihrem Oberhaupt Bertrand d'En Marti.

Hier fanden sie Zuflucht — so nahe den Sternen, nach denen sie sich sehnten, und so ferne den Menschen, von denen sie doch nur Verfolgung und Tod zu erwarten hatten.

»*Gott ist reiner Geist und Liebe*«, so pflegten die Katharer zu lehren, »*diese Erde ist die Hölle.*«

Von dieser Hölle sollten auch sie verschlungen werden.

Im Mai des Jahres 1243 begann ein Kreuzfahrerheer, aufgeboten von Pierre Amiel, dem Erzbischof von Narbonne, mit der Belage-

Montségur — die berühmteste Katharerburg.

rung der Festung. Der Anlaß für diesen Kreuzzug war der Tod von zwei katholischen Inquisitoren und ihrem Gefolge, die so furchtbar unter der Bevölkerung gewütet hatten, daß die Menschen keinen anderen Ausweg mehr wußten, als sich ihrer Peiniger gewaltsam zu entledigen. In der Stadt Aviognet wurden die Inquisitoren durch Soldaten aus der Festung Montsegur unter dem militärischen Kommando von Pierre Roger de Mirepoix gefangen genommen und liquidiert. Die Soldaten waren von den Bewohnern der Stadt zu Hilfe gerufen worden.

Daraufhin befahl das Konzil von Beziers auf das unnachgiebige Drängen der Königin Blanche de Castille die Zerstörung der Burg. Im Mai 1243 schloß eine 6000 Mann starke Truppe unter dem Oberbefehl des Seneschalls von Carcassonne, Piere de Arcis, den Belagerungsring um die Festung. Auf dem Montségur befanden sich zu dieser Zeit etwa 300 Katharer und eine unter dem Kommando von Pierre-Roger de Mirepoix stehende Garnison mit einer Stärke von weniger als 150 Mann.

Mehr als ein Jahr lang hielt die Festung den Belagerern stand. Oft hatten die Kreuzfahrer größte Mühe, die Belagerung des windgepeitschten Berges überhaupt aufrecht zu erhalten. Obwohl Montsegur vollständig von den Gegnern eingeschlossen war, funktionierte der Nachschub an Proviant, Ausrüstung, Waffen und Munition sowie ein ausgezeichnetes Nachrichtensystem in dem unübersichtlichen Gelände. Vermutlich bildete die Verbindung zu Außenwelt eine riesige, natürliche Höhlenanlage unter der Festung, deren Eingänge inzwischen verschüttet sind und bisher noch nicht wieder aufgefunden werden konnten.

Eine Zeit lang schien die Lage der Eingeschlossenen nicht ganz so hoffnungslos. Es hielt sich hartnäckig das Gerücht, der deutsche Kaiser Friedrich II. werde dem Montségur mit dem Reichsheer zu Hilfe eilen. Der gekrönte deutsche Pragmatiker hatte jedoch anderes im Sinn, als ein paar hundert Häretiker vor dem Scheiterhaufen zu bewahren.

Seine Hilfe wäre ohnehin zu spät gekommen, denn zu Winterbeginn hatte Pierre de Arcis Söldner aus der Gascogne angeworben, die den Kampf am Berg gewohnt waren. Den Gascognern gelang es, den Gipfel des Montségur zu ersteigen und sich im Dezember 1243 nach blutigem Kampf eines Roque de la Tour genannten Vorwerkes zu bemächtigen. Von diesem Brückenkopf aus, der von den Verteidigern des Montségur immer wieder attackiert wurde, arbeiteten sie sich ebenso mühsam wie zielstrebig weiter hinauf in Richtung der Festung. Ein Bollwerk aus Stein und Holz, genannt die »Barbacane« versperrte ihnen den weiteren Weg. Im Januar und Februar 1244 tobten erbitterte Gefechte um diese Befestigung. Den Angreifern gelang es unter Leitung des Bischofs und Kriegsingenieurs Durand von Albi, eine große, als »Trebuchet« bezeichnete Wurfmaschine zu bauen, die mit ihren Geschossen nach und nach die Befestigung der Barbacane zerstörte. Anfang Februar 1244 gelang es den Kreuzfahrern dann, die Verteidiger mit einem Überraschungsangriff aus der Barbacane zu vertreiben. Nunmehr konnten sie das Trebuchet innerhalb der beschädigten Befestigungen des Vorwerkes aufstellen und waren in der Lage, von hier aus den östlichen Teil der Hauptburg des Montségur mit schweren Steingeschossen einzudecken.

Die Angriffe dieser Belagerungsmaschine beantworteten die Verteidiger des Montségur mit einem Katapult, das der Kriegsingenieur Bertrand de la Baccaria de Capdenac konstruiert hatte. Noch vier Wochen dauerten die Duelle der Wurfmaschinen. Erst zu Beginn des Monats März 1244 zeichnete sich ab, daß die militärische Situation der Katharer auf dem Montségur hoffnungslos war. Abgeschnitten von ihren Nachschubwegen, unter dem ständigen schweren Beschuß des Feindes und ohne Hoffnung auf militärische Hilfe entschlossen sich die Befehlshaber des Montségur, Pierre Roger de Mirepoix und Ramon de Perellha, zu Verhandlungen mit den Belagerern.

Die Bedingungen der Übergabe waren in Anbetracht des vorausgegangenen harten Kampfes überraschend milde. Zunächst wurde den Verteidigern des Montségur im Austausch gegen Geiseln ein 15tägiger Waffenstillstand gewährt. Außerdem durften die Soldaten der Festungsgarnison mitsamt Fahnen, Waffen, Ausrüstung und der nicht unbeträchtlichen Kriegskasse die Burg nach der Übergabe als freie Männer verlassen. Dies traf auch für jene Kämpfer zu, die an der Hinrichtung der Inquisitoren in Aviognet beteiligt gewesen waren. Ferner sollten alle Katharer, die bereit waren, ihrem Glauben abzuschwören, freigelassen werden. Andernfalls aber erwartete sie der Scheiterhaufen. Zahlreiche Soldaten ließen sich aber während der Waffenruhe von Bertrand d'En Marti in die Gemeinschaft der Katharer aufnehmen, obwohl sie nur zu gut wußten, welches Schicksal sie mit diesem Entschluß gewählt hatten.

Am 16. März 1244 übernahmen die bischöflichen Belagerer dann die stark beschädigte Festung, während Pierre Roger de Mirepoix mit seiner Garnison abrückte. Die Schlacht um den Montségur hatte der Festungskommandant zwar verloren, doch er dachte nicht daran, den Widerstand aufzugeben. Bis zu seinem Tode im hohen Alter von 86 Jahren befehligte er den Kampf der letzten freien Fürsten Okzitaniens von der Burg Montgaillard aus.

Die Katharer verließen den Montségur unter Führung ihres geistlichen Oberhauptes Bertrand d'En Marti. Der Erzbischof von Narbonne forderte sie auf, ihrem »Irrglauben« abzuschwören. Doch die Gefangenen blieben fest. Nicht ein einziger verspürte den Wunsch, im »Zeichen des Kreuzes gerettet« zu werden. So erlitten sie das Schicksal, welches die Kurie zu jener Zeit und auch noch lange danach allen bereitete, die es wagten, die Dogmen dieser Institution in Frage zu stellen. Sie wurden verbrannt.

Zweihundertfünf — andere Quellen nennen zweihundertfünfundzwanzig — Frauen und Männer starben an einem Ort, dessen Name auch heute noch die Erinnerung an jenes furchtbare Geschehen wach hält — auf dem Camp de Cremat, dem Feld der Verbrannten, dem Scheiterhaufenacker.

Unter den Ermordeten waren Esclarmonde de Perellha, die Tochter des Kastellans und auch seine Frau, Corba de Perellha.

Die Hüter des Trösters starben in den Flammen dieses Scheiterhaufens, doch das Symbol des lichten Parakleten überdauerte ihr

Ende. Es war vor den Feinden rechtzeitig in Sicherheit gebracht worden. Aus den Berichten der Inquisitoren geht hervor, daß sich in der Nacht vor der Übergabe des Montségur vier Katharer vom Gipfel aus in Richtung Lassetschlucht abseilten, um einen »Ketzerschatz« in Sicherheit zu bringen. Wir kennen diese Perfecti sogar mit Namen: Amiel-Alicart, Hugo, Udaut und Potevin. Sie brachten jene Gegenstände in Sicherheit, welche die Inquisitoren als »ad pecuniam infinitam« (von nicht mit Geld aufzuwiegendem Wert) bezeichneten.

Ihr Weg führte sie über den Gipfel des Bidorta, der noch in winterliches Weiß gehüllt war, hinüber in das Tal der Ariège zu den Höhlenfestungen von Bouan und Ornolac, die Pons-Arnaud, dem Herrn von Castellum Verdunum unterstanden. Er war ein treuer Lehnsmann des Grafen von Foix, und machte aus seiner Sympathie für die Katharer kein Hehl. Er nahm die Flüchtlinge freundlich auf und stellte ihnen für ihren weiteren Weg einen kundigen Führer zur Seite, der sich in den Hohen Pyrenäen auskannte. Wohin sich die vier Perfecti und ihr Führer nunmehr wandten, ist nicht genau bekannt.

Es darf jedoch nicht übersehen werden, daß nach dem Fall des Montségur noch zwei weitere bedeutende Festungen den katholischen Kreuzfahrern widerstanden. Es handelte sich um die Burg Queribus, das »Wolkenschloß«, und die Festung Puilaurens, die das Hochtal von Fenouilledes bewachte. Beide Befestigungen standen unter dem Befehl des überzeugten Katharers Chabaret de Barbeira, der nach dem Tod seines Herrn Pierre de Fenouillet hier das Kommando übernommen hatte. Die Burgbesatzungen widerstanden den Angriffen der Kreuzfahrer noch bis 1256. In diesem Jahr geriet Chabaret de Barbeira durch Verrat in Gefangenschaft und mußte seine Freiheit durch die Übergabe beider Burgen an den französischen König erkaufen.

Betrachtet man jedoch die Richtung ihrer Flucht, so ist es wahrscheinlicher, daß die vier Perfecti nach ihrem gelungenen Entkommen vom Montsegur in jener Märznacht 1244 sich weiter in die

Historische Postkarte des Châteaus von Usson.

Hohen Pyrenäen zurückzogen.

Dort findet sich im Labyrinth der Schluchten und Täler des Flusses Aude verborgen die Burg von Usson, die erstmals im 11. Jahrhundert erwähnt wurde. Sie gehörte damals der Familie Albion. Die kleine Festung liegt so versteckt, daß sie während der gesamten Albigenserkreuzzüge nicht ein einziges Mal angegriffen wurde. Die Eroberer aus dem Norden hatten diese Burg schlicht übersehen. Hierher retteten sich höchstwahrscheinlich die Flüchtlinge vom Montségur, um den sagenumwobenen »Ketzerschatz« in Sicherheit zu bringen. Wer nach dem materiellen Vermächtnis der Katharer forscht, sollte mit seiner Suche in der Festung von Usson oder deren näherer Umgebung beginnen. Dort finden sich einige schwer begehbare Höhlen, die sich hervorragend als Versteck für Kostbarkeiten eignen.

Unter den beschriebenen Umständen ist es jedoch wenig wahrscheinlich, daß die Katharer ihr Heiligtum in der Nähe von Rennes-le-Château verbargen, wo sie spätestens seit 1210 über keinen Rückhalt mehr verfügten.

Wie könnte dieser »Schatz« beschaffen gewesen sein, für dessen Rettung die Katharer ein solches Risiko eingingen? Welche Dinge sind nicht mit allem Geld dieser Welt aufzuwiegen? Vielleicht ist die Antwort auf diese Fragen recht einfach. Ein Schatz verbirgt oft einen zweiten. Hinter materiellen Kostbarkeiten versteckt sich möglicherweise ein spiritueller Schatz. Gold und Silber aber führten die Flüchtlinge vom Montségur mit Sicherheit nicht bei sich. Es mögen Manuskripte von höchster religiöser und esoterischer Bedeutung gewesen sein. Vielleicht war es auch die Verkörperung dessen, was für die Katharer von größter Wichtigkeit und das Wertvollste überhaupt für sie war auf dieser Welt, etwas, das unter keinen Umständen den Feinden in die Hände fallen durfte — es war der Paraklet, der Tröster oder, wie sie es nannten, die Manisola. Dies könnte nun wiederum bedeuten, daß der eigentliche »Ketzerschatz« in dem Wissen und der Erfahrung jener vier Perfecti bestand, die dem Scheiterhaufen von Montségur entkamen. Möglicherweise waren sie von ihren Glaubensbrüdern beauftragt wurden, sich zu retten, um die Lehre der Katharer vor dem Untergang und dem Vergessen zu bewahren.

Mit dem Fall des Montségur hatten die Katharer ihr geistiges Zentrum verloren und die okzitanische Kultur ihren Todesstoß erhalten. Den Reinen blieben die Höhlenfestungen von Ornolac und Bouan, die Pyrenäenwälder und die Burgen von Queribus, Puilaurens und Usson.

Dieser aussichtslose Kampf der Katharer und der letzten freien okzitanischen Ritter dauerte noch mehr als achtzig Jahre. Erst im Jahre 1324 starben die letzten bekennenden Katharer auf dem Scheiterhaufen.

Ihre Verfolger versuchten vergeblich, ihnen das Geheimnis des Parakleten zu entreißen. Sie erfuhren nie, wo jener »Schatz« verborgen war, den die vier Perfecti in jener Märznacht des Jahres 1244 vor den Häschern der Inquisition gerettet hatten. Die Reinen nahmen ihr Geheimnis mit ins Grab.

IX. Die Minen der Templer

Wenn es nicht der sagenumwobene Katharerschatz war, welche Kostbarkeiten könnte Berenger Sauniere dann entdeckt haben?

Berenger Sauniere war nicht der einzige, wohl aber der letzte in einer langen Reihe der Eingeweihten, dem sich das Geheimnis in seiner gesamten Tragweite erschloß. Vor ihm waren zumindest mit mehr oder weniger großen Teilen des Rätsels vertraut: Abbé Henri Boudet, der sein Leben in Rennes-les-Bains verbrachte, Jean Vie — dessen Amtsvorgänger — und Antoine Bigou, der das Geheimnis von Marie de Negre erfuhr, der letzten Marquise de Hautpoul de Blanchefort, die 1781 starb. Die Blancheforts, deren Stammhaus nur wenige Kilometer nordöstlich Rennes-le-Châteaus stand, waren höchstwahrscheinlich auch die Entdecker jenes Geheimnisses, das den Ort bis heute umgibt.

Es heißt, daß das Adelshaus Blanchefort dem Orden der Templer eng verbunden gewesen sei. Dieser Mönchsritterorden wurde offiziell im Jahr 1129 in Frankreich gegründet, doch sowohl um seine Entstehung als auch um die spätere Tätigkeit ranken sich zahlreiche Legenden und undurchschaubare Aktivitäten. Verbürgt ist, daß sich bereits in den Jahren 1118/19 im Heiligen Land unter Führung der normannischen Adligen Hugo de Payns und Gottfried de Saint-Omer neun Ritter zu einer Art Polizeitruppe zusammenschlossen. Sie wollten »nach Kräften für die Sicherheit von Straßen und Wegen sorgen« und insbesondere »für den Schutz der Pilger«. Nicht erst ein Historiker hat sich verblüfft gefragt, wie denn Hugo de Payns und seine acht Gefährten allein diese schwierige Aufgabe bewältigen wollten. Noch verwirrender wird es, wenn man feststellt, daß sich in der Zeit bis 1129 die Mitglieder der »Armen Ritterschaft Christi vom Salomonischen Tempel zu Jerusalem« zwar allen möglichen Beschäftigungen widmeten, jedoch gar nicht daran dachten, ihre eigentliche Aufgabe, den Schutz der Jerusalempilger und die Sicherung der Straßen und Wege im Heiligen Land wahrzunehmen.

Statt dessen unternahmen die Ritter ausgedehnte Reisen durch Palästina, knüpften diplomatische Kontakte zu sarazenischen Würdenträgern und der berühmt-berüchtigten ismaelitischen Geheimsekte der Assassinen. Außerdem führten die frisch gebackenen Templer regelrechte archäologische Ausgrabungen unter jenem Flügel des Palastes in Jerusalem durch, der ihnen als Quartier diente und der den Rittern von König Balduin I. persönlich zur Verfügung gestellt worden war. Nach einer alten Überlieferung hatte man diese Unterkunft auf den Fundamenten des Salomonischen Tempels errichtet, woraus der neu gegründete Orden auch seinen Namen ableitete. Die Templer legten bei ihren Ausgrabungen auch die »Pferdeställe König Salomos« frei, wie aus dem Bericht eines Pilgers zu entnehmen ist. Bei diesen angeblichen Pferdeställen handelt es sich um riesige unterirdische Gewölbe, die von den Templern systematisch ausgegraben und erkundet wurden.

Während ihr königlicher Gönner Feldzüge gegen El-Ghazi in Antiochien (1119–1120) und gegen Nord-Syrien (1121–1122) unternahm, dabei mehrfach in Gefangenschaft geriet und nur gegen Zahlung eines hohen Lösegeldes wieder freikam, beteiligten sich die Templer während all dieser Jahre an keiner einzigen militärischen Auseinandersetzung, sondern erforschten lieber uralte Ruinen.

Auffällig ist weiterhin die Tatsache, daß alle neun Gründungsmitglieder des Templerordens entweder mit dem Grafen Hugo von Champagne verwandt oder, wie im Fall Hugo de Payns und Gottfried de Saint-Omers, seine Lehnsmänner waren. Bemerkenswert ist dies deshalb, weil der Grafenhof der Champagne in Troyes zu den aufgeklärtesten Herrschaftszentren des Mittelalters gehörte. So bestand hier seit dem Jahr 1070 bereits eine angesehene, von Rabbi Raschi (1040–1105) gegründete Schule für talmudische und esoterische Studien. Sie war das Zeichen einer religiösen Toleranz und einem Interesse an Wissenschaften, das man in dieser Zeit nur sehr selten fand.

Graf Hugo von der Champagne stiftete bereits im Jahr 1115 Land im Wald von Bar-sur-Aube, auf dem der später heilig gesprochene

Zisterziensermönch Bernhard de Fontaine die berühmte Abtei von Clairvaux gründete.

Nachdem die Kunde von der neu geschaffenen *militia christi* das Abendland erreicht hatte, war es eben jener Bernhard von Clairveaux, der sich zum beredten Fürsprecher des jungen geistlichen Ritterordens machte. Es ist mit Sicherheit nicht übertrieben, Bernhard als einen der bedeutendsten Wortführer und geistigen Architekten des Christentums in jener Epoche zu bezeichnen. Seine Autorität und sein Ruf genügten, um den Templern noch vor ihrer offiziellen Anerkennung auf der Synode von Troyes im Jahr 1129 reiche Schenkungen an Geld, Gütern und vor allem an Ländereien zufließen zu lassen. Im Jahr 1128 bereits verfaßte Bernhard von Clairveaux ein Traktat, welches er als »De laude de novae militiae« — »Das Lob der Neuen Miliz« betitelte und in dem er die militant religiösen Ziele der Templer zum Ideal und Inbegriff aller christlichen Werte erklärte.

Doch zunächst kehrten erst einmal alle Gründungsmitglieder des Templerordens im Jahr 1127 nach Frankreich zurück, wo sie von Bernhard von Clairveaux bereits erwartet wurden. Der Zisterzienserabt ließ dann eine Synode nach Troyes einberufen, auf welcher der Orden der Tempelherren offiziell gegründet wurde. Bernhard wirkte federführend bei der Abfassung der neuen Ordensregel mit. Hugo von Payns wurde zum ersten Großmeister des neuen Ordens ernannt, und der Papst erteilte den Mönchsrittern seinen Segen.

In die Präambel der Ordensregel ließ Bernhard schreiben:

»Mit Gottes und mit unserer und mit unseres Retters Jesu Christi Hilfe ist das große Werk vollendet worden, der seine Freunde aus der Heiligen Stadt Jerusalem in die Marche und Bourgogne zurückbeorderte. Es sind Freunde, die für unser Wohlwollen und für die Verbreitung des rechten Glaubens ohne Unterlaß ihre Seele Gott anbieten, welch edle Aufopferung …«

Obwohl der neue Orden gerade erst offiziell gegründet worden war, schrieb Bernhard von Clairveaux: »… *ist das große Werk vollendet worden* ...« Welchen Sinn sollte diese Aussage haben, wenn sie sich nicht auf die Tätigkeit der Templer zwischen 1118 und 1129 bezog? Was ist in diesem Zeitraum geschehen? So wie sich die Ereignisse darstellen, gibt es nur einen logischen Schluß. Die Gründungsmitglieder des Templerordens kamen keineswegs nach Palästina, um die »Pilger zu schützen«, sondern sie reisten ins Heilige Land, um dort etwas zu suchen und schließlich zu bergen, von dem Hugo de Payns während seiner Teilnahme am ersten Kreuzzug Kenntnis erhalten hatte.

Einige Autoren, so Louis Charpentier, spekulieren nun darüber, ob Hugo de Payns und seine Gefolgsleute bei ihren Ausgrabungen unter dem Tempelberg in Jerusalem vielleicht auf die Bundeslade oder einen ähnlich bedeutsamen Gegenstand gestoßen sein könnten. Manfred Dimde nimmt sogar an, sie hätten dort das originale Grab Christi gefunden und die sterblichen Überreste des Heilands mit nach Europa gebracht. Doch die Ereignisse, die unmittelbar nach Gründung des Ordens begannen, werfen ein anderes Licht auf diese Frage. Mit dem Auftauchen der Templer in West- und Mitteleuropa begann fast übergangslos jenes Zeitalter, das wir heute als »Gotik« bezeichnen und das vor allem in der sakralen Architektur seine eindrucksvollen Spuren hinterlassen hat. In jener Zeit entstanden die großen Kathedralen von Chartres, Reims und Sens, nur um einmal die bedeutendsten Bauwerke zu nennen. Scheinbar aus dem Nichts wurden die mit der Errichtung solcher Bauten verbundenen mathematischen, bautechnischen und logistischen Leistungen bewerkstelligt. Woher kamen dieses Wissen und die Mittel, die erst den Bau der Kathedralen ermöglichten?

Zumindest als Finanziers dieser sakralen Architektur werden die Templer heute anerkannt. Doch es kann durchaus sein, daß sie auch die Inspirationen, die Ideen, die Pläne und die erforderlichen Informationen zur Umsetzung dieser vorwiegend architektonischen Ideen lieferten. Hinweise für die Richtigkeit dieser These finden sich in einem anderen brisanten Dokument.

Eine der in Qumran am Toten Meer aufgefundenen Schriftrollen wurde in den Jahren 1955/56 durch Spezialisten der Universität Manchester entziffert. Dabei stellte sich heraus, daß sie genaue Angaben über große Mengen an Gold- und Silberbarren, heilige Gefäße, Schalen und nicht näher bezeichnete weitere Wertgegenstände enthielt. Weiterhin war die Rede von einem geistigen »Schatz« und uraltem Wissen. Der Text enthielt Hinweise auf vierundzwanzig verschiedene Stellen unter dem Tempelberg, wo all diese Gegenstände vergraben sein sollten.

Als in den letzten Jahren israelische Archäologen und Behörden diesen Hinweise nachgingen, stießen sie auf bereits ausgeräumte Verstecke. Dies könnte zumindest ein Indiz dafür sein, daß die Templer bei ihren Ausgrabungen am Tempelberg Erfolg hatten. Möglicherweise fanden sie materielle Wertgegenstände, die für die Mönchsritter wahrscheinlich ein gutes Startkapital für weitere Unternehmungen darstellten. Mit Sicherheit entdeckten sie jedoch auch den mysteriösen »geistigen Schatz«, von dem in jener Qumran-Rolle die Rede ist. Es handelt sich dabei um Wissen, das aus dem alten Ägypten stammen dürfte und sich auf die Geheimnisse der Baumeister der Pharaonen bezieht. Durch diese Überlieferungen war den Templern das notwendige geistige Rüstzeug zugänglich gemacht worden, mit dem es ihnen möglich war, jene »gotisch« genannte, spirituelle Architektur in Europa zu schaffen, die noch heute unsere Bewunderung erregt.

Es erscheint logisch, daß Hugo de Payns, bevor er mit seiner Bergungsaktion begonnen hatte, sich sowohl der Unterstützung seines mächtigen Lehnsherrn Hugo von der Champagne als auch des Wohlwollens der Kirche versicherte. Nachdem auch der ehrgeizige und wortgewandte Bernhard von Clairveaux seine Zustimmung zu diesem Unternehmen gegeben hatte, reiste Hugo de Payns mit den Verwandten seines Lehnsherren und anderen Vasallen, die er für vertrauenswürdig genug befunden hatte, ins Heilige Land, um vor Ort mit der Suche zu beginnen. Natürlich war es notwendig, dem Unternehmen einen Anschein von Legalität zu verschaffen. Dazu, aber sicherlich auch, um die Gemeinschaft der Sucher fest aneinander zu

binden, erfolgte im Jahr 1118 der Zusammenschluß zu einer Laien-
bruderschaft, aus der später der Templerorden hervorgehen sollte.

Da die Arbeit Hugo de Payens offensichtlich von Erfolg gekrönt
war, ist es kein Wunder, daß Bernhard von Clairveaux die »neue
Ritterschaft« so über alle Maßen lobte. Er und seine Zisterzienser
gelangten durch den Fund der Templer ebenfalls in den Besitz eines
ebenso umfangreichen wie uralten Wissens, das sich bei kluger Nutzung als Trumpfkarte im Kampf um geistliche Autorität und weltliche Macht erweisen würde.

Als Beleg für diese These mag gelten, daß in den auf die Ordens-
gründung folgenden Jahren an der in Troyes bestehenden Kabbala-
schule zahlreiche und sehr alte hebräische Texte übersetzt wurden.
Manchmal mußten für diese Arbeit sogar Rabbiner aus dem Hoch-
burgund hinzugezogen werden. Diese wissenschaftliche Zusammenarbeit war für die damalige Zeit ebenso beispielgebend wie einzig-
artig.

Wozu sollten die hier skizzierten Aktionen dienen? Waren es lediglich die Launen des ambitionierten jungen Geistlichen Bernhard
von Clairveaux und zweier Adliger — Hugo de Champagne und
Hugo de Payns —, deren wissenschaftliche Interessen weiter reich-
ten als bei Angehörigen ihres Standes damals üblich? Oder steckte
mehr hinter diesem aufwendigen Unternehmen?

Betrachtet man die Statuten des Templerordens, die eine lockere
Hierarchie vorgeben, und verfolgt die Politik der Mönchsritter, so
kann man sich des Eindrucks nicht erwehren, als habe eine große,
heute nur noch rudimentär erkennbare Idee die Handlungen der Or-
densführung bestimmt. Möglicherweise beabsichtigten die Templer, in Zusammenarbeit mit dem Zisterzienserorden ein vollkommen
reformiertes Abendland zu schaffen. Ein Europa unter administrativer Verwaltung des Ordens, das feudale Strukturen und deren Hemm-
nisse für Wirtschaft und Handel nicht mehr kannte — die Vorweg-
nahme der heutigen Europäischen Union.

Doch die Ideen der Templer zielten weit über Alltagsleben und
Geschäft hinaus. Ein spirituelles Europa nach dem Vorbild des Or-

dens sollte es sein, stark und einheitlich nach außen, um sich seiner Feinde zu erwehren. Doch nach innen sollte es stets so gestaltet sein, daß der Einzelne niemals so viel Macht auf sich vereinigen konnte, als das er sie hätte mißbrauchen können. Vielleicht sollte am Ende dieses Weges sogar nach der Wiedergewinnung des Heiligen Landes eine Art Eurasische Union und die Aussöhnung der drei großen alten Weltreligionen — Judentum, Christentum und Islam — stehen, nach dem Prinzip der in Spanien zu dieser Zeit geschaffenen Convivencia — des friedlichen und rechtlich geregelten Zusammenlebens von Christen, Moslems und Juden.

In den darauf folgenden Jahren nahm der neu gegründete Templerorden einen Aufschwung, der wohl selbst die Erwartungen seiner Gründer übertraf. Obwohl das Hauptquartier des Ordens zunächst in Jerusalem verblieb — erst nach dem Verlust der Stadt sollte Akkon zum neuen Machtzentrum der Templer werden —, schufen die Mönchsritter in Europa zahlreiche befestigte Häuser, Komtureien genannt, die bald für die Entwicklung und weitere Expansion des Ordens unentbehrlich werden sollten. Die Ordenshäuser nahmen alle Schenkungen entgegen, die dem Orden zuteil wurden, und wenn jemand den Wunsch verspürte, Templer zu werden, so wandte er sich an die nächste Komturei. Das Beispiel Hugo de Payns und des Grafen von der Champagne, die ihren gesamten Besitz dem Orden überschrieben, sorgte dafür, daß die Schenkungen an den Templerorden in ganz erheblichem Maße zunahmen.

Während sich die Templer in Palästina vor allem als disziplinierte, kampfgeübte und mutige Soldaten einen Namen machten, gingen sie in Europa daran, ihre so rasch gewonnene Vormachtstellung auf sämtlichen Gebieten zu festigen und auszubauen. Dabei wurden sie nach und nach zu einer äußerst einflußreichen Macht von internationalem Rang. Diese ohnehin rasante Entwicklung beschleunigte sich noch, als 1139 Papst Innocenz II. mit seiner Bulle »Omne datum optimum« bestimmte, daß der Orden keiner weltlichen oder geistlichen Macht außer dem Papst Gehorsam schulde. Damit wurde den Templern vollkommene Unabhängigkeit von allen Königen,

Fürsten und Äbten gewährt, so daß sie keine Einmischung seitens politischer oder geistlicher Würdenträger mehr zu fürchten hatten. Das enthob den Orden jeglicher territorialen Eingrenzung und machte ihn zum Herrn über ein autonomes, internationales Reich, befreit von den Fesseln feudaler Lehnswirtschaft. So wirkten die Templer in ganz Europa und auch im Heiligen Land als Diplomaten auf höchster Ebene. Sie waren Mittler zwischen dem Adel und den Monarchen ebenso wie zwischen den christlichen und sarazenischen Herrschern in Palästina.

In England wurde der Meister des Tempels stets zu den Sitzungen des Parlaments eingeladen und galt darüber hinaus als Oberhaupt aller kirchlichen Orden im Land. Als der englische König die »Magna Charta«, die erste Verfassung Englands, unterzeichnete, stand der Meister des Ordens an seiner Seite.

Auch mit der islamischen Welt verbanden die Templer intensive diplomatische Kontakte. Nahezu alle Sarazenenherrscher respektierten die Templer mehr als jeden anderen Christen. Selbst die Assassinen, jene für ihre Militanz und Todesverachtung bekannte ismaelitische Sekte, zahlte in einigen Gebieten Palästinas Tribut an den Orden.

Doch die Aktivitäten der Mönchsritter beschränkten sich nicht nur auf Kriege, Diplomatie und hohe Politik. Sie verliehen astronomisch hohe Geldsummen an verarmte Herrscher und wurden somit zu den Bankiers aller europäischen Königshäuser. Selbst einige moslemische Herrscher zählten zu den Kunden der Templer. Die Ordensniederlassungen in ganz Europa und im Nahen Osten nahmen gegen Entrichtung einer geringen Gebühr Geldüberweisungen für Kaufleute vor. So wurden die Templer zu den wichtigsten Bankiers und einflußreichsten Geldwechslern ihrer Epoche. Das Pariser Ordenshaus entwickelte sich zum europäischen Finanzzentrum ersten Ranges. Es kann davon ausgegangen werden, daß die Einführung des Schecks in seiner heute bekannten Form ebenfalls auf die Templer zurückgeht.

Doch der Orden handelte nicht nur mit Devisen, sondern wurde aufgrund seiner langjährigen fruchtbaren Kontakte zur jüdischen und islamischen Welt auch zum Umschlagplatz für neue Ideen und Gedanken. Die Templer übten ein regelrechtes Monopol über die beste und modernste Technik ihrer Zeit aus. So förderten sie die Entwicklung des Vermessungswesens und der Kartographie ebenso wie den Straßenbau und die Schiffahrt.

Der Orden besaß eigene Häfen und Werften, so unter anderem in La Rochelle, in Barfleur, in Marseille und Toulon. Die Flotte des Ordens zählte zu den besten ihrer Zeit. Die Templerschiffe gehörten zu den ersten, die nach chinesischem Vorbild mit Magnetkompassen ausgerüstet waren. Manche Historiker sind darüber hinaus zu der Auffassung gelangt, daß der Orden in seiner Spätzeit an der Wende vom 13. zum 14. Jahrhundert für Kriegszwecke bereits Schießpulver einsetzte, dessen Herstellung und Anwendung die Templer von den Sarazenen gelernt hatten. So sollen auch einige der Ordensgaleeren mit vorerst noch primitiven Geschützen ausgerüstet gewesen sein. Aus dem Jahr 1305 ist überliefert, daß die »La Rose de Temple« — das Flaggschiff der in La Rochelle stationierten, geheimnisumwitterten Westflotte des Ordens — zwei sogenannte Bombarden und ein mörserartiges Geschütz führte.

Mit dieser Westflotte des Ordens hat es eine ganz besondere Bewandtnis. Der Historiker Jaques de Mahieu sammelte eine große Anzahl ernstzunehmender Hinweise, daß die Westflotte des Ordens von ihrem Heimathafen La Rochelle aus durchaus in der Lage gewesen ist, den Atlantik zu überqueren, um Handelsbeziehungen mit den Völkern Mittel- und Südamerikas zu unterhalten. Mahieu kommt bei seiner Recherche zu dem Schluß, daß von den Templern insbesondere auf dem Gebiet des heutigen Mexikos zahlreiche Gold- und Silberminen ausgebeutet wurden. Dies soll seiner Meinung nach eine entscheidende Ursache für den sagenhaften Reichtum des Ordens gewesen sein.

Jaques de Mahieu widerspricht damit deutlich den Auffassungen etablierter Historiker, wonach es vor Kolumbus keine transozeanischen Kontakte zwischen Europa und Amerika gegeben hätte. Doch Wissenschaftler wie Thor Heyerdahl haben inzwischen bewiesen, daß diese schulwissenschaftliche Meinung gründlich revidiert werden muß.

Bereits um 985 n. Chr. erreichte der Wikinger Bjiarn Herluffson als erster Norweger das amerikanische Festland. Um 1000 folgte ihm Leif Erikson. Er gründete in dem von ihm so benannten »Vinland« eine erste europäische Kolonie, die sich mit einigen Unterbrechungen bis zum Beginn des 15. Jahrhunderts behauptete. An der Mündung des Black Duck Brook, unweit des kleinen Fischerdorfes L'Anse au Meadow, wurden in den sechziger Jahren die Ruinen dieser Wikinger-Siedlung ausgegraben. Die Wikinger wurden im mittelalterlichen Europa auch Normannen, die »Nordmänner« genannt. Von dieser Bezeichnung leitet sich der Name ihres Siedlungsgebietes in Frankreich ab — der »Normandie«. Die Gründungsmitglieder des Templerordens stammten zum überwiegenden Teil aus der Normandie. Sie waren Nachfahren der einstigen Wikinger, der »Nordmänner«. So besteht die Möglichkeit, daß in den Familien der Gründer des Ordens auch die Kunde von Leif Eriksons »Vinland« überliefert wurde.

In den Jahren 1166 und 1183 unternahm der Waliser Prinz Madoc mit zwei Schiffen und etwa 30 Männern von Abergle in Nordwales eine Expedition in die Neue Welt, möglicherweise auf den Spuren von Leif Erikson. Das Schicksal der Waliser läßt sich nur sehr schwer rekonstruieren. Wahrscheinlich gründeten sie ebenfalls eine Kolonie und vermischten sich im Lauf der Zeit mit den Eingeborenen. Die Indianerstämme der Mandan, die im 19. Jahrhundert durch eine Blattern-Epidemie ausgelöscht wurden, können die Nachkommen solcher Kolonisten gewesen sein. Sie scheinen anderen Indianerstämmen Nordamerikas in ihren technischen Fähigkeiten überlegen gewesen zu sein. Die Mandan pflegten teilweise europäisch anmutende Gebräuche und hatten auch eine hellere Hautfarbe.

Es gab also bereits lange vor Kolumbus Kontakte zwischen dem mittelalterlichen Europa und der Neuen Welt. Offensichtlich hatten die Templer von diesen frühen Expeditionen Kenntnis und nutzten sie für eigene Unternehmungen.

Da es das Kriegshandwerk der Mönchsritter auch mit sich brachte, Verwundete zu pflegen und Kranke zu heilen, lernten die Templer, mit Arzneien und Heilmitteln umzugehen. Der Orden unterhielt zahlreiche Krankenhäuser mit eigenen Ärzten, Chirurgen und Heilerinnen — speziell ausgebildeten Frauen, die bei der Behandlung jene Heilmittel anwendeten, welche heute gern als »alternative Medizin« bezeichnet werden. Die bekannteste Templer-Ärztin war Schwester Ubaldina, welche ein beachtenswertes Kompendium über Wundpflege und Hygiene verfaßte. Mit ihrer Auffassung von Epilepsie, die Schwester Ubaldina nicht als Teufelswerk, sondern als behandelbare und heilbare Krankheit betrachtete, war sie ihrer Zeit ebenfalls weit voraus.

Diese erstaunlichen Leistungen und Erfolge machten es den Templern möglich, fast zwei Jahrhunderte lang die Geschichte des Abendlandes entscheidend zu prägen.

Ein besonderes Interesse hegte der Orden auch an Okzitanien, insbesondere am Gebiet um das heutige Rennes-le-Château. Auf einem Areal von weniger als fünfzig Quadratkilometern unterhielten die Templer immerhin sechs Komtureien und befestigte Ordenshäuser, die sich wie ein schützender Gürtel um die alte Westgotenstadt Redhae legten. Es mag aufgrund der kulturellen Eigenheiten und Voraussetzungen des Landes sogar möglich gewesen sein, daß die Templer planten, hier die Keimzelle ihres europäischen Ordensstaates entstehen zu lassen.

Zum einheimischen Adel und auch zu den Anhängern des katharischen Glaubens unterhielt der Orden traditionell gute Beziehungen. Viele wohlhabende Grundbesitzer, die entweder selbst Katharer waren oder mit deren Lehren zumindest sympathisierten, hatten dem Orden große Ländereien übertragen. Dies ist nur verständlich, wenn man bedenkt, daß die Templer bereits aufgrund ihrer Kontakte zur jüdischen und islamischen Welt Gedankengut aufgenommen hatten, welches im Gegensatz zur traditionellen Lehre der katholischen Kirche stand. Ihre daraus erwachsende kulturelle Toleranz und intellektuelle Neugier ließ den Orden Positionen einnehmen, die der

Vatikan niemals gebilligt hätte. Durch die Katharer wurden den Mönchsrittern Ideen des gnostischen Dualismus vermittelt, falls diese ihnen zuvor jemals fremd gewesen sein sollten.

Bezeichnend ist daher auch die Haltung, welche der Templerorden während des sogenannten »Albigenserkreuzzuges« einnahm, der im vorigen Kapitel beschrieben wurde. Hier begnügten sich die Templer, zumindest äußerlich, mit der Rolle von neutralen Beobachtern. Doch der damalige Großmeister Guillaume de Chartres äußerte wiederholt und öffentlich, daß nach seiner Meinung ein Kreuzzug nur gegen die Sarazenen in Palästina geführt werden könne, niemals aber gegen Christen. Eine Überprüfung von Chroniken und zeitgenössischen Berichten, die im Templer-Museum von Champagne-sur-Aude aufbewahrt werden, hat erwiesen, daß die Ordenshäuser in Okzitanien und in der Provence zahlreichen katharischen Flüchtlingen Asyl gewährten. Auch zeigen die Mitgliederverzeichnisse des Templerordens aus jener Zeit einen nicht unbeträchtlichen Zustrom von Katharern bis in die höheren Ränge des Ordens hinein. In Okzitanien gab es schließlich mehr Katharer als Katholiken in Führungspositionen.

Im Jahr 1156 wurde ein gewisser Bertrand de Blanchefort zum sechsten Großmeister der Templer gewählt. Blanchefort sollte dieses Amt dreizehn Jahre lang bekleiden und sich als ebenso fähiger wie umsichtiger Führer des Ordens erweisen. Die Überarbeitung der Ordensregeln und die Schaffung effizienter administrativer Abläufe im Verwaltungsapparat der Templer sind mit seinem Namen untrennbar verbunden.

Um so merkwürdiger erscheint die Tatsache, daß es bislang noch keinem Historiker eindeutig gelungen ist, die Herkunft dieses Großmeisters zu klären. Ganz überwiegend wird jedoch angenommen, daß er aus dem Süden Frankreichs stammte und zum Geschlecht der Grafen von Rhazes gehörte.

Dies würde auch erklären, warum eben jener Betrand de Blanchefort bereits im Jahr 1156 — kurz nach Übernahme seines Amtes als Großmeister der Templer — eine größere Gruppe deutscher Bergleute aus dem Bergischen und dem Schneeberger Land nach Okzitanien holen ließ, wo sie unter strengster Geheimhaltung Arbeiten im Gebiet des Chateaus de Blanchefort und der Templerfestung Le Bezu ausführten.

Die Festung von Le Bezu erhebt sich einige Kilometer südöstlich des alten Rhedae auf einem schwindelerregenden Felshang. Sie wurde ursprünglich im Jahr 1110 von Bernard Sermon d'Albedun erbaut, einem Adligen, der einer alten Familie des Rhazes entstammte. Doch bereits bevor Betrand de Blanchefort zum Großmeister gewählt wurde, war Le Bezu in den Besitz der Templer übergegangen. Sie stationierten auf dem strategisch außerordentlich gut gewählten Platz eine Garnison, die in Sicht- und Signalverbindung mit Rhedae und mit den Templerkomtureien von Champage-sur-Aude und Laroque-de-Fa stand.

Obwohl Le Bezu heute völlig in Trümmern liegt, ist noch gut erkennbar, welche Ausmaße die Anlage einst hatte. Zu ihrer Glanzzeit brauchte Le Bezu einen Vergleich mit solchen Höhenburgen wie Montségur, Queribus oder Puilaurens zweifellos nicht zu scheuen. Zwei Vorburgen und ein massiver Mauerring mit mehreren Türmen schützten die eigentliche Hauptburg, deren Bergfried oder Donjon sich wie ein mahnender Finger über dem Tal von Lavaldieu und dem Vallée de Bezu erhoben haben muß.

Nimmt man heute die Anstrengungen des halbstündigen Aufstieges auf sich, so wird man dafür bei gutem Wetter mit einem atemberaubenden Rundblick auf alle Schauplätze des mysteriösen Geschehens von Rennes-le-Château belohnt. Im Nordwesten liegt das Dorf selbst, doch auch Rennes-le-Bains und die natürlichen Menhire des Kromlechs, dem einst Henri Boudet so viel Aufmerksamkeit widmete, sind von hier aus mit dem bloßen Auge zu erkennen. Nördlich von Le Bezu erhebt sich der Mont Cardou, und von Osten wirft ein weiterer geheimnisvoller Berg seinen mächtigen Schatten — der Pic de Bugarach.

Blickt man dann hinunter ins Vallée de Bezu, durch das sich einst eine alte Handelsstraße schlängelte, so kann man gut den sogenannten »Col de Tiplies« — den Templerpaß — erkennen. In seiner Nähe befinden sich die Ruinen des La Jacotte genannten Dorfes, das Betrand de Blanchefort einst für die angeworbenen deutschen Bergarbeiter errichten ließ. Er unterwarf die Knappen, Hauer und Hüttenleute der militärischen Ordensdisziplin. Die Unterbringung in dem eigens für sie errichteten, abgeschiedenen Dorf trug ebenso wie die natürliche Sprachbarriere zur Abschottung der Deutschen von der einheimischen Bevölkerung bei.

Am Fuß der eigentlichen Festung von Le Bezu liegt ein kleiner Weiler, auf dessen Gelände sich die sorgfältig zugeschütteten und vermauerten Eingänge zu den Stollen befinden, in denen die deutschen Bergleute damals beschäftigt waren. Der Name des Gehöftes ist bezeichnend. Er lautet im okzitanischen Dialekt »la touc de tiplies«, was sinngemäß übersetzt »das Loch der Templer« bedeutet.

Bereits zur Zeit von Betrand de Blanchefort wurde über die Tätigkeit der fremden Bergleute spekuliert. So hieß es unter anderem, daß am Le Bezu in geheimen Minen Gold abgebaut würde, mit dem die Templer auf ihrer Festung falsche Münzen prägten. Doch es ist bis heute weitgehend ungeklärt, welchem Zweck diese Arbeiten wirklich dienten.

Um 1600 stieß der Bergbauingenieur Lamoignon de Basville auf die Spuren der deutschen Bergknappen und kam zu dem Schluß, daß sie jedenfalls keine Minen ausgebeutet hatten. Im Jahr 1647 stellte dann sein Kollege, der Bergbauingenieur César d'Arcons fest, daß die Deutschen Eisen in großen Mengen verhüttet hätten. Damit soll nach d'Arcons eine Art unterirdisches Bauwerk angelegt worden sein, das er als »Tresor« bezeichnet.

Im Hinblick auf das gewaltsame Ende des Templerordens argumentieren nun einige Forscher, daß bereits während der Ära des Bertrand de Blanchefort die Ordensoberen womöglich an schlechte Zeiten gedacht und ein Versteck für ihre Schätze angelegt hätten. Für eine solche Ansicht spricht zunächst die Tatsache, daß am 13. Oktober 1307, als alle Templer in Frankreich auf Befehl König Philipps IV. unter ebenso fadenscheinigen wie unsinnigen Vorwänden verhaftet wurden, der sagenhafte »Templerschatz« nicht gefunden werden konnte.

Einige Historiker sind deshalb zu der Meinung gelangt, entweder habe dieser Schatz nie existiert oder aber er sei vor der Verhaftungswelle von den Templern in Sicherheit gebracht worden. Es gibt in der Tat Hinweise darauf, daß eine Gruppe von Rittern um den Schatzmeister des Ordens systematisch ihre Flucht vorbereitete. Deshalb sollte es nicht überraschen, das sämtliches Barvermögen und die umfangreichen Ordensarchive spurlos verschwunden sind. Einem durchaus glaubhaften, aber von keiner weiteren historischen Quelle bestätigten Augenzeugenbericht des verhafteten Templers Jean de Chalons zufolge soll bereits Anfang Oktober 1307 zumindest der Schatz des »Temple« von Paris aus der Hauptstadt auf einem Konvoi schwerer Lastwagen herausgeschmuggelt worden sein. Jean de Chalons sagte dazu vor den Inquisitoren aus:

»Ich habe am Abend vor der Razzia, am Donnerstag, dem 12. Oktober 1307, selbst drei mit Stroh beladene Wagen gesehen, die kurz nach Einbruch der Nacht den Tempel von Paris verließen, und Gérard de Villiers und Hugo de Chalons, die dazu 50 Pferde führten. Auf den Wagen waren Truhen verborgen, die den gesamten Schatz des Generalvisitators Hugo de Pairaud enthielten. Sie nahmen Richtung auf die Küste, wo sie an Bord von 18 Schiffen des Ordens ins Ausland gebracht werden sollten.«

Diese Wagen transportierten den Schatz und wohl auch die Ordensarchive nach La Rochelle an der Atlantikküste. Die Stadt stellte eine Gründung der Templer und ihren bedeutendsten Hafen an der Westküste Frankreichs dar. Hier wurden dann die Wertgegenstände und Dokumente an Bord von 18 Galeeren gebracht, die zur sagenumwobenen Westflotte des Ordens gehörten. Die Schiffe verließen mit unbekanntem Kurs den Hafen von La Rochelle und sind seither verschollen. Mit ihnen verschwanden etwa 1300 Templer — Ritter und einfache Bedienstete des Ordens — im Dunkel der Geschichte. Den Häschern des Königs muß diese Flotte jedenfalls entkommen sein, denn es fehlen jegliche Berichte darüber, daß sie aufgebracht worden wäre.

Folgt man dem Historiker Mahieu, so könnten die 18 Galeeren den Atlantik in Richtung Mexiko überquert haben. Demzufolge hätten die flüchtigen Templer in Mittelamerika eine neue Heimat gefunden und dort vielleicht sogar den Traum eines eigenen Ordensstaates verwirklichen können. Aber gibt es denn wirklich Hinweise darauf, daß Angehörige des Ordens den Atlantik überquerten und Amerika erreichten?

Am Beginn des 17. Jahrhunderts verfaßte der zum Christentum übergetretene aztekische Chronist Francisco de San Anton Munon Chimpalpahin Chuauhtlehuanitzin die Geschichte eines mexikanischen Volkes, der Nonohualca Teolixca Tlacochcalca. Nach den Angaben von Francisco de San Anton kamen die Angehörigen dieses Stammes aus einem Land namens Tlapallan Nonohualco. Von Interesse ist vor allem die Übersetzung dieses Namens. »Tlappallan« läßt sich mit »Land im Osten« (S. Rendon, 1965), »Land der Morgenröte« oder »Land des Orients« (W. Krickeberg, 1965), »Land jenseits des Meeres« (B. da Sahagun, 1829) oder »Osten inmitten des Wassers« (E. Beauvais, 1902) übersetzen. Francisco de San Anton schreibt dazu:

»Als die Nonohualca Tlacochcalca das Land Tlapallan verließen, überquerten sie das große Meer, den großen Ozean.«

Der Chronist läßt keinen Zweifel daran, daß die Nonohualco Tlacochcalca wirklich aus einem Land jenseits des Atlantiks, also aus Europa, gekommen sein müssen. Der erste französische Übersetzer der Chronik, René Siméon, erwähnt darüber hinaus, daß die Einwanderer »sur le coquillages«, »auf Muscheln« fuhren. Dies mag wohl auf den ersten Blick seltsam erscheinen, doch Siméon schreibt:

»Die Verwendung einer solchen Vokabel für Schiff kann uns nicht besonders verwundern, die wir das Wort coque (Schale, Nußschale) im gleichen Sinn für ein Schiff verwenden — ein Wort, das vom Lateinischen concha (Muschel) hergeleitet ist.«

Im Deutschen findet sich eine Parallele dazu in dem Begriff »Kogge«, mit dem die mittelalterlichen Handelsschiffe der Nord- und Ostsee bezeichnet werden.

»Nonohualca« wird übersetzt als »Land der Stummen« oder »Land derer, die eine andere Sprache sprechen« (Krickeberg, 1956). Auch dies deutet auf Einwanderer aus Europa hin. Allein ist es für eine Kolonisierung durch die Templer jedoch kein ausreichendes Indiz, da offensichtlich mehrere Landungen von Europäern zu verschiedenen Zeiten stattgefunden haben.

Umso bedeutsamer ist die Analyse des Stammesnamens, den Francisco de San Anton nennt. Der aztekische Chronist bezeichnet die aus dem Osten gekommenen Einwanderer als Nonohualca Teolixca Tlacochcalca. Die Vokabel »Tlacochcalca« setzt sich aus drei Wortstämmen zusammen, zum einen aus »tlacochtli«, was »Pfeil« oder »Waffe« bedeutet, aus »calli«, was sich mit »Haus« übersetzen läßt und aus »ca«, der Mehrzahl von »catl«, also »Personen« (des Hauses). »Tlacochcalca« heißt demzufolge »Personen oder Leute vom Haus der Waffen« oder — kürzer ausgedrückt — »Soldaten«.

»Teolixca« leitete sich ebenfalls aus drei verschiedenen Worten her: »téotl« heißt »Gott«, »ixtli« bedeutet »Antlitz«, doch ebenso auch »Bote« oder »Gesandter«. Die Silbe »ca« wiederum ist der Plural von »catl«, also wiederum »Personen« oder »Menschen«. Die Einwanderer waren also »von Gott gesandte Soldaten aus einem Land jenseits des östlichen Meeres«.

Eine solche Bezeichnung wäre für einen geistlichen Ritterorden wie die Templer durchaus zutreffend, genügt jedoch nicht als alleiniger Beweis für die Identität der Einwanderer.

Die Nonohualca Teolixca Tlacochcalca werden jedoch auch als Tecplantlaca bezeichnet. Auch dieser Begriff wird aus drei Wortstämmen gebildet. »Tecpan« heißt »Tempel«, abgeleitet von »tecuhtli«, also »Herr«. »Pantli« bedeutet »Mauer« oder »Pavillon«. »Tacatl« nimmt wiederum auf »Personen« Bezug. »Tecplantlaca« läßt sich also mit »Leute vom Haus des Herrn« oder »Leute vom Tempel« übersetzen — oder kurz gesagt als »Templer«.

»In dieser letzten Bedeutung muß der Name der Tecplantlaca verstanden werden«, schrieb Eugène Beauvois bereits 1902.

Selbst die drei wichtigsten Anführer der Einwanderer werden von Francisco de San Anton beschrieben. Einer von ihnen wurde »tetzauhquiacuili« genannt, der »Ehrwürdige Mönch«. Dann gab es noch »xochpoyo«, den »Prediger« und »caccole«, »den mit den schlechten Schuhen«. Diese Bezeichnungen weisen auf mönchisch lebende oder einem Mönchsorden angehörende Personen hin.

Nach Francisco de San Anton sollen diese »Soldaten vom Tempel« in zwei Einwanderungswellen in der zweiten Hälfte des 13. Jahrhunderts nach Mexiko gekommen sein. Da die Chronik des christianisierten Azteken erst reichlich vierhundert Jahre später entstand, bleibt fraglich, ob die darin genannten exakten Zeitangaben (1272 und 1294) wirklich zutreffen. Es existieren keine anderen schriftlichen Quellen mehr aus dieser Zeit, da die meisten Unterlagen während der Eroberung Mexikos von den Conquistadoren vernichtet wurden, die glaubten, damit ein gottgefälliges Werk zu tun. Die Wissenschaft verfügt heute nur noch über drei originale Maya-Handschriften.

Trotz der spärlichen Quellenlage kann davon ausgegangen werden, daß die von Francisco de San Anton beschriebenen »Templer« den amerikanischen Kontinent in der zweiten Hälfte des 13. Jahrhunderts erreichten.

Über ihre Ankunft in Amerika weiß der aztekische Chronist folgendes zu berichten:

»Sie erreichten festes Land an einem Punkt, wo sich die Mündung eines sehr großen Flusses befand, dem sie an seinen Ufern bis dahin folgten, wo der Fluß seine erste Biegung tat. Dann

verließen sie das Ufer des Flusses und marschierten in östlicher Richtung weiter ...«

Wer von La Rochelle aus in See geht, wird durch den Einfluß des Kanarenstroms und des Nordäquatorialstromes sowie der günstigen ganzjährigen Passatwinde relativ sicher und schnell den Atlantik überqueren und die karibische Inselwelt erreichen können. Thor Heyerdahl bewies mit seinem Schilfboot »RA II«, daß eine solche Reise auch mit einfachen Hilfsmitteln innerhalb von zwei Monaten zu bewerkstelligen ist. Die Templer verfügten über robuste und äußerst seetüchtige Galeeren, so daß ihre Überfahrt wesentlich kürzer gewesen sein dürfte.

Bei dem »großen Fluß«, vom dem bei Francisco de San Anton die Rede ist, könnte es sich um den Mississippi handeln, wenn man davon ausgeht, daß die Templerflotte, geleitet durch Wind und Meeresströmungen, schließlich den Golf von Mexiko erreichte. An einem Nebenfluß des Mississippi, dem Arkansas, existiert noch heute ein Ort, dessen Bezeichnung an den Heimathafen der Westflotte des Templerordens erinnert. Dieser Ort heißt Little Rock. La Rochelle und Little Rock haben die gleiche Bedeutung als Bezeichnung einer landschaftlichen Gegebenheit. Beide Begriffe lauten ins Deutsche übersetzt »kleiner Felsen«. Vom Unterlauf des Mississippi aus erkundeten die Templer offenbar die Gebiete der heutigen Südstaaten der USA. Doch schließlich kehrten sie zu ihrem ursprünglichen Landplatz an der Mündung des Flusses zurück, und lichteten erneut die Anker.

Die Templer erreichten mit südöstlichem Kurs daraufhin die Insel Acihuatlmichintlaco. Wahrscheinlich statteten sie dem heutigen Kuba einen Besuch ab. Danach segelten die Schiffe der »Leute vom Tempel« wieder in westliche Richtung und erreichten schließlich das Land der Tolteken. In Tullan, der Hauptstadt des gastfreundlichen Volkes, verbrachten die Einwanderer drei Jahre. Danach stießen sie auf ihren Erkundungen bis zum Chalco-See vor, unterwarfen die ansässige Bevölkerung und errichteten schließlich ein eige-

nes kleines Reich. Über das von den Templern errichtete Herrschaftsgebiet schrieb Francisco de San Anton:

>*Obwohl sich seine Ausdehnung nicht entfernt mit derjenigen
der mexikanischen Förderation vergleichen konnte, der es später angeschlossen wurde, stellte es doch einen recht eindrucksvollen Verband in einer Breite von 100 bis 150 Meilen dar.*«

Bei dem erwähnten Chalco-See könnte es sich um ein Gewässer in
der Nähe der Maya-Metropole Tikal handeln. Damit ließe sich das
ehemalige Reich der Templer im Gebiet des heutigen Guatemala
lokalisieren. So hatten die Templer denn in Mittelamerika endlich
das verwirklicht, was ihnen in Europa versagt geblieben war. Sie
gründeten hier einen eigenen, unabhängigen Ordensstaat. Nun findet die Aussage Jean de Chalons, daß die Schätze der Templer auf
Schiffen ins Ausland gebracht worden seien, in den geschilderten
Tatsachen ihre Bestätigung. Es gab in Europa kein Land — auch
nicht das den Templern wohlgesonnene Portugal —, welches hin-
reichend Schutz für die wertvollen Besitztümer des Ordens geboten
hätte.

Es erhebt sich in diesem Zusammenhang die berechtigte Frage,
warum wir nicht mehr über diese Zeit der Templer in Mittelamerika
wissen, oder warum bislang noch keine archäologischen Funde gemacht wurden, welche eine Anwesenheit der Vertreter des Ordens
bezeugen. Will man diese Frage beantworten, ist zu bedenken, daß
die Herrschaft der Templer schon nach wenigen Jahrzehnten zu Ende
gegangen sein muß. Als Mönche hatten sie auch gelobt, ehelos zu
leben. Selbst wenn dieses Gelübde nur für die unmittelbaren Angehörigen des Ordens und nicht auch auf die Sergeanten und den zivilen Troß galt, so waren sie doch insgesamt mit Sicherheit zu wenige,
als daß sie zu einer dauerhaften Umorientierung der Gesellschaft
und zu auch noch nach Jahrhunderten spürbaren Veränderungen hätten beitragen können. Auch die Wikinger Leif Eriksons, deren Kolonie in Nordamerika ja etwa 400 Jahre lang bestand, waren nicht in

der Lage, die einheimische Kultur nachhaltig und vor allem auf Dauer zu beeinflussen.

In der ersten Hälfte des 15. Jahrhunderts, als vielleicht noch konkrete Erinnerungen und Dokumente existierten, wurde das Land von den Azteken überrannt, die alles vernichteten, was auf eine Geschichte vor dem Beginn ihrer Herrschaft hätte hindeuten können. Nach ihnen kamen zu Beginn des 16. Jahrhunderts die Spanier und löschten alles aus, was ihnen »heidnisch« erschien.

Immerhin mag als Indiz für eine Anwesenheit der Templer die Tatsache gelten, daß die spanischen Conquistadoren unter der einheimischen Bevölkerung immer wieder hellhäutige und sogar rothaarige »Indianer« vorfanden. Der Urbevölkerung war das Symbol des Kreuzes ebenfalls vertraut, jedoch nicht in der klassisch-christlichen Form, sondern eben als Tatzenkreuz. Dieses Emblem der Templer wurde von den Maya und Azteken als »Kreuz der vier Weltgegenden« bezeichnet.

Doch nicht nur in Mexiko finden sich Spuren der Kriegermönche, sondern auch in Asien, genauer gesagt, im Herzen Indiens. Dort existieren eindeutige Indizien dafür, daß die Templer am Bau und an der Gestaltung einer der ältesten und berühmtesten Städte Südindiens maßgeblichen Anteil hatten. Diese Stadt heißt Vijayanagara — die »Stadt des Sieges«. Sie erlebte ihre Blütezeit als Hauptstadt des mächtigsten Hindu-Reiches von Südindien und als religiöses sowie politisches Zentrum der Region von der Mitte des vierzehnten Jahrhunderts an bis zum Jahr 1565, als die Stadt von moslemischen Angreifern erobert und zerstört wurde. Nach dieser Niederlage wurde sie nie wieder aufgebaut. Ihre Ruinen blieben fast vierhundert Jahre lang unbeachtet.

Obwohl die herausragende Bedeutung von Vijayanagara für die Geschichte Indiens unumstritten ist, haben bisher nur wenige Historiker und Archäologen diesen einzigartigen Ort besucht. Wer jedoch dorthin kommt, wird sich dem Zauber des vergangenen Ruhmes und Glanzes der alten Hauptstadt nicht entziehen können, den man noch heute auf dem gesamten Gelände leicht nachempfinden kann.

Im Gegensatz zu den meisten anderen Hauptstädten der früheren Hindu-Königreiche, von denen nur noch vereinzelte Monumente übrig geblieben sind, finden sich hier eine beachtliche Anzahl von Überresten der verschiedensten Gebäude inmitten einer faszinierenden Landschaft, die von imposanten Granitfelsen geprägt wird und eine natürliche Festung bildet. Trotzdem errichteten die damaligen Bauherren eine komplette Zitadelle mit gewaltigen Mauern, Toren und Wachtürmen, aber auch kunstvolle Paläste und Pavillons, Freilichtbühnen, Festplätze, königliche Bäder, Ställe und Lagerräume. Das fast schon modern zu nennende Bewässerungssystem sucht unter den Anlagen der damaligen Epoche vergeblich seinesgleichen. Aber auch zahlreiche einzigartige Tempel und Schreine, die den verschiedenen Göttern der Hindus gewidmet sind, wunderbare Skulpturen und Reliefs machen diesen Ort zu einer Schatztruhe für jeden, der sich für die Geschichte und die Kultur Südindiens interessiert.

Es gibt nur wenige ähnlich gut erhaltene Fundstellen auf der Welt, die uns auf einem so umfangreichen Areal Einblick in die Ausmaße, die Pracht und die Vielfalt eines ehemals geistigen und kulturellen Zentrums wie Vijayanagara vermitteln. Immerhin bedecken die bisher ausgegrabenen Ruinen bereits eine Fläche von 33 km². Wenn wir die Überbleibsel der vielfältigen militärischen, königlichen, zivilen und religiösen Bauten genau betrachten, gelingt es uns tatsächlich, eine ungefähre Vorstellung von dieser Stadt zu erlangen, die einst so lebendig und bedeutend war und in der mehr als eine halbe Million Menschen lebten.

Die Ausgrabungen dauern weiter an, und sicher brauchen die Archäologen aus Indien und aus zahlreichen anderen Ländern der Erde noch viele Jahre, bis sämtliche Gebäudeteile und Kunstwerke, wie etwa wertvolle Töpfereien, Stein-, Metall- und Glasbearbeitungen freigelegt und geborgen sein werden, und bis mit Hilfe der historischen Aufzeichnungen ein genaues Bild des damaligen Lebens an diesem Ort gezeichnet werden kann.

Daß Vijayanagara inzwischen von der UNESCO zu einem Bestandteil des Weltkulturerbes erklärt wurde und entsprechend geschützt und restauriert wird, war mit Sicherheit eine gute und wichtige Entscheidung.

Nach einer fast einen ganzen Tag dauernden Fahrt von Bangalore, der Hauptstadt des indischen Bundesstaates Karnataka, nach Hampi, einem Marktflecken bei Vijayanagara, über holprige Straßen, durch quirlige Dörfer voller fröhlicher, gastfreundlicher Menschen in bunten Kleidern, durch leuchtend grüne Reisfelder und Palmenhaine, vorbei an riesigen Stauseen und imposanten Felsen, konnte auch ich mich von der Faszination dieses einmaligen Ortes gefangen nehmen lassen. Dabei hatte ich zunächst nur eine ziemlich wage Vorstellung von den Ausmaßen der alten Hauptstadt, von der Abdul Razzaq, ein Reisender aus Persien im Jahre 1443 sagte:

»Ich sah eine riesige, wundervolle Stadt mit ihren zahllosen Einwohnern und einen gerechten und Ehrfurcht gebietenden König, dessen Reich sich über Tausende von Meilen ausdehnte. Die verschiedenen Teile seines Imperiums entwickelten sich allesamt prächtig, und er besaß etwa dreihundert Häfen. Zu seinem Hofstaat gehörten tausend Elefanten von der Größe eines Berges und dem Ausdruck eines Dämons. Es war die Stadt Vijayanagara ..., und es gibt keinen vergleichbaren Ort auf dieser Welt.«

Als ich zum ersten Mal selbst das Ausgrabungsareal betrat, begann ich zu verstehen, was dieser Reisende einst gefühlt und gemeint haben mußte. Man braucht nicht viel Fantasie, um sich auszumalen, wie beeindruckend diese Stadt in ihrer Blütezeit gewesen sein muß. Von einem der noch recht gut erhaltenen Gebäude am Eingang zu den königlichen Palästen aus versuchte ich, mir einen allgemeinen Überblick zu verschaffen, was aber schon daran scheiterte, daß sich die Ruinen nicht nur bis zum Horizont, sondern noch weit darüber hinaus erstreckten.

Besonders interessant erschienen mir die zahlreichen Legenden, die davon berichteten, daß in Vijayanagara einst die Hindus ihren

»Göttern« begegnet sind. Immerhin wird das Gelände noch heute in das »Königliche Zentrum« und das »Heilige Zentrum« unterteilt.

Bereits auf der Fahrt zu den Ausgrabungsstätten waren mir die gewaltigen und bizarr erscheinenden Felsformationen überall entlang des Weges aufgefallen, welche die Stadt umgeben und auf seltsame Art schon von weit her den Weg dorthin zu weisen scheinen. Nun stellte ich fest, daß diese riesigen Granitbrocken, die oft so unwirklich übereinander gestapelt sind, daß sie allen Gesetzen der Physik zu trotzen scheinen und an einen Spielplatz von Riesen oder vielleicht sogar an gewisse gewaltige Markierungen denken lassen, sich auch überall innerhalb der Stadt und zwischen den Ruinen befinden.

Bei ihrer näheren Betrachtung überraschten mich die eindeutigen Bearbeitungsspuren auf fast jedem dieser Steine, klare Hinweise auf regelmäßige Einschnitte und sogar Bohrungen. Die Kanten einiger Felsbrocken ähnelten dem äußeren Rand von Zahnrädern, und irgendjemand hatte wohl einst versucht, sie zusammenzufügen. Aber wer sollte die Kraft haben, das bei dieser Größe und bei dem enormen Gewicht der Felsen zu bewerkstelligen? Selbst der stärkste Kran unserer heutigen Zeit stünde damit sicher vor einem gewaltigen Problem.

Aber es sollte noch spannender werden. Wie in der Gegend um Mahabalipuram in Tamil Nadu, wie auf der Mittelmeerinsel Malta und an zahllosen anderen Orten der Erde wiesen auch diese gigantischen Felsbrocken vollkommen glatte und teilweise sogar verglaste Schnittflächen auf. Wie diese zustande kamen, blieb bis heute ein Rätsel. Die einzige denkbare Lösung, welche mir dazu einfiel, war die, daß die Steine zur Zeit ihrer Bearbeitung weich gewesen sein mußten und jemand so etwas wie ein riesiges Messer angesetzt hatte. Eine solche Vermutung findet ihre Bestätigung in zahlreichen lokalen Legenden.

Noch unter dem Einfluß der zyklopischen Steinbearbeitungen stehend, erreichte ich schließlich eine Plattform, von der aus man einen herrlichen Überblick über den Bereich der alten Tempel von

Vijayanagara hat. Aber schon nach den ersten Schritten stutzte ich. Hier mußte es sich um zwei nebeneinander und teilweise sogar übereinander angeordnete Anlagen handeln. Mein einheimischer Führer bestätigte diesen Eindruck, aber die unterschiedlichen Materialien und Baustile genügten eigentlich schon für sich als Beweis für die Vermutung, daß hier mindestens zwei verschiedene Architekten aus vollkommen unterschiedlichen Epochen ihre Visitenkarten hinterlassen haben.

Auch hier, wie an so vielen anderen bekannten Kulturstätten, wurden die deutlich älteren und viel dauerhafteren Bauwerke mit einer weitaus komplizierteren Bautechnik aus gewaltigen Monolithen errichtet, während die neueren Abschnitte aus einzelnen Steinen gemauert und viel anfälliger gegen natürlichen Verfall und schädliche Umwelteinflüsse sind. Wie läßt sich die Tatsache erklären, daß die früheren Bauherren die schwierigeren und selbst heute kaum nachvollziehbaren Baumethoden wählten, während ihre Nachfolger Generationen später anscheinend nicht mehr über das dafür nötige Wissen und die rätselhaften Technologien verfügten?

Bevor ich weiter über diese Fragen nachdenke konnte, fiel mir etwas ins Auge, das ich hier an diesem Ort mitten im Süden des indischen Subkontinents niemals erwartet hätte — die älteren Tempel der riesigen Anlage trugen Aufsätze, die in ihrer Form eindeutige Abbilder der mittelamerikanischen Maya-Pyramiden sind. In einem der Tempel stieß ich dann sogar noch auf eine Wandzeichnung, welche die verschiedenen Pyramidenformen der einzelnen Kontinente in einem einzigen Symbol zu vereinen scheint. Was wollten die Erbauer damit sagen? Soll uns dieses Symbol einen Hinweis auf die schon vor Jahrtausenden bestehenden Verbindungen zwischen den Völkern und Kontinenten dieser Erde geben und uns zeigen, daß es einst Hochkulturen gegeben hat, die der unseren ebenbürtig oder sogar überlegen waren?

Der indische Architekt Ganapati Sthapati entdeckte in alten Schriften, die sich mit dem Thema »Vastu« — der vedischen Architektur — beschäftigten, Hinweise auf Verbindungen nach Mesoamerika.

Als Begründer der vedischen Architektur und Astronomie wird Maya Danava genannt. Er entwickelte ein mathematisch begründetes System der Architektur, das in Indien bis heute sowohl beim Bau von Häusern als auch bei der Konstruktion von Tempeln Verwendung findet. Den Überlieferungen des alten Indien zufolge soll Maya Davana in der Zeit zwischen 10.000 und 3000 v. Chr. gelebt haben.

Jenseits aller Legenden erbrachte die Expedition des Architekten Sthapati nach Mexiko im Jahr 1995 eindeutige Hinweise für Kontakte zwischen den Bewohnern der Maya-Reiche und den drawidischen Kulturen Südindiens. Die Maya-Tempel tragen nicht nur den Namen des Schöpfers der vedischen Architektur, sondern wurden auch nach den gleichen mathematischen Formeln und geometrischen Gesetzmäßigkeiten errichtet. Das südindische Maß der »Kushku-Elle« findet sich vor allem in der *mexikanischen* Region Kishku wieder. Neben architektonischen Parallelen weisen auch linguistische Übereinstimmungen auf einen Kontakt Maya Danavas oder seiner Nachfolger mit der Maya-Kultur hin. Das Wort »Citrambalam« beispielsweise, das soviel wie »heiliger Raum« bedeutet, hatte in Alt-Mexiko die gleiche Bedeutung wie im drawidischen Indien.

Selbstverständlich wollte ich von meiner Entdeckung eine Fotodokumentation anfertigen. Durch den Sucher der Kamera bemerkte ich jedoch etwas, das mir den Atem stocken ließ und die Maya-Pyramiden noch übertraf: Am Fuße eines dieser Bauwerke lag — leicht angelehnt — ein schweres, gleicharmiges Kreuz aus Stein, das dem berühmte Kreuz der Templer zum Verwechseln ähnlich sieht!

Wie kommt ein solches »Templerkreuz« nach Indien? Gemäß der offiziellen Geschichtsschreibung waren die Templer niemals dort. Oder doch? Im ersten Augenblick wagte ich noch nicht, an eine tatsächliche Verbindung zu glauben, denn wenn es sie wirklich gab und sich eine solche Verbindung beweisen läßt, muß zumindest ein Teil der mittelalterlichen Geschichte Europas und Asiens neu geschrieben werden.

In Laufe meiner weiteren Untersuchung der Tempel und Ruinen stieß ich auf so viele eindeutige Beweise, daß ich schließlich jeden

Zweifel oder Zufall völlig ausschließen konnte. Im Innenhof eines Tempels fand ich mehrere gewaltige Steinplatten, die mit einem Relief verziert waren, in dessen oberer linker Ecke sich wiederum das Tatzenkreuz der Templer befindet, und selbst die Säulen sämtlicher erhaltener Tempel — und das übrigens nicht nur in Vijayanagara — beinhalten bei genauerem Hinsehen in der Mitte nach allen Seiten hin sichtbar das Symbol des geheimnisumwitterten Ordens.

Die Krönung dieser Entdeckungen bildete dann ein weiteres Templerkreuz als Bestandteil einer Darstellung des damaligen Lebens — mitten in einer vollkommen realistisch abgebildeten Jagdszene. Hier war es direkt eingearbeitet in das alte Kunstwerk, und das gut erhalten und eindeutig erkennbar. Spätestens an dieser Stelle wurden auch meine allerletzten Zweifel beseitigt. Die Künstler, die der Nachwelt so realistische und unverkennbare Abbildungen von den Menschen, Tieren und Landschaften ihrer Zeit hinterlassen haben, und auf deren beeindruckenden Reliefs nicht ein einziges, winziges Detail sinnlos oder überflüssig ist, haben ganz gewiß nicht ausgerechnet dieses Templerkreuz ohne eine bestimmte Absicht in diese Szene einbezogen.

Aus dieser Schlußfolgerung entstanden sofort neue Fragen. Nach dem bisherigen Kenntnisstand der Historiker hat es keinerlei Verbindungen zwischen dem Orden der Tempelherren und Indien gegeben. Doch wenn man bedenkt, daß nach den Erkenntnissen einiger indischer Historiker wie Dr. M. S. Nagaraja Rao die Geschichte Vijayanagaras sogar bis in das 1. Jahrhundert vor unserer Zeitrechnung zurückreicht, so erscheint ein Kontakt zwischen den Rittermönchen und den Angehörigen der mittelalterlichen Hindu-Kultur denkbar.

Bestätigt wird diese Hypothese durch einige Legenden, die noch heute unter der Bevölkerung in den indischen Bundesstaaten Kerala, Karnataka und Maharashtra kursieren. Diese Legenden berichten von weißen bärtigen Männern, die lange Zeit vor den Portugiesen von Westen auf großen Schiffen über den Ozean kamen. Sie sollen von den einheimischen Herrschern die Erlaubnis erhalten haben, sich im Lande niederzulassen, und allmählich in der Bevölkerung aufgegangen sein. Es heißt, daß die fremden Einwanderer zur Zeit der ersten Mogulherrscher ins Land kamen. Dies würde auf eine Periode am Ende des 13. oder zu Beginn des 14. Jahrhunderts hindeuten.

In Europa gab es nur ein einziges Land, in dem die Templer nicht verfolgt wurden — in Portugal. Nachdem der Orden durch einen Beschluß des Konzils von Vienne am 3. April 1312 aufgelöst worden war, wandelte der portugiesische König die Gemeinschaft der Templer in seinem Land in den sogenannten Christusorden um. Dieser Orden übernahm später die Verwaltung der portugiesischen Kolonien und existierte bis zum Anfang des 20. Jahrhunderts als weltlicher Verdienstorden mit drei Klassen. Auch die von König Heinrich dem Seefahrer in Sagres gegründete nautische Forschungsanstalt wurde vom Christusorden verwaltet. Vasco da Gama, der »Entdecker Indiens«, gehörte dem Christusorden an. Auch seine Schiffe segelten auf den Expeditionen von 1498 und 1502/03 unter dem roten Tatzenkreuz. Während die Templer 200 Jahre vor ihm selbst als Verfolgte in der Hoffnung auf Zuflucht nach Indien kamen, hegte Vasco da Gama ganz andere Absichten. Doch lassen wir den portugiesischen Christusritter selbst berichten:

»Wir segelten in fünfzehn Tagen über den großen Golf (den Indischen Ozean) und sahen am 21. August des Jahres 1502 das Land Indien. An dem Lande entlang nach Arabien liegt die Stadt Mekka, wo Mohammed begraben liegt. Wir fuhren vorbei an einer Stadt namens Goa. Da ist ein König, der achttausend Pferde und siebenhundert Elefanten für die Schlacht gerüstet hat. Jede Stadt hat dort ihren eignen König. Wir nahmen vor der Stadt Goa vierhundert Schiffe, schlugen die Bemannung tot und verbrannten die Schiffe.

Am 11. September sind wir dann in das Königreich Kanamer gekommen. Da warteten wir die Schiffe von Mekka ab. Das sind die Schiffe, die die Spezerein (Gewürze) in unser Land bringen. Wir wollten sie vernichten, damit der König von Portugal allein die Spezerein holen kann.

Am 27. Oktober kamen wir an das Königreich Kalikut. Da legten wir uns mit unserer Macht vor die Stadt, kämpften drei Tage lang, fingen viel Volks und hängten sie an die Schiffsrahen.

Am 2. November fuhren wir an eine Stadt namens Cuschin (das heutige Conchin), und zwischen den beiden Städten liegt die Christenstadt Cranaganur. Die Christen sind gute Christen, sie treiben an Heiligentagen keinen Kauf und Verkauf und essen und trinken auch mit niemandem, außer mit Christen. Sie kamen auf unsere Schiffe und bewirteten uns aufs beste.

In Cuschin gingen wir an Land, um mit dem König zu verhandeln. Unsere Herren haben mit dem König über Handel und Spezereien gesprochen. In der Stadt Kulang kamen viele Christen und brachten uns zwei Schiffe mit Spezereien. Es sind der Christen wohl 25.000. Sie zahlen eine Kopfsteuer wie bei uns die Juden.«

Aus dem Bericht Vasco da Gamas geht eindeutig hervor, daß es an der Westküste Indiens bereits größere christliche Gemeinden gab, die friedlich mit den Hindus lebten. Da Vasco da Gama diese Glaubensbrüder als »gute Christen« bezeichnet, handelte es sich um Anhänger der katholischen Glaubensrichtung des Christentums. Hätte es sich um äthiopische, koptische oder gar orthodoxe Christen gehandelt, wäre der Portugiese sicherlich vorsichtiger mit seiner Wortwahl gewesen. Das Logbuch Vasco da Gamas bezeugt also, daß das Christentum katholischer Prägung den Indern bereits vor der »offiziellen« Entdeckung ihres Landes durch die Portugiesen vertraut war. Da ihnen auch die Tatzenkreuze auf den Segeln der portugiesischen Schiffe bekannt waren, können diese Umstände als weitere Indizien für die These gelten, daß die Templer bereits 200 Jahre vor Vasco da Gama Indien erreichten und hier seßhaft wurden.

Verbindet man nun die Erkenntnisse des Historikers Jaques de Mahieu über den Aufenthalt der Templer in Mittelamerika mit den

Aufzeichnungen Vasco da Gamas und den Entdeckungen von Vijayanagara, so ergibt sich daraus eine faszinierende Hypothese.

Wenn die Templer kurz vor ihrem endgültigen Untergang in Europa 18 Schiffe zur Verfügung hatten, um ihr herausragendes gehei-
mes Wissen in Form von Aufzeichnungen oder Daten egal welcher
Art fern von der Heimat in Sicherheit zu bringen, wäre es dann sinnvoll gewesen, alle 18 Schiffe in die gleiche Richtung zu lenken?
Eigentlich ist es doch viel logischer anzunehmen, daß diese Elite
ihrer Flotte in zwei oder vielleicht sogar in drei Gruppen aufgeteilt
wurde, die mit jeweils einem Teil der kostbaren Fracht völlig verschiedene Himmelsrichtungen ansteuerten. Schließlich wußten die
Templer genau, daß ihre Feinde ihnen dicht auf den Fersen waren
und daß sie ganz sicher auch auf dem Meer weiter verfolgt werden
würden. Sie konnten also nicht ausschließen, daß ein Teil der Flotte
aufgebracht und vernichtet werden würde, wie es im Mittelmeer dicht
unter der italienischen Küste auch durchaus geschehen ist. Hätten es
Menschen vom Format der Templer in dieser Situation tatsächlich
riskiert, alle Schiffe gemeinsam zum gleichen Ziel aufbrechen zu
lassen? Ganz gewiß nicht!

Wir wissen seit der Recherche de Mahieus zwar mit ziemlicher
Sicherheit, daß einige der verschollenen Galeassen die mittelameri-
kanische Küste erreicht haben müssen, doch wie erklären wir dann
die eindeutigen Hinweise auf die Anwesenheit der Templer in Südindien? Ist vielleicht ein anderer Teil der Flotte nach Osten gefah-
ren, hat schließlich den Subkontinent angesteuert und in Vijayanagara einen Unterschlupf, ein neues Zuhause und sicher auch gelehr-
rige und wißbegierige Schüler gefunden? Sind wir heute endlich
reif dafür, die uns dort von den Templern hinterlassenen Hinweise
zu verstehen? Haben wir dann auch den Mut, die Geschichte umzu-
schreiben und zu korrigieren?

Nach diesem Exkurs über den möglichen Exodus der letzten Templer nach Mittelamerika und Indien wollen wir nun wieder zum Schau-
platz des Geschehens in Südfrankreich zurückkehren.

Betrachtet man dann die Aussagen von César d'Arcons und Lamoignon de Basville aus dem 17. Jahrhundert, so stellt man fest, daß sich die Bergbauingenieure über den Charakter der von den deutschen Bergknappen ausgeführten Tätigkeiten selbst nicht recht schlüssig waren. Eisenerz war am Le Bezu in erheblichen Mengen verhüttet worden, während unterhalb des Château Blanchefort und am Mont Cardou offensichtlich reiche Goldvorkommen ausgebeutet wurden. In Anbetracht des Charakters dieser Tätigkeiten ergibt sich meines Erachtens eine recht einfache Erklärungsmöglichkeit. Bei der geheimnisvollen Mine am Le Bezu dürfte es sich höchstwahrscheinlich um eine unterirdische Waffenschmiede gehandelt haben, in der die Templer für die damalige Zeit hochmoderne Waffen herstellten, welche vielleicht nicht nur für den Einsatz der Ordensstreitkräfte gedacht waren, sondern auch an die Fürsten Okzitaniens und vielleicht sogar an die Mauren im nahen Spanien verkauft wurden. Eine solche Tätigkeit macht die beschriebenen Geheimhaltungsmaßnahmen verständlich. Man bedenke dazu auch die kryptische Warnung in den von Pfarrer Sauniere aufgefundenen Pergamenten, daß »dieser Schatz der Tod ist«. Für die Herstellung von Waffen ist dies eine zutreffende Beschreibung. Bei den Bergwerken am Mont Cardou und unterhalb des Château Blanchefort hingegen dürfte es sich nach den dortigen geologischen Befunden tatsächlich um Goldminen gehandelt haben.

Die Entdeckung dieser unterirdischen Geheimnisse mag auch Berenger Sauniere beeinflußt haben, als er mehr als 700 Jahre später auf die Minen der Templer stieß. In seiner Dorfkirche ließ er die Statue Asmodis aufstellen, des Hüters der verborgenen Schätze und Geheimnisse. In vielen Arbeiten über Rennes-le-Château ist zu lesen, wie schreckerregend diese Statue auf die Besucher der Kirche wirken soll. Doch bei näherer Betrachtung der Fotodokumente scheint der Dämon eigentlich eher selbst erschrocken, ja geradezu entsetzt zu sein. Mit vor Angst geweiteten Augen und offenem Mund starrt er auf den Boden der Kirche, als fürchte er sich panisch vor etwas da unten, tief unter den Hügeln und Tälern des Rhazes.

Vielleicht vor jener monströsen Kriegsmaschinerie, welche einstmals durch die Templer konstruiert und in Gang gehalten wurde?

Der Historiker Louis Fedie hat darüber einiges an Material in seinem 1880 erschienen Buch »Le Comte du Rhazes« zusammengetragen. Obwohl sich sein Werk vor allem mit der Geschichte und dem Werdegang der Grafen von Rhazes beschäftigt, versäumt es der landeskundige Fedie nicht, seine Leser auch auf allerlei Merkwürdigkeiten im Tal der Aude und dem Vallée de Bezu hinzuweisen. So sollen sich nach Fedie in dem beschriebenen Gebiet mehrere Eingänge zu einem riesigen unterirdischen Tunnelsystem befinden. Diese Höhlen sind zum Teil natürlichen Ursprungs, andere Abschnitte wurden künstlich geschaffen. Die Größe des gesamten Systems konnte nach Fedie noch nicht bestimmt werden, da sich zahlreiche Höhlen und Kavernen in unbekannte Tiefen fortsetzen.

Louis Fedie lokalisiert in seinem »Le Comte du Rhazes« die Eingänge zu jener unterirdischen Welt recht genau. Einer dieser Zugänge befindet sich demnach sogar mitten in Rennes-le-Château. Von den unterirdischen Gewölben des Châteaus de Hautpoul nimmt der Gang seinen Verlauf zunächst durch einige kleinere natürliche Höhlen, bis er in jenes ausgedehnte unterirdische Tunnelsystem mündet. Das Schloß von Hautpoul ist seinerseits durch einen unterirdischen Gang mit der Krypta der Grundherren von Rennes unter der kleinen Kirche des Ortes verbunden. Dies geht aus den Gemeinderegistern des 17. Jahrhunderts hervor.

Als Berenger Sauniere im Verlauf der Arbeiten an seiner Kirche im Jahr 1891 auf die Krypta der Grundherren von Rhedae stieß, könnte er von dort aus versucht haben, in jenes Labyrinth vorzudringen, das auch durch die Templer und vorher durch die Westgoten genutzt wurde. Da Sauniere den Eingang zur Krypta jedoch wieder vermauern ließ, kann er bei seinen Forschungen unter der Kirche nicht allzu weit gekommen sein. Möglicherweise ist der Verbindungsgang zwischen dem Château de Hautpoul und der Kirche unpassierbar.

Einen weiteren Eingang zum Höhlensystem beschreibt Louis Fedie in der Nähe von Le Bezu. Dies dürften vermutlich jene Grotten und unterirdischen Galerien gewesen sein, auf welche die Templer bei ihren Bauarbeiten an der Burg von Le Bezu stießen und die dann bei dem Einsatz der deutschen Bergleute als unterirdische Waffenschmiede genutzt worden sind.

Es spricht nichts gegen die Annahme, daß von den Templern oder durch Angehörige des Adelshauses Blanchefort in dem unterirdischen Labyrinth die Hinterlassenschaften der Westgoten entdeckt wurden, zu denen Teile des Salomoschatzes mit der Menorah — dem aus purem Gold gefertigten siebenarmigen Leuchter des Alten Testaments — und den Smaragdtafeln des Bundes ebenso wie der »Smaragdtisch« und das »Misseorium« gehörten. Dabei handelt es sich um Kunstschätze von unermeßlichem Wert.

Auch bei der Ausbeutung der Goldminen am Mont Blanchefort scheinen die Bergknappen ein wenig zu tief gegraben zu haben und auf Gänge gestoßen zu sein, die in jenes unterirdische System führten. Vielleicht wurden in diesen Minen die aufgefundenen Kunstschätze eingelagert und die Bergwerke dann Mitte des 12. Jahrhunderts geschlossen. Die Eingänge sämtlicher Stollen wurden ebenso versiegelt, wie es mit den Höhlen am Le Bezu geschah.

Louis Fedie weiß von insgesamt zwölf verschiedenen Eingängen in diese geheimnisvolle Unterwelt. In der Nähe des natürlichen Kromlechs von Rennes-le-Bains befindet sich ein solcher Zugang, weitere im Lavaldieu und bei dem Aven von Les Lagastous, südlich Rennes-le-Châteaus. Auf den Eingang bei Lagastous weist auch ein chiffriertes Brevier hin, welches im Nachlaß von Abbé Sauniere aufgefunden wurde. Der Klartext dieses Dokuments ist recht eindeutig. Er lautet übersetzt:

»Schatz des Königs im Aven von Les Lagastous.«

Alle unterirdischen Galerien treffen an einer bestimmten Stelle unter dem Tal von Boudous zusammen. Die von Fedie erwähnten Zugänge sind alle zu Fuß von Rennes-le-Château aus bequem innerhalb weniger Stunden zu erreichen. Dieser Umstand würde auch die ausgedehnten Wanderungen von Berenger Sauniere und seine häufigen Tagesausflüge in die Umgebung des Dorfes erklären.

Für das in »Le Comte du Rhazes« beschriebene Höhlensystem finden sich in der Nähe von Rennes-le-Château und Le Bezu weitere Hinweise. Fedie hatte in seinem Buch bereits bemerkt, daß ein Teil der unterirdischen Höhlen eingestürzt sei. In der Tat gibt es südlich von Rennes-le-Château — in unmittelbarer Nähe des in den sechziger Jahren von den Ausgräbern des Barons Edmond de Rothschild abgetragenen Berges — einen recht auffälligen Bergschaden. Dieser Begriff bezeichnet eine geologische Formation, die durch den Einsturz einer natürlichen Höhle oder eines künstlich gegrabenen Stollens entsteht. Der Bergschaden bei Rennes-le-Château dürfte durch den Einbruch eines riesigen unterirdischen Saales ausgelöst worden sein. Darauf deutet jedenfalls die heute sichtbare, große trichterförmige Vertiefung hin. Diese merkwürdige Formation trägt den Namen »Le Casteillas«. Auch im Vallée de Bezu, in der Nähe der Ruinen von La Jacotte findet sich ein nahezu identischer Bergschaden. Beide Formationen sind allerdings so alt, daß sie vor mehreren Jahrhunderten entstanden sein müssen.

Der Bergschaden von Le Casteillas.

Der Boden des Rhazes ist auch heute noch in Bewegung, wie ein Ereignis aus jüngerer Vergangenheit beweist. Am späten Abend des 7. Juni 1903, zwischen 22.30 Uhr und Mitternacht, erschütterte ein langanhaltendes unterirdisches Grollen die Gegend um eine »La Pique« genannte Felsspitze etwa drei Kilometer südöstlich von Rennes-le-Château. Am nächsten Morgen stellten die Bauern der Umgebung fest, daß an der Ostflanke von La Pique auf mehreren hundert Quadratmetern der Boden in einem Bergrutsch nachgegeben hatte. Auch dort mußte eine der zahlreichen unterirdischen Galerien zusammengestürzt sein.

Ein weiterer Zugang soll sich an einem markanten Berg in der Nähe von Rennes-le-Château befinden. Der Pic de Bugarach erhebt sich ein Dutzend Kilometer südöstlich von Rennes-le-Château und beherrscht mit seinen 1.230 Höhenmetern das Land ringsum. Zahlreiche Sagen ranken sich um den Pic de Bugarach. So soll einer Legende nach auf dem Berg die biblische Arche erbaut worden sein. Natürlich gibt es auch hier Berichte, nach denen die Katharer ihren sagenhaften Schatz irgendwo am Berg versteckt haben sollen. In der Nacht des 13. Oktobers eines jeden Jahres, so berichtet eine weitere Sage, soll eine Geisterprozession auferstandener Tempelritter, von

Der Pic de Bugarach.

der alten Templerburg Le Bezu kommend, schweigend und unheimlich zum Pic de Bugarach ziehen, um dort in dem riesigen unterirdischen Labyrinth einer Mine zu verschwinden, die bereits in grauer Vorzeit angelegt wurde.

Der Bericht über dieses Tunnelsystem ist einer genaueren Nachprüfung durchaus wert, denn auch am Fuß des Pic de Bugarach ließen sich in den letzten Jahren einige großflächige Bergschäden feststellen, die davon zeugen, daß hier erst vor kurzer Zeit unterirdische Säle und Gewölbe eingestürzt sein müssen. Im Oktober 2001 gelang es mir bei einem weiteren Aufenthalt in Rennes-le-Château, zwei Bewetterungsschächte eines unterirdischen Systems am Pic de Bugarach zu lokalisieren. Der frische Luftzug, der den entdeckten Gängen entströmt, beweist, daß dieses Bewetterungssystem noch heute intakt ist.

Belüftungsschacht des Minensystems am Pic de Bugarach.

Auch der bereits erwähnte Eingang bei Rennes-le-Bains weist einige Besonderheiten auf. Passiert man den von Henri Boudet in »La Vraie Langue Celtique« beschriebenen Kromlech auf einem schmalen Pfad in Richtung Osten, so erreicht man nach etwa 800 Metern den Zugang zu einer Höhle. Der Eingang zu dieser unterirdischen Galerie ist aufgrund der Vegetation vor allem in der warmen Jahreszeit sehr schwer aufzufinden. Doch die Höhle lohnt den Aufwand der schwierigen Suche. Sie ist außergewöhnlich, weil sich hier unter anderem auch ein merkwürdiges akustisches Phänomen beobachten läßt. Je tiefer man in die Unterwelt eindringt, desto stärker werden seltsame Laute hörbar. Sie erinnern an Geräusche, die offensichtlich von einer mächtigen Maschinerie hervorgebracht werden. So lassen sich Vibrationen wahrnehmen, die etwa ein großes Schöpfaggregat verursachen könnte. Die Geräuschphänomene sind seit geraumer Zeit bekannt und wurden sogar durch Tonaufzeichnungen dokumentiert. Sie fanden dennoch bis heute keine hinreichende Erklärung. Möglicherweise arbeitet dort unter Tage ein von den Templern erbautes Schöpfwerk, welches dafür sorgt, daß die Schächte nicht durch Grundwasser überflutet werden. Eine solche Maschinerie ließ sich bereits mit der im Mittelalter vorhandenen Technik weitestgehend wartungsfrei konstruieren.

In diesem unterirdischen System dürfte die Lösung zum Rätsel von Rennes-le-Château zu finden sein. Berenger Sauniere und Henri Boudet entdeckten durch die Entschlüsselung der von Antoine Bigou verfaßten Dokumente einen oder mehrere Eingänge in diese unterirdische Welt. Dort stießen sie aller Wahrscheinlichkeit nach auf Teile des sogenannten »heiligen Schatzes« der Westgoten. Die Existenz dieses Schatzes war dem Adelshaus Blanchefort und auch den Templern bekannt gewesen. Da der Westgotenschatz neben kulturhistorisch einzigartigen Kunstschätzen wie dem »Missorium« und dem »Smaragdtisch« auch Teile des salomonischen Tempelschatzes enthielt, ist das Interesse verständlich, welches der Vatikan ebenso wie das Haus Habsburg und jüdische Organisationen in dieser Angelegenheit hegten. Insbesondere dürften für diese Institutionen die Menorah und die Tafeln des alttestamentarischen Bundes von außerordentlichem Interesse gewesen sein. Daher ist es auch nicht verwunderlich, daß Berenger Sauniere für sein Wissen um diesen Schatz einen immens hohen Preis fordern konnte. Höchstwahrscheinlich ist ein großer Teil des Schatzes heute in den Depots des Vatikan oder in Privatsammlungen von Angehörigen des Hauses Habsburg zu finden. Die Tatsache jedoch, daß Berenger Sauniere sein letztes und offenbar größtes Geschäft im Jahr 1917 nicht mehr abwickeln konnte, deutet darauf hin, daß ein bedeutender Teil des von ihm entdeckten Schatzes noch heute im Untergrund von Rennes-le-Château auf seinen Wiederentdecker wartet.

Teil II

PRAKTISCHE TIPS

Quaerendo invenietis — Suche und wirst finden.
Aus dem Tagebuch Berenger Saunieres

Vielleicht wollen Sie sich nun selbst auf die Suche nach dem mysteriösen Schatz von Rennes-le-Château begeben. Die folgenden Tips sollen Sie bei Ihrem Unternehmen unterstützen.

I. Anreise

Um den kleinen Ort im Süden Frankreichs zu erreichen, bieten sich verschiedene Reisemöglichkeiten an.

Flug
Noch vor einigen Jahren erwies es sich als äußerst umständlich, per Flugzeug nach Südfrankreich zu reisen. Doch die Zeiten haben sich geändert. Der irische Billiganbieter Ryanair (**www.ryanair.com**) fliegt von Frankfurt/Hahn aus sowohl Montpellier als auch Perpignan in Südfrankreich an. Ryanair arbeitet mit der Hertz-Autovermietung zusammen (**www.hertz.co.uk/part/site/ryanair/index.cfm**), so daß bei einer entsprechenden Buchung der Mietwagen dann bereits am Flughafen bereitsteht. Über Ryanair lassen sich ebenfalls Hotels vor Ort (**www.needahotel.com**) buchen.

Bahn/Autoreisezug
Als klassisches Fortbewegungsmittel bietet sich auch im 21. Jahrhundert die Bahn an. Mit ihr erreichen Sie Südfrankreich von jeder größeren Stadt in Deutschland aus. Schon Otto Rahn reiste mit dem Zug von Freiburg nach Foix. Heute geht es dank ICE und seinem französischen Gegenpart TCW natürlich ein wenig schneller als vor 70 Jahren. Ausführliche Informationen gibt es bei **www.Bahn.de**.

Sie möchten in Südfrankreich beweglich sein und wollen Ihr eigenes Fahrzeug mitnehmen? Kein Problem, dafür gibt's den Autoreisezug. Diese Nachtzüge verkehren beispielsweise ab Frankfurt/Main, München, Berlin und Stuttgart. Ihr Motorrad oder Pkw wird auf dem Bahnhof in einen Spezialwaggon verladen, während Sie streßfrei im Schlafwagen reisen. Weitere Informationen finden Sie unter **www.b-rail.be/internat/D/trains/auto/.**

Auto

Sie können selbstverständlich auch im eigenen Wagen anreisen. Dabei sollten Sie allerdings eine Zwischenübernachtung unterwegs einkalkulieren — entweder im Großraum Lyon oder Avignon, das kommt darauf an, aus welcher Gegend Sie anreisen. Beachten Sie bei Ihrer Anreise bitte, daß auf den französischen Autobahnen eine Mautgebühr fällig wird. Die kostengünstigste Anreisestrecke führt von der deutsch-französischen Grenze aus über Besançon und Lyon durch das Tal der Rhone. Vor Avignon zweigt die Autobahn in Richtung Nîmes und Orange nach Westen ab. Über Montpellier und die Katharerstadt Beziers erreichen sie Narbonne. Von hier aus fahren sie die Autobahn in Richtung Carcassonne. Bei dieser Anreise sind Besichtigungen des alten Papstsitzes Avignon und der Altstadt von Nîmes sowie des Pont du Gard — eines römischen Aquäduktes — zu empfehlen. Wer sich für den Templerorden und seine Geschichte interessiert, sollte einen Abstecher nach Le Puy nicht versäumen, um da die Komturei und die beeindruckend gelegene Kirche zu besuchen. In Carcassonne sollten sie unbedingt die wunderschön restaurierte Altstadt, die Cité, besuchen. Sie gilt als eine der am besten erhaltenen mittelalterlichen Festungsstädte Europas.

Rennes-le-Château liegt etwa 35 km von Carcassonne entfernt. Am einfachsten ist es, auf der Autobahn die Ausfahrt »Carcassonne-Ouest« zu nehmen. Dies ist die erste Ausfahrt von Toulouse aus oder die zweite von Narbonne aus.

Von Carcassonne aus fahren Sie in Richtung Limoux. In dieser Stadt fahren über den ersten Kreisverkehr hinein nach Limoux. Ab dem zweiten Kreisverkehr folgen Sie der Beschilderung »Alet-les-Bains«, »Couiza« und »Quillan«.

Nun fahren Sie etwa 15 km auf einer teilweise kurvigen Strasse durch eine landschaftlich wunderschöne Gegend bis nach Couiza.

In Couiza angelangt, überqueren Sie auf der Hauptstraße eine Ampelkreuzung. Nach etwa 400 m zweigt zu Ihrer Linken in einem scharfen Winkel eine schmale Straße ab. Fahren Sie hier ein wenig langsamer als notwendig, denn der Abzweig ist leicht zu übersehen.

Sie finden sich nun auf einer kleinen, kurvenreichen Straße wieder, die auf einer Strecke von 5 km nach Rennes hinaufführt. Fahren Sie hier bitte vorsichtig, die Straße ist wirklich nicht sehr breit!

In Rennes angekommen, folgen Sie der Beschilderung zum Parkplatz am Wasserturm. Dieser Parkplatz liegt am höchsten Punkt des Dorfes. Von hier aus hat man eine wunderschöne Aussicht über das Lavaldieu bis hinüber zum Pic de Bugarach und nach Le Bezu. In unmittelbarer Nähe des Parkplatzes befinden sich auch der ehemalige Landsitz Berenger Saunieres sowie die kleine Kirche.

Im Dorf findet man Restaurants, ein Café und den empfehlenswerten Buchladen »Librarie du Château«. Die Besichtigungen des Museums, des Pfarrhauses und der Villa Bethania sind allerdings kostenpflichtig.

II. Übernachtung

Wo Sie übernachten, wird neben dem Umfang Ihres Geldbeutels auch davon abhängen, ob Sie zur Schatzsuche nach Rennes-le-Château kommen, oder ob Sie sich allgemein für das Land der Katharer und Templer interessieren.

In Carcassonne selbst befinden sich einige gute Mittelklassehotels. Jedoch ist die Stadt eine ausgesprochene Touristenhochburg, so daß ich aus finanziellen Gründen eine Übernachtung dort nicht guten Gewissens empfehlen kann. Eine Alternative sind jedoch die Hotels der Accor-Gruppe (**www.accor.de**), insbesondere die Hotels der Formule-1- oder ETAP-Kategorie.

Wenn Sie ländlich, aber trotzdem in der Nähe des mittelalterlichen Carcassonne wohnen wollen, so probieren Sie es doch einmal mit einem echten Weingut:

Château Canet, F-11800 Rustiques,
Tel. 00 33/68 79 12 09, Fax: 00 33/68 79 09 05.

In Rennes-le-Château selbst gibt es derzeit keine Übernachtungsmöglichkeiten, dafür jedoch in der näheren Umgebung.
Falls Sie Camper sind, dann übernachten Sie preiswert in:
La Valdieu,
Tel. 00 33/04 68 74 23 21.
Dort gibt es auch eine kleine Pension mit Fremdenzimmern.
Eine weitere Pension sowie Stellplätze für Caravans und Wohnmobile finden sich in:
Les Labadous,
Tel. 00 33/04 68 74 25 16 oder 04 68 74 26 47.

Auch in Rennes-le-Bains, der Wirkungsstätte von Henri Boudet, kann man in einer kleinen Pension wohnen:
Les Angelots et La Maison du Pont,
rue des Bains Forts, F-11190 Rennes-les-Bains,
Tel. & Fax: 00 33/4 68 69 80 47, Email: sonia.mazzoni@wanadoo.fr

Wer dagegen ein Hotel für seinen Aufenthalt bevorzugt, sollte sich in Rennes-le-Bains in diesem Drei-Sterne-Hotel einquartieren:
Hostellerie Rennes-le-Bains,
rue des Bains Forts, F-11190 Rennes-les-Bains,
Tel.: 00 33/4 68 69 88 49, Fax: 00 33/4 68 69 88 23,
Email: hostellerie-rennes-bains@wanadoo.fr
Das Hotel verfügt auch über ein gutes Restaurant und natürlich über eine Bar.

Ein weiteres gutes Drei-Sterne-Hotel findet man in Alet-les-Bains, nur wenige Schritte von den Ruinen der Templerkirche und dem sehenswerten mittelalterlichen Stadtzentrum entfernt:
Hostellerie de l'Eveche,
Avenue Nicolas Pavillon, F-11580 Alet-le-Bains,
Tel. 00 33/04 68 69 90 25, Fax: 04 68 69 91 94,
Email: Climouzy@aol.com
Das Hotelrestaurant serviert schmackhafte regionale Küche.

Stilvoll und teuer residiert man in Couiza, im Vier-Sterne-
Schloßhotel Château des Ducs de Joyeuse,
F-11190 Couiza,
Tel. 00 33/04 68 74 23 50, Fax: 04 68 74 23 36,
www.chateau-des-ducs.com
Die Speisekarte des Hotelrestaurants läßt keine Wünsche offen. Den Weinkeller kann man durchaus als erlesen bezeichnen — die Preise allerdings auch.

Individualisten bevorzugen Ferienwohnungen. Eine große Auswahl in der Region um Rennes-le-Château bietet der Frankreichspezialist »Interhome« an (**www.Interhome.de**).

III. Essen & Trinken ...

... halten Leib und Seele zusammen — so heißt es jedenfalls. Diese Volksweisheit gilt erst recht, wenn man nach einem anstrengenden Kultur- oder Schatzsuchertag ordentlich Hunger und Durst verspürt.

Daher will ich Ihnen einige Restaurants empfehlen, die ich bei meinen Aufenthalten in Okzitanien immer wieder aufsuche.

In Carcassonne ist »**Le Table du Vins**« empfehlenswert — kein Touristennepp, sondern ein Restaurant, in das auch die Einheimischen, vor allem die Ladenbesitzer aus der Umgebung, gern zum Essen oder auf einen Schoppen Wein gehen. Im Sommer sitzt man idyllisch im von einer hohen Mauer umgebenen Garten unter einer großen Linde. Der Wirt ist sein eigener DJ und legt zu fortgeschrittener Stunde gern die neuesten Hits auf. Unbedingt mal den Weißwein »Dame de Carcasse« probieren!

In Rennes-le-Château gibt es zwei Restaurants, die ich des öfteren besuche. Mittags gehe ich gern ins »**Le Table de l'Abbé**«, das sich im ehemaligen Park gegenüber der Villa Bethania befindet. Die Speisekarte dürfte auch den Gaumen Berenger Saunieres zufriedengestellt haben. Serviert wird vor allem Regionales, deftige okzitanische Küche. Dazu paßt der Rote »Vin de Curé«.

Den Abend verbringe ich gern im »**La Pomme Bleu**« — dem »**Blauen Apfel**«. Das originelle Restaurant befindet sich unmittelbar neben dem Château de Hautpoul. Der kleine Raum, stilvoll mit einem Kamin ausgestattet, bietet Platz für etwa 15 Gäste — Tischreservierung unbedingt erforderlich! Der Kamin wird wirklich benutzt wenn es kalt ist — ein Platz im Ledersessel davor ist allerdings immer für den Dackel des Wirts reserviert. In der warmen Jahreszeit öffnet der Biergarten mit direktem Blick auf Schloß Hautpoul. Die Speisekarte gibt's auf Schiefertafeln. Küche und Keller bieten Regionales und eigene leckere Kreationen wie »Waldchampignons im

Ravioli-Nest«. Mit dem Rotwein »Vin de Maison« liegt man nie daneben.

Ein Geheimtipp ist das »**La Main d'Argent**« — »**Zum Silbernen Handschuh**« in Alet-le-Bains. Das stilvolle Restaurant liegt inmitten des historischen Zentrums der Kleinstadt in einem Bürgerhaus aus dem 17. Jahrhundert. So weit reicht übrigens auch die Tradition des Restaurants zurück. Derzeit wird es von einem ehemaligen Colonel der Fremdenlegion geführt, der nach 30 Jahren Dienst in Afrika sich mit der Übernahme des »Silbernen Handschuhs« einen Jugendtraum erfüllte. Das Abendessen nimmt man hier mit viel Ruhe und auf typisch französische Art ein — die Menüs mit drei, vier oder fünf Gängen lassen keinen Wunsch unberücksichtigt. Unbedingt einmal die »Seezunge auf Karottencreme mit Zimt-Bratkartoffeln« probieren! Den Wein zum Menü läßt man sich am besten vom schwergewichtigen Inhaber empfehlen. Mit dem »Cuvée de Patron« macht man nichts falsch. Während sich der Patron Colonel um die Getränke kümmert, zaubert seine Frau in der Küche die Menüs und »César«, der Schäferhund des Hauses, beäugt die Gäste ab und an. Dazu gibt's angenehme Musik. Da kann es leicht einmal spät werden, vor allem wenn der Patron zu später Stunde aus den Tiefen seines Kellers noch einen ausgezeichneten Rotwein hervorholt oder als Digestif einen hervorragenden Armagnac kredenzt.

In Arques sollte man einmal in der »**Auberge du Moulin**« einkehren. Das Restaurant befindet sich gegenüber des Châteaus von Arques vor dem Ortseingang. Man speist im ländlich gemütlichen Ambiente der ehemaligen Schloßmühle von Arques. Das Restaurant ist besonders bei den Einheimischen beliebt. Eine Tischreservierung empfiehlt sich daher. Auf der Speisekarte ist besonders die frische Forelle zu empfehlen. Der Weinkeller des Hauses ist mit regionalen Sorten gut bestückt.

Wer einmal bei einem Glas Wein über den Schatz der Katharer und ihr Schicksal nachsinnen will, der sollte dies auf der Terrasse des

Restaurants »**La Occitadelle**« in Montsegur tun. Von hier aus bietet sich ein schöner Blick auf Berg und Burg. Sollte das Wetter einmal nicht mitspielen, so sitzt man im Restaurant sehr gemütlich vor dem offenen Kamin. Dazu kann man sich einen »Kaninchenbraten in Minzesauce« schmecken lassen. Nicht auf den »Katharerwein« hereinfallen, der ist nämlich ein eigens für die Touristen entwickeltes Produkt. Die Katharer — zumindest die Eingeweihten — waren dem Alkohol abhold.

Im Untergeschoß des Restaurants befindet sich eine kleine Galerie, in der Schmuck, Kunsthandwerk, Bücher und Souvenirs verkauft werden.

IV. Ausrüstung

Hat man sich derart gestärkt, sollte einer erfolgreichen Schatzsuche nichts mehr im Wege stehen. Um erfolgreich zu sein, benötigt der Schatzsucher jedoch eine passende Ausrüstung, die hier nicht vernachlässigt werden soll.

Zunächst einmal sollte man sich mit der Gegend vertraut machen, in welcher die Suche stattfinden soll. Dazu sind aktuelle Landkarten unentbehrlich. Für das Gebiet um Rennes-le-Château benutze ich die vom französischen *Institut Géographique National* herausgegebene Karte »Quillan/Alet-les-Bains« mit der Nr. 2347 OT TOP 25. Diese Karte hat einen Maßstab von 1:25.000. Sie ist unter anderem in der *Librarie du Château* in Rennes-le-Château erhältlich.

Wer den Schätzen der Katharer nachspüren will, sollte die vom *Institut Géographique National* im Rahmen der Reihe »edition randonnées pyrénéennes« herausgegebenen Karte Nr. 9 »Montsegur« zu Rate ziehen. Diese Karte hat einen Maßstab von 1:50.000. Sie kann unter anderem im Ladengeschäft der erwähnten »La Occitadelle« erworben werden.

Zu den aktuellen Karten kommen natürlich historische Landkarten (**www.historischelandkarten.de**) und im besten Fall echte oder vermeintliche Lagepläne des Schatzes, wie etwa die von Edmont Boudet für das Buch seines Bruders gezeichnete Karte »Rennes Celtique«.

Denn wer genügend Zeit und etwas sehr wichtiges zu verbergen hatte, gab sich mit dem Versteck besonders viel Mühe: In aller Ruhe wurden der Lageort ausgekundschaftet und nicht selten Pläne angefertigt, meist mit verschlüsselten Botschaften darauf, deren Bedeutung nur der Besitzer verstand.

Oftmals wurden immer wieder klassische Merkmale und Symbole benutzt. Der Berliner Schatzsucher Wolfgang F. W. Lietz hat solche Karten und Aufzeichnungen, meist aus tropischen Regionen, von einsamen Inseln und öden Landstrichen, miteinander verglichen.

Die nachfolgenden Erklärungen (zusammengestellt von Lietz) sollen mithelfen, chiffrierten Geheimnissen auf die Spur zu kommen:

- Kreuz (X): Es ist das bekannteste Zeichen auf alten Dokumenten und sagt aus: »Hier ist die Stelle!« Das Symbol kann mit gekreuzten Klingen dargestellt sein, oder es ergibt sich aus einer Kompaßpeilung sowie anderen markanten Punkten.

- Kompaßrose: Aus ihr können sich versteckte Hinweise ergeben. Der eingezeichnete Norden muß nicht unbedingt nach Norden deuten.

- Plangravierungen: Sie stellen sich dem unvoreingenommenen Betrachter als kleine, graphische Bildchen dar. Sie sollen dem Autor als Gedankenstütze dienen. Dem Fremden fallen die in der Gravur versteckten Aussagen kaum auf. Schatzsucher, die auf eine Plangravierung stoßen, sollten das Bild in mehrere Richtungen drehen. Zuweilen gelingt es, bekannte Landzüge zu erkennen. Eine weitere Möglichkeit, der gewünschten Information beizukommen, besteht darin, die Zeichnung mit Hilfe einer Lichtquelle zu durchleuchten. Eine einfache Tischlampe ist schon ausreichend. Nebensächlichkeiten sind »ausgefiltert«; die seitenverkehrte Durchsicht der Rückseite kann zur Lösung beitragen. Natürlich kann auch eine gute Quarzlampe dienliches Hilfsmittel sein. Die Lampe deckt gnadenlos mögliche Fälschungen auf, die nachträglich vorgenommen wurden.

- Geschriebene Anweisungen: Sie sind oft in der Form eines Aufsatzes abgefaßt. Solche Berichte täuschen vor, einen Fundort und den Weg dorthin exakt zu beschreiben. Bei vielen ausgewerteten Aufsätzen fehlte letztendlich die entscheidende Schlüsselinformation. Wer sie nicht kennt, wird auf eine falsche Fährte gelockt. Um einen Text zu entschlüsseln, müssen die damalige Umgangssprache, Abkürzungen und längst vergessene Fachausdrücke berücksichtigt werden. Weitere Erschwernisse sind der individuelle Schreibstil des Autors und dessen Verfassung während der Niederschrift. Dieser Hinweis gilt insbesondere für das von Henri Boudet verfaßte Buch »La Vrai Langue Celtique et le Kromleck de Rennes-le-Bains«.

• Kryptogramm: Hierbei handelt es sich ebenfalls um geschriebene Anweisungen, allerdings mit einer Abweichung: Im Kryptogramm sind alle Daten enthalten. Lediglich der Geheimcode muß noch dechiffriert werden. Verfasser solcher Mitteilungen haben sich damit eine eigene Schrift ausgedacht. Vertrauend auf ihren Code plaudern sie das Geheimnis aus. Heutzutage ist das Knacken solcher Botschaften verhältnismäßig einfach geworden. Erleichternd wirkt sich dabei der Umstand aus, daß der Schreiber in aller Regel über keine außergewöhnliche Bildung verfügte und somit der Kunst des Verschleierns Grenzen gesetzt waren. Weitverbreitet ist das Auswechseln von Buchstaben durch andere Symbole. Je länger ein Kryptogramm abgefaßt ist, desto einfacher das Entschlüsseln. Dabei muß zunächst die Nationalität und die Sprache des Autor herausgefunden werden. Jeder Sprache sind bestimmte Buchstaben eigen, die in einem Satz dominieren. Daß eine solche Entschlüsselung allerdings nicht immer funktioniert, beweisen die Klartexte der von Antoine Bigou verschlüsselten Dokumente.

• Triangel: Der Triangel (lat. für Dreieck) steht auf Schatzplänen für Berg, Hügel, Zelt, Behausung jeglicher Art und für Pyramide. In unebenen Landschaften bieten sich Bergkuppen als natürliche Orientierungshilfen an. Alles überragend dienten sie als beliebte Anpeilungspunkte für Kompaß und Sextanten. Das Dreieck in Abwandlung mit verlängertem Schenkel, der in Richtung des einzuschlagenden Weges weist, ist eine spurgebende Figur. Übertragen in die Natur befiehlt der Triangel, drei im Gelände stehende (meist natürliche) Punkte durch eine gedachte Linie miteinander zu verbinden. Als Punkte können neben Baumgruppen und Felsen beinahe alle Landschaftsmerkmale benutzt worden sein.

- Dots: Wie aus alten Plänen hervorgeht, sind Dots (engl. für Punkte) immer Mengen oder Distanzangaben.

- Kirchenkreuze: Sie signalisieren entweder die Lage einer Mission oder einer heiligen Stätte. Auf alten spanischen Landkarten ist die Ost-Richtung durch ein Kreuz gekennzeichnet.

Soweit die wichtigsten und bekannten Schatzsymbole. Weitere Informationen finden sich auf **www.goldsucher.de**

Der moderne Schatzsucher bedient sich ganz im Zeitalter der Elektronik weder einer Wünschelrute noch ähnlicher Hilfsmittel. Gemäß dem Fortschritt seiner Epoche macht er sich die Folgeentwicklung der Minensuchgeräte zunutze. Das Wunderding heißt Metalldetektor.

Doch was findet ein Metalldetektor? Er ortet alle Gegenstände, die elektrisch leitfähig sind (Metalle, Mineralien mit elektrisch leitfähigen Substanzen und natürlich auch alle Edelmetalle). Er ortet sie im Schnee und Eis, in der Erde, in Mauern und Wänden, im Gestein, in Holz, Lehm, Kalk und im Wasser.

Unterschieden wird zwischen der Flachortung (Eindringtiefe bis zwei Meter) und Tiefenortung (tiefer als zwei Meter; die »stärkste« Sonde, die »Förstersonde«, reicht bis in ungefähr sieben Meter). Da es für die Geräte verschiedene Suchköpfe gibt und mit einem nicht alle Bereiche erfaßt werden können, sollte man sich schon vor dem Kauf konkrete Gedanken über den späteren Einsatzzweck machen.

Im allgemeinen darf gesagt werden, daß ein Suchkopf mit kleinem Durchmesser kleine Objekte in geringer Tiefe findet, während ein Suchkopf mit großem Durchmesser größere Gegenstände in größerer Tiefe ortet.

Am leichtesten sind Objekte zu finden, welche die Form einer

Spule oder eines Tellers haben, wenn man sich ihnen von ihrer Breitseite her nähert. Legierungen sowie Nichtedelmetalle sind bei weitem einfacher zu orten. Vergrabene Goldmünzen — das muß auch gesagt sein — werden weniger eher erfaßt als eisenhaltige, denn nach längerer Zeit korrodiert die Eisenmünze, und der unmittelbare Raum um die Münze wird selbst leitfähig. Die Goldmünze dagegen bleibt in ihrem ehemaligen Zustand erhalten.

Schon seit dem Zweiten Weltkrieg werden in den USA Metalldetektoren für Schatzsucher gebaut. Weiterentwickelt wurden der »Beat Frequency Oscillator« (BFO) und der »Transmitter-Receiver« (TR). Außerdem gibt es den so genannten »Diskriminator«, das heißt Filterdetektor. Es handelt sich hierbei keinesfalls um einen Sondertyp, sondern um ein BFO- oder TR-Gerät mit einem zusätzlichen Diskriminator-Schaltkreis. Hierunter ist eine Filtereinrichtung zu verstehen, die es erlaubt, die Anzeige von unerwünschtem metallischem Abfall »auszublenden« bzw. zu unterdrücken, so daß nur Edelmetalle, Münzen oder Schmuck angezeigt werden.

Die für den Benutzer erkennbaren Unterschiede liegen im Suchsignal. Der BFO-Detektor ist ein Gerät, das einen Signalton von gleichbleibender Tonstärke abgibt, das in der Tonhöhe (= Frequenz) variiert. Wird ein solches Gerät auf »Metall« eingestellt, so signalisiert es Metallobjekte mit einem hohen Ton und Mineralien mit einem tiefen Ton. Ist das Gerät auf »Mineral« eingestellt, verhält sich das Tonsignal genau umgekehrt. BFO-Geräte sind schwieriger als andere Gerätetypen zu handhaben, aber sie sind auf mineralhaltigem Boden leistungsfähiger. Diese Eigenschaft ist besonders nützlich im Gebiet um Rennes-le-Château, da der Boden hier sehr mineralhaltig ist.

Im Gegensatz zum BFO-Detektor hat das TR-Gerät eine gleichbleibenden Signaltonhöhe, die in der Lautstärke variiert. Für die Sucharbeit wird dieses Gerät so eingestellt, daß nur ein schwacher Dauerton hörbar bleibt. Dieser Ton verstärkt sich, wenn der Suchteller über einen metallischen Gegenstand geführt wird. Der Vorteil dieses Gerätetyps liegt in der einfachen Handhabung. Die schnelle Reaktionszeit und einfache Einstellung machen den TR-Detektor zu einem ausgezeichneten Suchgerät für Münzen, Schatzdepots und antike Gegenstände.

Ein Diskriminator ist immer ein BFO- oder TR-Gerät mit zusätzlichem Schaltkreis zur Ausfilterung von unerwünschtem metallischem Unrat. Bei teuren Geräten erfolgt die Signalanzeige zusätzlich über einen Zeigerausschlag auf einer Meßskala, bei allen Geräten jedoch durch einen Signalton. Bei den etwas besseren Metalldetektoren kann man den Ausfilterungsgrad nach Wunsch einstellen.

Wird das Gerät auf maximale Ausfilterung eingestellt, kann es Dosenverschlüsse sowie Kronenkorken und Alufolien komplett ausfiltern. Allerdings nimmt mit der Stärke des Ausfilterungsgrades auch die Tiefensuchleistung gewaltig ab, unter Umständen bis zu 50 Prozent. Möglicherweise werden sogar die meisten Fingerringe aus Edelmetallen und Aluminiummünzen ausgeblendet.

Ist der Ausfilterungsgrad hingegen so schwach, daß zwar Dosenverschlüsse noch angezeigt werden, aber Kronkorken und Alufolien nicht, so beträgt der Suchtiefenverlust nur etwa 25 Prozent; bei noch schwächerer Einstellung wird nur noch Alufolie ausgefiltert, der Suchtiefenverlust geht zurück auf etwa zehn bis 15 Prozent. Mit eingeschaltetem Diskriminator sollte nur bei der Münzsuche gearbeitet werden, zum Beispiel in Parks und am Strand. Ist der Filterbereich so eingestellt, daß Kronkorken nicht mehr angezeigt werden, werden auch alle eisernen Funde oder Schatzdepots in einem Eisenbehälter nicht mehr angezeigt.

Sehr teure Metalldetektoren weisen einen Regler für Metall und Mineral auf. Die Bezeichnung »Mineral« kann allerdings zu Irrtümern führen. In Verbindung mit Metalldetektoren sind die Begriffe »Mineral« und »Bodenmineralisation« immer gleichbedeutend mit angereicherten magnetischen Eisenoxyden. Hierzu zählen magnetische Eisenerze, schwarzer (magnetischer) Sand und Eisenobjekte, die so weitgehend vom Rost zersetzt sind, daß sie nicht mehr elektrisch leiten. Wenn also von »Bodenmineralisation« gesprochen wird, ist der Anteil an solchen Komponenten im Boden gemeint.

Der Begriff »Metall« ist jedes elektrisch leitende Metall wie Gold, Silber, Kupfer. Detektoren, die einen Regler für Metall und Mineral besitzen, können demnach zwischen magnetischen (Eisen-) und nicht-magnetischen Metallen unterscheiden.

Allerdings zeigt das Gerät auch das Vorhandensein von »Mineral« an, wenn es auf »Metall« eingestellt ist. Mineral wird jedoch durch ein negatives Signal angezeigt. Anders gesagt: Bei der Einstellung »Metall« gibt es ein verstärktes (positives) Signal bei Metallen, ein abgeschwächtes (negatives) Signal bei Eisenoxyden (Mineralien). Bei der Einstellung »Mineral« geschieht genau das Gegenteil: Ein abgeschwächtes (negatives) Signal bei Metallen und ein verstärktes (positives) Signal bei Eisenoxyden.

Eine neue Entwicklung sind VLF-Detektoren (VLF = sehr niedrige Frequenz). Dieser Gerätetyp arbeitet auf Frequenzen zwischen 500 Hertz und 30 kHz. VLF-Detektoren haben eine bedeutend größere Suchtiefenleistung, die auch auf mineralischem Boden nicht abnimmt, aber sie können nicht zwischen Metall und Mineral unterscheiden. Der große Nachteil des VLF-Detektors ist seine Empfindlichkeit auf kleine rostige Eisengegenstände, im Gegensatz zu normalen TR-Geräten, die solche Objekte nicht anzeigen.

Wenn Sie sich für den Kauf eines Metalldetektors entscheiden, dann lassen Sie sich nicht zu einem »besonders phantastischen Gerät« überreden, das soundsoviele Elektronikteile eingebaut hat und angeblich alle Schätze dieser Welt mit Leichtigkeit aufspürt. Bevor Sie sich entscheiden, prüfen Sie die Qualität, ob das Gerät zu Ihnen paßt und die Arme nicht ermüden (was leicht und oft passiert). Wenn Ihnen der Verkäufer verspricht, ein bestimmtes Gerät sei »das Beste«, dann ist er unfähig und will Sie schlichtweg über den Tisch ziehen. Denn es gibt kein »bestes« Gerät. Es gibt nur einen Detektor für diesen, einen anderen für jenen Einsatzzweck. Sie brauchen keinen Detektor, der mehrere tausend Euro kostet, wenn Sie lediglich verlorene Münzen am Strand suchen wollen. Andererseits sollten Sie sich auch nicht ein besonders billiges Gerät aufschwatzen lassen, wenn Sie wie bei den Schätzen von Rennes-le-Château ein Gerät für die Tiefenortung benötigen. Die passenden Geräte für jede Suche finden sie im Shop von **www.goldsucher.de**.

Bevor sie sich mit Ihrem Detektor auf die Suche machen, sollten Sie noch einmal überprüfen, ob Ihre Ausrüstung komplett ist. Wenn Sie sich auf die Suche begeben, sollten Sie stets Ersatzbatterien mitnehmen. Es kann nämlich immer passieren, daß Sie gerade interessante Funde machen und sich genau dann die Batterien verabschieden. Aufladbare Batterien sind sehr empfehlenswert. Während Sie den einen Batteriesatz beim Suchen benutzen, können Sie den anderen wieder aufladen.

Benutzen Sie nach Möglichkeit immer Kopfhörer! Sie empfangen die Signale des Detektors dann genauer und überhören keine feinen Töne mehr. Besonders nützlich ist ein Kopfhörer mit nur einer Muschel. Damit bekommen Sie dann auch mit, was sich in Ihrer Umgebung so alles tut. Das ist bei der Suche im Gebiet um Rennes-le-Château sehr vorteilhaft, denn Sie hören dann neben den Tönen des Suchgerätes auch herabfallende Äste oder freilaufende Tiere, wie zum Beispiel Hunde.

Ein ebenso wichtiger Punkt sind die Grabutensilien. Sollten Sie mit größeren Fundobjekten rechnen, empfiehlt sich ein Klappspaten. Damit können Sie die Fundstelle kreisförmig abstechen und ausheben. Bei kleineren Funden, oder als Zusatz zum Spaten, ist eine kleine Schaufel geeignet. Auch ein Messer sollten Sie nie vergessen. Wenn Sie ein Objekt geortet haben, eignet sich das Messer zum vorherigen »abtasten« der Stelle. Wenn Sie auf Grasflächen suchen, sollten Sie ein Stück Folie oder eine Plastiktüte mitnehmen. Sie können dann den vorsichtig abgestochenen Boden darauf ablegen und später problemlos und sauber wieder einsetzen.

Nicht zu vergessen sind Taschen. Sie können darin gefundene Objekte aufbewahren oder sich Verpflegung mitnehmen. Sehr angebracht ist ein Rucksack mit Bauchschnallen. Die Bauchschnallen halten den Rucksack fest am Rücken, so daß er Sie nicht beim Graben stört. Wem ein Rucksack zu unbequem ist, kann auch auf eine nicht zu kleine Gürteltasche zurückgreifen.

Für die Kleidung gibt es nur allgemeine Regeln. Sie sollte bequem, der Umgebung und dem Wetter angepaßt sein. Dies gilt ebenso für das Schuhwerk, das den Bodenverhältnissen entsprechen sollte. Für ebene Flächen eignen sich Turnschuhe, für weichen oder nassen Boden Gummistiefel und für unebenen Untergrund Wanderschuhe.

Foto- oder Videoausrüstung sollte bei einer solchen Suche natürlich nicht fehlen. Ein Fernglas leistet im bergigen Gelände ganz ausgezeichnete Dienste. Für die Begehungen der Höhlen und unterirdischen Festungen wie etwa der Spoulgas von Bouan oder Ornolac ist eine leistungsstarke Taschenlampe unentbehrlich.

V. Praktische Tips zur erfolgreichen Schatzsuche

Schatzsuche im Gebiet von Rennes-le-Château bedeutet nicht nur, ständig hinter dem Geheimnis Berenger Saunieres herzuspüren. Es lohnt durchaus, sich zu überlegen, wo sich die Fundchancen durch geschickte Auswahl des Terrains überdurchschnittlich erhöhen lassen. Eine große Hilfe vorab am grünen Tisch bieten hier bereits einige Blicke in die topographischen Karten des Zielgebietes. Auffällige und besondere Geländemerkmale sind darin enthalten, die bereits gewisse Hinweise geben können.

Die Aussichten wachsen weiter, je mehr man sich mit Örtlichkeiten auseinandersetzt, die auf Grund ihrer Besonderheiten und Eigenschaften auf vermehrte Funde hoffen lassen. Achten Sie bei Ihren Streifzügen auf Besonderheiten, und achten Sie ebenfalls bei Fahrten mit dem Auto auf auffällige Merkmale. Sie werden sehr schnell sehen, wie Ihre Fundausbeute steigt.

Quellen

Quellen galten seit jeher als beliebte Plätze zum Rasten und als Anlaufpunkte für Treffs. In früheren Zeiten, als man noch zu Pferd oder per Kutsche zu reisen pflegte, hielten sich in der Nähe von Quellen auch sehr oft Strauchdiebe und Wegelagerer auf, die von da aus ihre Raubzüge unternahmen. Außerdem waren Quellen in frühgeschichtlicher Zeit beliebte Opferstellen, um Wassergeister milde zu stimmen. Meist befanden sich in der Nähe von Quellen Siedlungen, und heute noch kann man uralte Wege zu Wasserstellen verfolgen. Die Suche an Quellen verspricht eine gute Fundquote.

Wegkreuze, Kapellen

Die auffälligsten und häufigsten Merkmale in weiter Flur dürften mit Sicherheit Kapellen und Wegkreuze sein. Sie weichen zwar von Region zu Region gelegentlich etwas voneinander ab, der Zweck ist jedoch immer der gleiche. Urplötzlich, mitten in der Landschaft, auf dem Acker, an einer Weggabelung oder mitten im Wald trifft man diese Mahnmale an. An diesen Stellen, wo solche Kennzeichen stehen, ist immer irgend etwas Bedeutendes geschehen. Dies kann ein Unglück genauso gewesen sein wie beispielsweise die Errettung aus einer Notlage oder aber auch ein Verbrechen. Errichtet wurden Kreuze und Kapellen immer von unmittelbar Betroffenen. Immer war Trauer oder Dankbarkeit der Anlaß, ein solches Mal aufzustellen. Oft liegen die Ereignisse hunderte Jahre zurück, und trotzdem wird immer wieder an derselben Stelle das Mal neu aufgestellt, falls es zerstört wird. In schweren Zeiten erinnert man sich dann dieser Stelle und nutzt sie als Merkmal, um Verborgenes leicht wiederfinden zu können. Kapellen hingegen haben ihren Ursprung mehr aus alten Bräuchen, oft entstanden in frühen Zeiten, als die Ernten noch mager und kümmerlich waren. Haus- und Waldkapellen haben ihren Ursprung oftmals in wundersamen Ereignissen und Wundern, die man diesen Orten zuschreibt. Für die Suche um solche Merkmale sollte man sich Zeit nehmen und die Umgebung gründlichst unter die Lupe nehmen, da es nicht selten vorkommt, daß bis zu einem Umkreis von hundert Metern sogar Dauer-Depots existieren können.

Bäume

Den Bäumen schrieb man seit jeher eine besondere Bedeutung zu. Vor allem Buchen, Eichen und Linden — als den Bäumen, die sehr alt werden können. Allerdings mußte ein solcher Baum an besonders exponierter Stelle stehen, einzeln, mit mächtigen Kronen, oder mehrere Bäume bildeten eine auffällige Gruppe. Einfach nur im Wald nach dicken Stämmen zu suchen, dürfte nicht viel Sinn haben. Die Priester der Kelten, die Druiden, bevorzugten die sogenannten »heiligen Haine« — lichtdurchflutete Eichenwälder, in denen sie ihren Göttern nahe sein konnten. Der Linde schreibt man eher Geselligkeit und Kommunikation zu — und traf sich in ihrem Schatten zum geselligen Treff. Heute noch gibt es in manchen Dörfern die »Dorflinde« — oft mit einer rohen Sitzbank um ihren Stamm gezimmert. Was also lag näher, solche Bäume als Bezugspunkt bei der Verbergung von Schätzen zu wählen ? Natürlich existieren sie nicht mehr, die alten mächtigen Baumriesen. Aber ihre Früchte fielen zu Boden, es erwuchsen wieder Bäume und auch deren Früchte brachten wieder neue Bäume, bis irgendwann ein Wald entstanden war. Heute noch existieren Ortsbezeichnungen, die auf solche Haine und Wälder zurückzuführen sind.

Hügel

Anhöhen und Hügel waren seit jeher strategisch wichtig. Auf unzähligen Erhebungen gab es Befestigungen, Burgen und Schlösser. Bereits von weitem konnte man heranrückende Truppen und gegnerische Stämme sehen. Die Römer bevorzugten ebenfalls Hügel und erhöhte Positionen, um ihre Wachtürme darauf zu errichten. Diese befanden sich immer in etwa dem gleichen Abstand von etwa acht Kilometern, so daß im Fall der Gefahr diese schnell weitergemeldet werden konnte. Solche Türme, teilweise noch in einem erstaunlich guten Zustand, finden sich auch in der Umgebung von Rennes-le-Château.

Höhlen

Mit zu den interessantesten und schatzträchtigen Örtlichkeiten gehören Höhlen. In grauer Vorzeit bereits hausten unsere Vorfahren darin, in Felle gehüllt, um knurrend die Reste von Höhlenbären zu verschlingen. Höhlen boten Schutz und waren relativ leicht zu verteidigen. Funde aus dem Neolithikum beweisen immer wieder, daß der Homo erectus in Höhlen lebte, seine Familie dort aufwuchs und sich das Leben dort konzentrierte. In Höhlenböden wurden schon alle Kulturschichten vorgefunden, und neben Knochenresten können sie auch Gegenstände von Notverbergungen beinhalten. Nicht minder interessant ist die Umgebung vor Höhleneingängen sowie Spalten, Schrunden und Löchern. Im Gebiet der Ariège sind besonders die Höhlenfestungen von Bouan und Ornolac von Interesse bei der Suche nach dem Schatz der Katharer, ebenso wie die Höhlen am Oberlauf der Aude in der Nähe der Burg Usson.

Wegkreuzungen und Gabelungen

Betrachtet man einmal eine Luftbildaufnahme genauer, wird man ein Gewirr von Streifen und Linien entdecken. Nicht anders sieht es auf einer Karte aus. Kreuz und Quer ziehen sich Pfade, Wege, Straßen und Pisten durch die Landschaft. Das Straßen- und Wegesystem ist jahrhundertelang gewachsen und aus uralten Handelswegen und Straßen entstanden, die zunehmend mehr oder weniger stark frequentiert wurden. Es ist nur eine logische Konsequenz, daß man diese Wege weiterentwickelt hat. Bereits die Menschen in der Steinzeit trampelten immer wieder auf denselben Pfaden hinter dem Mastodon her, und später begannen die Römer, gut befestigte Heerstraßen anzulegen, die teilweise heute noch existieren und mehr Stabilität aufweisen, als manche moderne Autobahn. Besonders Haupthandelswege, die das Land durchzogen, waren überaus stark frequentiert und deshalb auch bei denen überaus beliebt, die ohne Arbeit die Früchte anderer ernten wollten. Kaufleute galten als feige und gewinnsüchtig, so daß in den seltensten Fällen Gegenwehr zu erwarten war. Das einzige Problem bestand darin, die Kuh zu schlachten, die gute Milch gab. Also verlegte man sich alsbald mehr auf das Abpressen von Wegegeld als auf die komplette Ausplünderung. Der Wegzoll war bald in den Kalkulationen enthalten, und eine aufwendige Jagd nach den Herren Räubern von seiten der Kaufmannschaft lohnte meist nicht. Nur wenn es einer gar zu wild trieb, stellte man ein kleines Heer zusammen, um des Übels Herr zu werden. Solche Schutztruppen aber kosteten Geld und waren nicht gerade billig, so daß die Kaufmannschaft oft den Weg des geringsten Widerstandes ging.

Nun kann man nicht erwarten, daß im Bereich alter Handelsstraßen ganze Wagenladungen vergraben wurden. Dafür reichte die Zeit niemals. Aber dafür waren Weggabelungen und Kreuzungen äußerst markante Punkte, die sich hervorragend als Verstecke für schnell zu vergrabende Gegenstände und Geldsäckchen eigneten, da sie sich relativ leicht wiederfinden ließen. So mancher Kaufmann und »Pfeffersack« hat in diesem Bereich seine Talerchen oder seinen Schmuck vergraben.

Burgruinen

Die Umgebung von Burgen, Ruinen und Burgställen gelten als besonders interessante Suchgebiete, da Burgen andauernd Anlaß für Fehden und Raufhändel boten. Für unsereinen ist da sogar die ritterliche Müllhalde von erheblicher Bedeutung.

Die Überreste ausgedehnter Orgien und Freßgelage wanderten ohne große Umstände entweder in den Burggraben oder — noch einfacher — über die Burgmauern hinweg. Von defekten Waffen über Hausrat bis hin zu Gebrauchsgegenständen läßt sich alles dort finden. Suchen Sie immer im Bereich der Burggräben, die als Senken heute noch erkennbar sind. Ebenfalls hochträchtige Fundstellen sind die steilen Abschnitte eines Burgfelsen oder Berges und die Senke rings um den gesamten Burghügel. Alles, was im Laufe der Jahre und Jahrhunderte auf dem Abhang des Burghügels gelandet ist, wurde nach und nach von Regen und Schnee hinabbefördert und ruht nun im Auslauf der Erhebung. Burganlagen, die einer Katastrophe zum Opfer fielen (Blitzschlag, Explosion, Brand), wurden meist in aller Eile verlassen. Unterirdische Räume und Anlagen wurden dabei verschüttet, und im Laufe der Zeit gerieten sie in Vergessenheit. Die Chance, hier fündig zu werden, ist groß. Von den meisten Burgen und Burganlagen existieren Pläne oder Grundrisse. Keller und Gewölbeböden, Wände und Decken sollten nicht nur allein mit dem Detektor, sondern auch mit UV-Lampen abgesucht werden. Problemlos sind damit nachträgliche Vermauerungen zu erkennen.

Kirchenruinen

Kirchen galten schon immer als Tabuzonen und Zufluchtsorte. In Notzeiten gaben sie Hilfe, und bei Verfolgung boten sie Schutz vor den Schergen der Obrigkeit. Das Innere von Kirchenruinen ist mehr als interessant. Vielfach wurde bereits beim Bau des Gotteshauses an notwendige Tresore und Geheimverstecke gedacht. Ein klassisches Beispiel dafür ist die Kirche von Rennes-le-Château. In den Altarsäulen der Kirche wurden durch Antoine Bigou jene Pergamente verborgen, die Berenger Sauniere zu jenem geheimnisvollen Schatz führten.

Untergegangene und verlassene Dörfer und Ortschaften

Manche Ortschaften, die noch während des Mittelalters prächtig heranwuchsen und eine lebhafte Entwicklung versprachen, verschwanden urplötzlich von einem Tag auf den anderen. Vor allem während des Kreuzzuges gegen die Katharer, als die Soldateska des Simon de Montfort plündernd und mordend durch Okzitanien zog, setzte das Sterben der Ortschaften ein. Die Menschen packten ihr Hab und Gut, verließen ihre Häuser und flüchteten in entferntere Regionen, wo sie sich dann wieder niederließen. Ortschaften wie Rhedae wurden von den Kreuzfahrern niedergebrannt und zerstört, und schon nach ein paar Jahren war nichts mehr davon zu sehen. Nicht nur Kriege sorgten für die Verödung, sondern oft auch Seuchen und Hungersnöte. Hauptsächlich Pest und Cholera waren die Geißeln, die die Menschen dahinrafften und ganze Ortschaften entvölkerten. An diesen Plätzen wurde niemals mehr gesiedelt, da man oft dem Ort selbst abergläubisch die Schuld an solchen Katastrophen zuwies. Auf alten Karten sind manchmal noch solche nicht mehr existente Dörfer und Ortschaften verzeichnet — in anderen Fällen weisen lediglich noch Flurbezeichnungen darauf hin. Auch das verlassene Bergarbeiterdorf La Jacotte im Vallée de Bezu ist eine solche Wüstung.

Insgesamt ist das Spektrum schatzträchtiger Örtlichkeiten im Gebiet um Rennes-le-Château nicht gerade klein. Trotz allem aber kann ich natürlich keinerlei Fundgarantien geben. In der Tat sind die Fundchancen an den genannten Stellen überdurchschnittlich hoch.

Wenn man sich auf Schatzsuche begibt, so sollte dies im Einklang mit den gesetzlichen Vorschriften geschehen. Dies gilt auch im Fall der geheimnisvollen Schätze von Rennes-le-Château und bedeutet konkret: Kommen Sie nicht auf den Gedanken, Ihre Schatzsucherausrüstung im Gebiet der Gemeinde von Rennes-le-Château auszupacken, geschweige denn einzusetzen! Hier sind Suche und Grabungen seit dem 28. Juli 1967 behördlich untersagt. Dieses Verbot verdanken wir dem rücksichtslosen Vorgehen der Schatzsucher des Barons Edmond de Rothschild, die in Rennes-le-Château nicht nur mit Bohrgeräten, sondern gleich mit Dynamit dem Geheimnis des Pfarrers zu Leibe rücken wollten. Das Suchverbot gilt übrigens auch für »alternative« Suchmethoden wie Pendel oder Wünschelrute. Dieses Verbot bedeutet allerdings nicht, daß Grabungen absolut unmöglich wären. Es sind dafür jedoch Genehmigungen erforderlich, die bei der Gemeindeverwaltung von Rennes-le-Château beantragt werden müssen und ein langwieriges behördliches Verfahren erfordern.

Die Suche in der Templerburg von Le Bezu ist ebenso verboten wie Grabungen am Montségur oder in der Festung von Usson. Diese Orte sind als archäologische Ausgrabungsstätten deklariert.

Schatzsucher, die nach Südfrankreich reisen, sollten vor Abreise die Botschaft des Landes konsultieren. Die Kontaktadresse lautet wie folgt: Französische Botschaft, Kochstraße 6/7, 10969 Berlin, Tel. 030/20 63 90 00, **www.botschaft-frankreich.de.**

Machen Sie sich außerdem mit den gesetzlichen Bestimmungen im allgemeinen vertraut und erkundigen Sie sich, welche konkreten Bestimmungen für die Einfuhr Ihres Gerätes und seine Benutzung gelten. Bis vor einigen Jahren war Frankreich ein wahres Eldorado für Schatzsucher, da es keine eindeutigen gesetzlichen Regelungen gab. Inzwischen jedoch müssen Funde bei den zuständigen Behörden gemeldet werden — in der Regel sind dies zunächst die örtlichen Gemeindeverwaltungen.

Beachten Sie weiterhin auch die in Frankreich geltenden Denkmalschutzgesetze. Berücksichtigen Sie, daß fast überall mit archäologischen Funden zu rechnen ist und sich der gesetzliche Schutz nicht nur auf ausgewiesene oder obertägig erkennbare Bodendenkmäler oder Fundstellen beschränkt, sondern sich auf alle bekannten wie noch unbekannten archäologischen Objekte bezieht.

Riskieren Sie also keine Strafen, indem Sie weder ohne Genehmigung nach archäologischen Objekten graben, noch die Funde unterschlagen!

Hinterlassen Sie keine unnötigen Zerstörungen oder Spuren. Es ist ganz einfach, das geortete Objekt aus der Erde zu nehmen, ohne ein riesengroßes Loch auszubuddeln. Füllen Sie alle Löcher wieder zu und lassen Sie das Gelände so zurück, wie Sie es vorgefunden haben.

Helfen Sie, der Umweltverschmutzung Einhalt zu gebieten. Tun Sie sich dabei einen Gefallen. Flaschendeckel, Silberpapier und Blechdosen sollten Sie nicht einfach ein bißchen weiter werfen. Sie könnten sie nämlich nächstes Jahr wieder aufspüren! So tun Sie sich und der Öffentlichkeit den Gefallen — nehmen Sie sie mit und werfen Sie sie in den nächsten Abfallkorb.

Betreten Sie nicht unbefugt ein Grundstück. Bitten Sie den Eigentümer vorher um Erlaubnis. Eine höflich vorgebrachte Bitte in dieser Richtung wird selten abgelehnt. Dies gilt insbesondere in der näheren Umgebung von Rennes-le-Château, da die Einheimischen grundsätzlich freundlich sind, jedoch schon des öfteren unangenehme Erfahrungen mit Schatzsuchern machen mußten.

Sollten Sie auf scharfe Munition stoßen, markieren Sie die Stelle und verständigen Sie sofort die Polizei. Im Gebiet um Rennes-le-Château ist die Gefahr, auf Sprengmittel oder Munition zu stoßen, jedoch eher gering.

Seien Sie rücksichtsvoll. Trampeln Sie nicht durch Felder und treten Sie keine Zäune nieder. Verschließen Sie die Gatter von Weiden und Koppeln wieder. Darauf sollten Sie insbesondere auf dem Weideland im Lavaldieu, aber auch am Pic de Bugarach und im Vallée de Bezu achten.

Verpassen Sie nie die Gelegenheit, Ihre Metallsonde zu zeigen und zu erklären, falls Sie danach gefragt werden. Seien Sie freundlich. Vielleicht ist man Ihnen durch Hinweise aller Art behilflich.

Treffen Sie mal einen anderen Sondengänger, stellen Sie sich ihm vor. Ein Gedanken- oder Erfahrungsaustausch kann für beide von großem Nutzen sein.

Wenn Sie mit Ihrer Sonde unterwegs sind, vergessen Sie niemals, daß Sie ein Botschafter Ihres Hobbys sind. Geben Sie Ihren Sondengänger-Kollegen durch Ihr Benehmen keinen schlechten Ruf.

VIII. Reisevorschlag

Für all jene unter Ihnen, die sich zunächst einmal einen Überblick über alle relevanten Schauplätze des Geheimnisses von Rennes-le-Château verschaffen wollen, habe ich folgenden Reisevorschlag zusammengestellt, der sich auch in Zeiten knapp bemessenen Urlaubs realisieren läßt.

Reise nach Rennes-le-Château durch das Land der Templer und Katharer

1. Tag:
Fahrt nach Lyon, Zwischenübernachtung in Lyon.

2. Tag:
Weiterfahrt ins Land der Katharer, Besichtigung der Cité von Carcassonne, Übernachtung bei Carcassonne/Limoux/Couiza.

3. Tag:
Besuch von Rennes-le-Château, Coustaussa (dort liegt der ermordete Abbé Gelis begraben), des Grand Camp und des Schlosses von Arques sowie Museumsbesuch in Arques.

4. Tag:
Besuch von Puivert, der Burg der Troubadoure, des Montségur — der berühmtesten Katharerfestung — und der Katharerstadt Mirepoix.

5. Tag:
Besuch der Katharerstädte Albi und Castres mit Besichtigung der Kathedrale von Albi.

6. Tag:
Fahrt nach Le Bezu, der geheimnisumwitterten Templerburg, Besichtigung des Templermuseums in der alten Komturei von Champagne-sur-Aude, Ausflug zum Pic de Bugarach.

7. Tag:

Besuch der Festung Queribus, des »Wolkenschlosses« der Katharer, Fahrt entlang des Mittelmeeres über Peryac de Mer und Bage nach Narbonne, Besichtigung der Zisterzienserabtei Fontfroide.

8. Tag:

Ausflug den Höhlen von Limousis und Caprespine sowie zu den Burgen von Lastours.

9. Tag:

Rückfahrt nach Lyon, unterwegs Besichtigung der Römerstadt Orange oder der Templerkomturei Le Puy, Übernachtung in Lyon.

10. Tag:

Abschied vom Land der Katharer und Templer, Rückfahrt nach Deutschland.

Sie können diese Reise mit mir gemeinsam unternehmen. Gern unterbreite ich Ihnen auch Vorschläge für weitere Reisen. Weitere Informationen erhalten Sie bei:

Thomas Ritter Reiseservice
Rundteil Nr. 14
D-01728 Possendorf
Tel./Fax: 03 52 06/2 33 99
Handy: 01 72/3 51 68 49
www.Thomas-Ritter-Reisen.de
E-Mail: ThomasTiger668@aol.com

Die spannende Geschichte der mysteriösen Schätze von Rennes-le-Château begann vor mehr als tausend Jahren. Sie ist noch lange nicht zu Ende. Doch vielleicht gelingt es ja gerade Ihnen, das Geheimnis Berenger Saunieres endgültig zu lösen. Ich wünsche Ihnen auf jeden Fall viel Glück und Erfolg bei Ihrer Suche!

Thomas Ritter

Danksagung

Ein herzliches Dankeschön soll an dieser Stelle all jenen ausgesprochen werden, ohne das vorliegende Buch nicht entstanden wäre.

Großen Dank schulde ich meinem leider viel zu früh verstorbenen Mentor, Herrn Dr. Johannes Fiebag, und seinem Bruder Peter Fiebag, ohne deren inspirierendes Werk »Die Entdeckung des Grals« ich vermutlich nie auf die spannende Geschichte von Rennes-le-Château aufmerksam geworden wäre.

Mein Dank geht ebenso an meinen Verleger Jochen Kopp sowie an Thomas Mehner, Agentur Pegasus. Beide unterstützten mit großer Geduld und zahlreichen wichtigen Hinweisen die Entstehung dieses Buches.

Ganz herzlich danke ich auch Sonia Moreu, der Inhaberin der Buchhandlung »Librairie du Chateau« in Rennes-le-Château, die mir bei der Beschaffung von manch seltenem Werk behilflich war.

Nicht unerwähnt bleiben soll der begnadete Dichter André Maynard, dessen unvergeßliche Balladen mich die Geschichte der Katharer und des Montsegur so erleben ließen, als sei ich selbst dabei gewesen.

Mein Dank geht weiterhin an all jene zuverlässigen Hoteliers und Gastronomen, die während meiner Recherchen vor Ort für mein leibliches Wohl sorgten und mir auf ihre Art und Weise die okzitanische Kultur und Gastfreundschaft vermittelten.

Abschließend will ich all jenen herzlich danken, die in dieser kurzen Aufzählung nicht namentlich erwähnt werden konnten, ohne deren Hinweise, Ratschläge und sachliche Kritik dieses Buch aber nicht in der vorliegenden Form entstanden wäre.

Thomas Ritter

Anhang

Beispiele von Rechnungen
Vorgelegt im Prozeß durch Berenger Sauniere

Jahr	Gold-Francs	Lieferant	Stadt	Leistung	Bemerkungen
1887					
Juni	100,00	Mr Sauniére		Gipsarbeiten in der Kirche	
1891					
20.10.	915,00	Mr Giscard	Toulouse	Kanzel und Bas-Relief	
1893					
???	70,70	Mr Casteix	Limoux	Tapeten im Pfarrhaus	
17.12.	700,00	Mr Mestre	Limoux	Beichtstuhl	
1895					
	937,38	Mr Dénarnaud	Alet	Metallarbeiten	Zahlbar während 5 Jahren vom 06.06.1896 an
1897					
08.02.	147,00	Mr Dénarnaud	Alet	6 Opferstöcke + 1 Sprechgitter	Rechnung bezahlt am 08.08.1903
21.05.	317,00	Maison Faraco	Carcassonne	2 Kelche, 1 Monstranz	
25.05.	905,70	Mr Casteix	Limoux	Anstrich in der Kirche	Mehrere Zahlungen
30.06	2920,00	Mr Giscard	Toulouse	Statuen, Taufbecken, …	
31.10	1050,00	Mr Mestre	Limoux	Springbrunnen, Mantelständer	
06.12	60,00	Mr Villa	Couiza	Schreinereien	
31.12	359,50	Maison Daban	Carcassonne	Priesterliche Gewänder	Rechnung bezahlt am 30.02.1899

Jahr	Gold-Francs	Lieferant	Stadt	Leistung	Bemerkungen
1898					
Juni	278,56	Mr Dénamaud	Alet	Schlosserarbeiten	Rechnung von 1897, noch immer nicht bezahlt
31.07.	60,00	Sté Chaux et Ciments	Albi	Zement	
31.12.	400,00	Mr Mestre	Limoux	Eichenkanzel	
1899					
Mai	245,00	Mr Idrac	Toulouse	Statue	Geschenk für Mr Caminade, Architekt
1901					
29.04.	170,00	Maison Faraco	Carcassonne	Rosenkranz Lampe	
1902					
24.02.	220,00	Maison Parenty	Vaucouleurs	Statue	
1905					
14.01.	576,45	Mr Camredon	Couiza	Bäckerei	Rechnungen vom 24.01.1904 bis 04.01.1905
Juni	400,00	Mr Bot	Luc/Aude	Maurer	
05.08.	45,33	Mr Vila	Couiza	Schreiner	
1906					
12.09.	320,00	Mr Gélis	Carcassonne	Gartenbau	
Oktober	500,00	Mr Mestre	Limoux	Schreiner Zimmer und 1 Eßzimmer	
08.10.	228,85	Mr Sabatier	Carcassonne	Distillerie	
15.10.	218,00	Katholische Union	Clermont-Ferrand	Priesterliche Gewänder	
29.11.	4,50	Mlle Bertrand	Aiguepresse	Hostien	
31.12.	145,00	Mr Raynaud	Carcassonne	Teppiche	Rechnungen vom 11.12.1905 und 29.02.1906

250

Jahr	Gold-Francs	Lieferant	Stadt	Leistung	Bemerkungen
1907					
???	65,50	Mr Thomazeau		Haushaltsgeräte	Sauniére bezahlt 40 F
16.02.	186,90	Maison Defretin	Lille	Lebensmittel	
09.04.	625,45	Mr Camredon	Couiza	Bäckerei	Rechnungen von 02/1906 bis 12/1906
27.04.	130,00	Mr Pesolle	Toulouse	Künstler-Statuen (Hirsch, Hunde, Wildschwein)	
13.05.	100,00	Mr Mas		Glaser	
21.05	453,10	Mr Gémis	Carcassonne	Gartenbau	
02.08.	13,80	Maison Defretin	Lille	Lebensmittel	
12.09.	36,00	Mr Armbuster	Casterlnau-dary	Brauerei	
30.09.	95,75	Mr Idrac	Carcassonne	Innenholz	
14.10.	22,00	Mr Gally	Carcassonne	Buchhandlung	
16.10.	18,00	Mr Raynaud	Luc/Aude	Dachdecker	
28.10.	5011,70	Maison Noubel	Carcassonne	Möbel	
1908					
22.01.	307,50	Maison de la bonne presse	Paris	Zeitschriften-Abonnements	
03.03.	21,75	Mr Ribes	Limoux	Buchladen	
06.03.	6,25	Mr Méric	Limoux	Buchladen	
13.03.	9,30	Mr Gélis	Carcassonne	Gartenbau	
27.05.	167,00	Mr Issac	Carcassonne	Priesterliche Gewänder	
4.06.	227,50	Mr Sabatier	Carcassonne	Distillerie	
Juli	7045,95	Maison Noubel	Carcassonne	Möbel	
17.07.	1630,50	Mr Rieu	Limoux	Kleider	
22.07.	9,00	Mr Trintignant	Nîmes	Gartenbau	
11.08.	15,00	Mr Gally	Carcassonne	Zeitschriftenladen	
07.09.	64,00	Mr Bousquié	Carcassonne	Porzellan	
24.11.	12,40	Mr Bonnafous	Carcassonne	Buchladen	
07.12.	85,57	Mr Firmin	Montazels	Kalk und Zement	
17.12.	281,95	Mr Blain	Limoux	Lebensmittel	
1909					
28.03.	520,00	Mr Mas		Maurer (?)	
1913					
09.04.	69,70	Mr Pugons	Limoux	Eisenwaren	

Literaturverzeichnis/Bildquellen

Andrews, Richard & Schellenberger, Paul: Das letzte Grab Christi, Gustav Lübbe Verlag, Bergisch-Gladbach 1996

Aubarbier, Jean-Luc & Binet, Michel: Les Sites Templiers de France, Editions Quest-France, Rennes 1997

Aue, Michele: Das Land der Katharer, Edition MSM, Toulouse 1992

Aufheimer, Hans: Schiffsbewaffnung von den Anfängen bis zur Mitte des 19. Jahrhunderts, Hinstorff Verlag, Rostock 1983

Beffeyte, Renaud: Les Machines de Siège au Moyen Age, Castel-morons-sur-Lot 1994

Bernadac, Christian: Montségur et le Graal — Le mystère Otto Rahn, Editions France-Empire, Paris 1994

Boudet, Henri: La Vraie Langue Celtique et Le cromleck de Rennes-les-Bains, Reprint de Originalausgabe, Edition Belisane, 1984

Dimde, Manfred: Die Gralsverschwörung, Falken Taschenbuch, Niedernhausen/Ts. 1997

Ereira, Alan & Jones, Terry: Die Kreuzzüge, Weltbild Verlag, Augsburg 2000

Fanthorpe, Lionel & Patricia: Rennes le Château, Its Mysteries and Secrets, Bellevue Books, Ashford 1991

Fiebag, Dr. Johannes und Peter: Die Entdeckung des Grals, Goldmann Taschenbuch Verlag, München 1989

Gabriel, Michael: The Holy Valley and the Holy Mountain, Shinfield Printers, Berkshire 1994

Godwin, Malcolm: Der Heilige Gral — Ursprung, Geheimnis und Deutung einer Legende, Bechtermünz Verlag, Augsburg 1996

Größing, Sigrid-Maria: Schatten über Habsburg, Heyne Verlag, München 1997

Haydock, Tim: Verschollene Schätze der Welt, Pietsch Verlag, Stuttgart 1989

Henry-Claude, Michel & Pêyrou, Joël: Montségur, Collection La Mémoire des Pierres, Gavaudun 1998

Kiess, Georg: Des Templiers en Haut-Razes, Privatverlag, Champagne-sur-Aude 1990

Kletzky-Pradere, Tatjana: Rennes le Château, Touristischer Fremdenführer, Privatverlag, Rennes-le-Château 1997

Landspurg, Adolphe: Orte der Kraft im Lande der Katharer, Edition DNA, Straßburg 1994

Lange, Hans-Jürgen: Otto Rahn — Leben und Werk, Arun Verlag, Engerda 1995

Lebegue, Antoine: Lieux Insolites et Secrets des Pyrénées, Edition Sud Quest, Bordeaux 1994

Lincoln, Henry: The Holy Place, Corgi Books Transworld Publishers Ltd., London 1991

Lincoln, Henry, Baigent, Michael & Leigh, Richard: Der Heilige Gral und seine Erben, Bastei Lübbe Taschenbuch, Bergisch-Gladbach 1984

Lincoln, Henry, Baigent, Michael & Leigh, Richard: Das Vermächtnis des Messias, Bastei Lübbe Taschenbuch, Bergisch-Gladbach 1987

Loos, Volker: Die Armen Ritter vom Tempel Salomonis zu Jerusalem, Frieling & Partner Verlag, Berlin 1997

Mahieu, Jaques de: Die Templer in Amerika oder Das Silber der Kathedralen, Grabert Verlag, Tübingen 1979

Ostler, Reinhold: Handbucher für Schatzsucher, Pietsch Verlag, Stuttgart 1987

Piekalkiewicz, Janusz: Schatzsucher haben noch Chancen, Bastei Lübbe Taschenbuch, Bergisch-Gladbach 1975

Payne, Robert: Die Kreuzzüge, Benzinger Verlag, Zürich 1986

Ritter, Annett und Thomas: Rennes-le-Château — Das Geheimnis der Pyrenäen, CTT Verlag, Suhl 1999

Ritter, Thomas: Rennes le Château — Rätsel in den Pyrenäen. Eine Entdeckungsreise zu den verlorenen Schätzen der Templer und Katharer, Bohmeier Verlag, Lübeck 2001

Rosenberg, Pierre & Temperine, Renaud: Poussin »Je n'ai rien néglige«, Edition Gallimard, Eveux 1994

Roquebert, Michel & Serrus, Georges: Die Burgen der Katharer, Edition Loubatieres, Portet-sur-Garonne 1991

Riviére, Jaques: Le fabuleux Trésor de Rennes le Château, Edition Belisane, Nizza 1983

de Sede, Gérard: Rennes le Château, Edition Robert Laffont, Paris 1988

Wendling, Peter: Die Unfehlbaren, Bertelsmann Verlag, Gütersloh 1991

Bildquellen
alle Fotos: Thomas Ritter

Eine hochaktuelle Neuinterpretation des beunruhigenden Dritten Geheimnisses von Fatima – und ein Blick hinter die Kulissen des Vatikans!

1917, im Schicksalsjahr des 20. Jahrhunderts, erschien drei Hirtenkindern im Hochland von Portugal die Madonna mit einer Botschaft der Warnung und einer eindrücklichen Mahnung zur Umkehr.

Detailliert sagte sie Aufstieg und Fall des Kommunismus, den Ausbruch des 2. Weltkriegs und das Attentat auf den Papst voraus. In einem »dritten Geheimnis«, das erst im Jahre 2000 vom Vatikan veröffentlicht wurde, sahen die Seherkinder eine Welt in Trümmern, einen vernichtenden Anschlag auf die Spitzen der Kirche durch die Feinde des christlichen Glaubens. Eine symbolische Vision von einem gottlosen Jahrhundert oder eine konkrete Warnung vor einem Ereignis der Zukunft?

Minutiös rekonstruiert der Historiker und Vatikan-Journalist Michael Hesemann die Ereignisse von Fatima. Detailliert zeigt er auf, wie sie die päpstliche Geheimpolitik im 20. Jahrhundert beeinflußten – und letztendlich zur Öffnung des Eisernen Vorhangs, zur Wiedervereinigung des gespaltenen Europas, beitrugen. Der Papst selbst ist überzeugt, von Fatima inspiriert, zum Instrument göttlicher Vorsehung geworden zu sein.

Jetzt versucht Johannes Paul II. alles, um auch den letzten Wunsch Mariens zu erfüllen – nach Moskau zu reisen und die Christenheit des Westens und des Ostens miteinander zu versöhnen. Nur durch eine Erneuerung des Glaubens, so hatte sie erklärt, könne die Welt vor einer drohenden Katastrophe, einem neuen großen Krieg, bewahrt werden. Doch die Zeit, die ihm dazu bleibt, wird knapp …

gebunden
320 Seiten
zahlreiche Abbildungen
ISBN 3-930219-44-1
19,90 EUR

KOPP VERLAG
Graf-Wolfegg-Straße 71
D - 72108 Rottenburg
Telefon (0 74 72) 9806-0
Telefax (0 74 72) 9806-11
Info@kopp-verlag.de
http://www.kopp-verlag.de

**Geheimnisumwitterte
Area 51 – das Zentrum
der »Schwarzen Welt«**

Die »Area 51«, inmitten der Wüste des U.S.-Bundes-
staates Nevada gelegen, ist das geheimste militärische
Testgelände der Welt. Dort, verborgen hinter hohen
Berggipfeln, testen Militär und Geheimdienste modernste Technologie, die weit jenseits unseres Vorstellungs-
vermögens liegt und deshalb von Insidern auch als sogenannte »Alien Technology« bezeichnet wird.

In gigantischen unterirdischen Anlagen, die bis zu vierzig Stockwerke unter die Erde reichen und die Ausmaße einer Kleinstadt annehmen, wird eine Technologie
entwickelt, die so atemberaubend ist, daß selbst »Krieg
der Sterne«-Regisseur George Lucas vor Neid erblas-
sen würde.

Die Area 51 ist aber auch das Zentrum eines verborgenen Netzwerks, bestehend aus einer ganzen Reihe von
Geheimbasen und unterirdischen Anlagen – das Zentrum einer »Schwarzen Welt«. Sie wird von einer geheimen Schattenregierung beherrscht, auf die der amerikanische Kongreß schon lange keinen Einfluß mehr
hat. Jährlich verabschieden die US-Abgeordneten ein
etwa 100 Milliarden Dollar schweres »schwarzes Budget« zur Finanzierung der »Schwarzen Welt«. Die Schattenregierung muß dem amerikanischen Kongreß keine
Rechenschaft über die Verwendung dieser Milliarden
ablegen. Selbst der amerikanische Präsident hat keinen
Zutritt zu deren geheimen Anlagen und Einrichtungen.
Unglaublich? Aber wahr!

**Lesen Sie in seinem brisanten, topaktuellen Report
über die unheimliche Technologie des 3. Jahrtau-
sends und über eine neue Dimension der Geheimhaltung und Vertuschung.**

*gebunden
272 Seiten
zahlreiche Abbildungen
ISBN 3-930219-40-9
19,90 EUR*

KOPP VERLAG
Graf-Wolfegg-Straße 71
D - 72108 Rottenburg
Telefon (0 74 72) 9806-0
Telefax (0 74 72) 9806-11
Info@kopp-verlag.de
http://www.kopp-verlag.de